全国高等教育自学考试指定教材
小学教育专业（专科）

小学语文教学论

Xiaoxue Yuwen Jiaoxuelun

（含：小学语文教学论自学考试大纲）
（2013年版）

全国高等教育自学考试指导委员会 组编

主编 易 进

高等教育出版社·北京
HIGHER EDUCATION PRESS BEIJING

扫描微信二维码
关注自考教材服务

图书在版编目(CIP)数据

小学语文教学论：2013年版／易进主编；全国高等教育自学考试指导委员会组编. --北京：高等教育出版社，2013.4（2022.9重印）

ISBN 978-7-04-037168-0

Ⅰ.①小… Ⅱ.①易… ②全… Ⅲ.①小学语文课-教学研究-高等教育-自学考试-自学参考资料 Ⅳ.①G623.202

中国版本图书馆 CIP 数据核字（2013）第 064035 号

| 策划编辑 | 雷旭波 | 责任编辑 | 李 宁 | 版式设计 | 余 杨 |
| 责任校对 | 刘丽娴 | 责任印制 | 田 甜 | | |

出　　版	高等教育出版社	咨询电话	400-810-0598
社　　址	北京市西城区德外大街4号	网　　址	http://www.hep.edu.cn
邮政编码	100120		http://www.hep.com.cn
印　　刷	北京市鑫霸印务有限公司		
开　　本	787mm×1092mm 1/16	版　　次	2013年4月第1版
印　　张	13.75	印　　次	2022年9月第7次印刷
字　　数	330千字	定　　价	26.00元

本书如有缺页、倒页、脱页等质量问题，请到所购图书销售部门联系调换

版权所有　侵权必究

物 料 号　37168-00

组编前言

21世纪是一个变幻莫测的世纪,是一个催人奋进的时代。科学技术飞速发展,知识更替日新月异。希望、困惑、机遇、挑战,随时都有可能出现在每一个社会成员的生活之中。抓住机遇,寻求发展,迎接挑战,适应变化的制胜法宝就是学习——依靠自己学习、终身学习。

作为我国高等教育组成部分的自学考试,其职责就是在高等教育这个水平上倡导自学、鼓励自学、帮助自学、推动自学,为每一个自学者铺就成才之路。组织编写供读者学习的教材就是履行这个职责的重要环节。毫无疑问,这种教材应当适合自学,应当有利于学习者了解、掌握新知识和新信息,有利于学习者增强创新意识、培养实践能力、形成自学能力,也有利于学习者学以致用、解决实际工作中所遇到的问题。具有如此特点的书,我们虽然沿用了"教材"这个概念,但它与那种仅供教师讲、学生听,教师不讲、学生不懂,以"教"为中心的教科书相比,在内容安排、编写体例、行文风格等方面已经大不相同了。希望读者对此有所了解,以便从一开始就树立起依靠自己学习的坚定信念,不断探索适合自己的学习方法,充分利用已有的知识基础和实际工作经验,最大限度地发挥自己的潜能,达到学习的目标。

欢迎读者提出意见和建议。

祝每一位读者自学成功。

全国高等教育自学考试指导委员会
2011年10月

目 录

小学语文教学论自学考试大纲

出版前言 …………………………… 2
Ⅰ. 课程性质与课程目标 …………… 3
Ⅱ. 考核目标 ………………………… 4
Ⅲ. 课程内容与考核要求 …………… 5
Ⅳ. 关于大纲的说明与考核实施要求 …… 17
附录　题型示例 …………………… 20
后记 ………………………………… 21

小学语文教学论

前言 ………………………………… 24
第一章　小学语文课程 …………… 25
　第一节　小学语文课程的性质和地位 …… 25
　第二节　小学语文教学大纲和课程标准 …… 29
第二章　小学语文教材 …………… 34
　第一节　小学语文教材的发展演变 …… 34
　第二节　小学语文教材的编写原则 …… 43
第三章　小学语文教学的基本理论 …… 48
　第一节　小学语文教学的主要特征 …… 48
　第二节　小学语文教学的基本原则 …… 52
　第三节　小学语文教学设计的基本原理 …… 58
第四章　识字与写字教学的理论与
　　　　　实践 ……………………… 65
　第一节　识字教学的基本理论 …… 65
　第二节　识字能力及识字能力的培养 …… 75
　第三节　识字教学的实践 ………… 80
　第四节　写字教学的实践 ………… 86
第五章　小学阅读教学的理论与实践 …… 91
　第一节　小学阅读教学的基本理论 …… 91
　第二节　阅读能力与阅读习惯 …… 96
　第三节　阅读教学的实践 ………… 101
第六章　小学写作教学的理论与实践 …… 122
　第一节　小学写作教学的基本理论 …… 122
　第二节　写作能力的培养 ………… 127
　第三节　写话和习作教学的实践 …… 131
第七章　小学口语交际教学的理论与
　　　　　实践 ……………………… 144
　第一节　小学口语交际教学的基本理论 …… 144
　第二节　口语交际能力的结构 …… 148
　第三节　口语交际教学的实践 …… 152
第八章　小学语文综合性学习的教学
　　　　　理论与实践 ……………… 164
　第一节　小学语文综合性学习的基本理论 …… 164
　第二节　小学语文综合性学习的教学实践 …… 169
第九章　小学语文教学评估 ……… 174
　第一节　小学语文教学评估的基本理论 …… 174
　第二节　小学语文课堂教学评估 …… 180
　第三节　小学生语文学习评估 …… 184
第十章　小学语文教师的专业发展 …… 199
　第一节　小学语文教师的专业素养 …… 199
　第二节　小学语文教师的专业发展 …… 204
参考文献 …………………………… 212
后记 ………………………………… 214

全国高等教育自学考试
小学教育专业（专科）

小学语文教学论自学考试大纲

全国高等教育自学考试指导委员会　制定

出版前言

为了适应社会主义现代化建设事业的需要,鼓励自学成才,我国在20世纪80年代初建立了高等教育自学考试制度。高等教育自学考试是个人自学、社会助学和国家考试相结合的一种高等教育形式。应考者通过规定的专业考试课程并经思想品德鉴定达到毕业要求的,可获得毕业证书;国家承认学历并按照规定享有与普通高等学校毕业生同等的有关待遇。经过30多年的发展,高等教育自学考试为国家培养、造就了大批专门人才。

课程自学考试大纲是国家规范自学者学习范围,要求和考试标准的文件。它是按照专业考试计划的要求,具体指导个人自学、社会助学、国家考试、编写教材、编写自学辅导书的依据。

随着经济社会的快速发展,新的法律法规不断出台,科技成果不断涌现,原大纲中有些内容过时、知识陈旧。为更新教育观念,深化教学内容方式、考试制度、质量评价制度改革,使自学考试更好地提高人才培养的质量,各专业委员会按照专业考试计划的要求,对原课程自学考试大纲组织了修订或重编。

修订后的大纲,在层次上,专科参照一般普通高校专科或高职院校的水平,本科参照一般普通高校本科水平;在内容上,力图反映学科的发展变化,增补了自然科学和社会科学近年来研究的成果,对明显陈旧的内容进行了删减。

全国考委教育类专业委员会组织制定了《小学语文教学论自学考试大纲》,经教育部批准,现颁发施行。各地教育部门、考试机构应认真贯彻执行。

全国高等教育自学考试指导委员会
2013年1月

Ⅰ.课程性质与课程目标

一、课程性质和特点

《小学语文教学论》是全国高等教育自学考试小学教育专业(专科)必考的一门课程,是为了培养和检验自学应考者的小学语文教学基本理论知识和应用知识进行教学和研究的能力而设置的一门专业基础课。

《小学语文教学论》课程既具有理论性又具有应用性。一方面提供给学生未来进行小学语文教学所需要的最基础的科学理论和技能,培养学生运用理论知识和科学方法探寻和剖析小学语文教学中诸多问题的能力;另一方面,引导学生用科学理论去指导实践创新,用实践创新去丰富理论,不断提高学生小学语文教学能力。

二、课程目标

设置本课程的目的在于:立足当前,着眼未来,使自学应考者比较系统地掌握小学语文教学的基本理论和方法,从而更加自觉地遵循语文教学规律,灵活运用各种教学方法,不断改进小学语文教学,逐步提高教学水平和研究能力,以适应新世纪教育改革与发展的需要。

三、与相关课程的联系与区别

《小学语文教学论》以现代教育理论为指导,用系统论的观点研究语文教育现象,反映的是一种"大语文"教育观。同时,它又以哲学、心理学的理论为基础理论,吸收语言学、文学、美学、文化学、历史学等相邻相关学科的科研成果,在多视角多侧面的交叉中形成自己的理论体系。

它与本专业的《教育原理》、《小学教育心理学》等课程有密切的联系,又有明显的区别:《教育原理》研究现代教育的一般规律,《小学教育心理学》揭示教育过程中小学生和小学教师的心理,认识小学生的心理规律,而《小学语文教学论》则是借鉴上述课程的研究成果而侧重研究小学语文教学规律的实用性很强的一门课程。

四、课程的重点和难点

《小学语文教学论》课程的重点是把握小学语文课程的特点和遵循小学语文教学的基本规律。

Ⅱ.考核目标

本大纲在考核目标中,按照识记、领会、简单应用和综合应用四个层次规定其应达到的能力层次要求。四个能力层次是递进关系,各能力层次的含义是:

识记:知道有关名词、知识、概念的含义,并能正确认识和表述。如语文基本功的概念,何为阅读教学等。

领会:在识记的基础上,对基本概念、基本理论、基本方法有较深刻的理解,并能掌握与相关概念、理论、方法的联系与区别。如工具性和人文性的统一,几种识字教学形式的异同,如何培养学生的独立阅读能力等。

简单应用:在识记和领会的基础上,运用基本概念、基本理论、基本方法,能分析和解决比较简单的问题。例如分析小学语文教学实例中体现基本教学原则的情况,根据阅读教学的基本原理设计阅读教学目标等。

综合应用:能运用学过的多个知识点,综合地分析和解决比较复杂的问题。如通过听课方式,对一节语文课的教学进行评估,或运用所学知识,对学生学习质量进行分析等。

Ⅲ.课程内容与考核要求

第一章　小学语文课程

一、学习目的与要求

通过本章的学习,了解小学语文课程的发展和新中国成立以来几部小学语文教学大纲和课程标准的概况,明确小学语文课程的性质、地位。本章为全书的学习提供了背景资料。正确认识语文课程的性质是理解的一个重点。

二、课程内容

1. 小学语文课程的性质和地位

1.1　小学语文课程的发展

我国古代没有专门的语文课程;清末小学开设国文科;"五四"以后"国文"改为"国语";新中国成立之初"国语"改为语文。

1.2　小学语文课程的性质和基本特点

小学语文是学习语言文字运用的课程;工具性和人文性的统一是小学语文课程的基本特征。

1.3　小学语文课程的地位

小学语文是核心课程,基础课程。

2. 小学语文教学大纲和课程标准

教学大纲;课程标准;教学大纲和课程标准的功能。

2.1　新中国成立以来小学语文教学大纲和课程标准的发展简况

新中国成立以来我国颁布了三部语文课程标准,五部小学语文教学大纲。1956年大纲、1963年大纲、1978年大纲、1992年大纲的主要特点。

2.2　义务教育语文课程标准

现行语文课程标准的主要内容;2011年义务教育语文课程标准对2001年课程标准实验稿的发展。

三、考核知识点与考核要求

（一）小学语文课程的性质和地位

识记:小学语文课程发展的三个阶段。

领会：① 新中国成立之初"国语"改为"语文"的意义；② 小学语文是学习语言文字运用的课程；③ 工具性和人文性的统一；④ 小学语文作为基础核心课程的重要地位。

（二）小学语文教学大纲和课程标准

识记：教学大纲和课程标准的概念。

领会：① 教学大纲或课程标准的功能；② 有代表性的小学语文教学大纲的主要特点；③ 义务教育语文课程标准的主要内容和特点。

综合应用：以课程标准为指导，改进小学语文教学。

第二章　小学语文教材

一、学习目的和要求

通过本章的学习，了解小学语文教材发展演变的概况，了解新中国成立以来几种主要的小学语文教材的特点，明确小学语文教材的编写原则，认识小学语文教材在教学中的作用。在本章的学习中，明确小学语文教材的编写原则是一个重点。

二、课程内容

1. 小学语文教材的发展演变

教材；教科书。古代的蒙学读本；清末民初的国文教科书；国语教科书。新中国成立以来的小学语文教科书的发展。课程标准实验教科书的特点。

2. 小学语文教材的编写原则

2.1　符合时代需要

2.2　语言文字规范

2.3　教材体系和编排科学合理

2.4　为学生自主学习创造条件

2.5　符合儿童的年龄特征

三、考核知识点与考核要求

（一）小学语文教材的发展

识记：① 小学语文教材和小学语文教科书的概念；② 蒙学读本、国文教科书和国语教科书三个时期的教材概况。

领会：① 1963年、1978年通用教材及人教版1992年教材的特点；② 小学语文课程标准实验教科书的主要特点。

（二）小学语文教材的编写原则

领会：编写小学语文教材的基本原则。

综合应用:试用教材编写原则分析小学语文教材。

第三章　小学语文教学的基本理论

一、学习目的和要求

本章的学习目的是从理论上明确小学语文教学的主要特征,掌握小学语文教学的基本原则,了解小学语文教学设计的基本原理。这些基本理论是前面章节提出的小学语文课程性质的延伸,又是后面章节识字、阅读、写作、口语交际、语文综合性学习等教学必须遵循的基本规律。因此,对本章的学习,要与前面的章节联系起来,还要在后面章节的学习中加深对这些基本理论的理解和掌握。

二、课程内容

1. 小学语文教学的主要特征
1.1　语文基本功训练

小学语文基本功是知识和能力的统一体。小学语文基本功可概括为理解、表达、观察、思维等方面。语文基本功要在训练中掌握。

1.2　小学语文教学的综合性
1.3　小学语文教学的实践性
1.4　小学语文教学的阶段性
2. 小学语文教学的基本原则
2.1　语言文字训练与思想情感教育相统一
2.2　语言文字训练与发展思维相结合
2.3　听、说、读、写相辅相成
2.4　课内、外语文教育相结合
3. 小学语文教学设计的基本原理
3.1　小学语文教学设计的含义
3.2　小学语文教学目标的设计
3.3　对学生语文学习起始状态的诊断
3.4　选择和组织语文教学资源
3.5　语文教学方法的选用

三、考核知识点与考核要求

（一）小学语文教学的主要特点

识记:语文基本功的含义。
领会:① 小学语文基本功训练要注意的问题;② 小学语文教学的综合性、实践性、阶段性。
简单应用:对小学语文教学案例中的基本功训练内容和方式进行分析和评议。

（二）小学语文教学的基本原则

领会：各项教学基本原则的具体内容。
简单应用：举例说明某项教学原则在教学实践中的体现。

（三）小学语文教学设计的基本原理

识记：① 小学语文教学设计的含义；② 小学语文教学设计的基本内容；③ 教学目标的功能；④ 小学语文教学资源的主要范围和选用依据。

领会：① 教学目标的表述要求及设计教学目标应注意的问题；② 诊断学生语文学习起始状态的内容和方法；③ 合理发挥教科书作为一种教学资源的作用；④ 比较有代表性的小学语文教学方法的特点。

综合运用：① 根据小学语文教学设计的原理，对一份语文教案进行分析；② 依据小学语文教学设计原理，条理清晰、步骤完整地完成一堂语文课的教学设计。

第四章　识字与写字教学的理论与实践

一、学习目的与要求

学习本章，要了解识字与写字教学的地位、作用，小学阶段识字量的依据和质量标准，了解识字教学的主要形式及各自特点；领会识字教学的基本原则，明确识字能力的结构，掌握进行识字与写字教学的方式方法，并能在实践中应用。

二、课程内容

1. 识字教学的基本理论
1.1 识字教学的意义
1.2 识字教学的基本要求
小学识字总量要求；识字量的年级分布；识字的质量标准。
1.3 识字教学的基本原则
1.3.1 识字要符合汉字特点和汉字认知规律
1.3.2 识字要和认识事物相结合
1.3.3 识字要与听说读写训练相结合
1.3.4 识字要与写字相结合
1.4 识字教学的主要形式
1.4.1 集中识字
1.4.2 分散识字
1.4.3 "注音识字，提前读写"
2. 识字能力及识字能力的培养
2.1 识字能力的结构

2.2 识字能力的培养
 2.2.1 教学生掌握识字工具
 2.2.2 培养学生掌握字的音、形、义的能力
 2.2.3 调动学生积极性、鼓励自主识字
3. 识字教学的实践
 3.1 确定识字教学重点
 3.2 随课文进行识字教学
 3.3 多媒体在识字教学中的应用
 3.4 识字的巩固
4. 写字教学的实践
 4.1 激发学生写字的兴趣
 4.2 培养学生的写字能力
 4.3 培养学生写字的良好习惯

三、考核知识点与考核要求

（一）识字教学的基本理论

识记：① 确定小学识字数量的依据；② 识字的质量标准。

领会：① 识字在小学语文教学中的地位；② 会认字和会写字的不同教学要求；③ 识字教学的各项基本原则；④ 集中识字，随课文分散识字，注音识字、提前读写三种识字形式的特点。

简单应用：举例说明识字教学原则的具体体现。

（二）识字能力及识字能力的培养

识记：① 掌握字的音、形、义的含义；② 独立识字能力的概念；③ 识字工具的含义。

领会：① 如何指导学生掌握字的音、形、义；② 如何指导学生积极主动地运用多种方法识字。

简单应用：根据培养识字能力的需要，设计识字教学活动。

（三）识字教学的实践

领会：① 确定识字教学重点的依据；② 结合课文进行识字教学的三种方式；③ 运用多媒体进行识字教学的作用；④ 巩固识字的主要方法。

综合应用：① 识字教学案例分析；② 设计和组织识字教学活动。

（四）写字教学的实践

识记：写字能力的含义。

领会：① 写字兴趣的激发；② 写字能力的指导；③ 写字习惯的培养。

第五章　小学阅读教学的理论与实践

一、学习目的与要求

通过本章学习,认识阅读教学在语文教学中的地位、作用,理解小学阅读教学的基本理论,了解阅读能力的结构和阅读习惯的构成,领会阅读教学的目标、内容、教学模式,能运用阅读教学的基本理论和方法分析阅读教学课例,改进阅读教学实践。由于阅读教学在语文教学中占有十分重要的地位,本章是全书的重点之一。

二、课程内容

1. 小学阅读教学的基本理论
1.1　阅读教学的意义
阅读;阅读教学;小学阅读教学的意义
1.2　阅读教学是以学生阅读为基础的认知过程
1.2.1　凭借教材的语言文字,理解思想内容,学习表达
1.2.2　从初步感知到深入理解,到指导实践
1.2.3　阅读教学要以学生的阅读、思考为基础
1.3　阅读教学与识字教学、口语交际教学和写作教学的关系
2. 阅读能力与阅读习惯
2.1　阅读能力结构
认读能力、理解能力、初步欣赏和评价的能力、记忆能力、一定的阅读速度
2.2　小学生的良好阅读习惯
3. 阅读教学的实践
3.1　明确阅读教学的目标
明确阅读教学目标的重要性;依据学段要求和教材内容的特点拟定教学目标;目标表述要具体
3.2　培养学生独立阅读的能力
独立阅读能力;阅读理解力的培养;常用阅读方法的指导;让学生在阅读实践中形成独立阅读能力
3.3　优化阅读教学的结构
优化阅读教学结构的要求;阅读教学的基本结构;阅读教学结构的多样性
3.4　课外阅读与阅读习惯培养

三、考核知识点与考核要求

（一）小学阅读教学的基本理论

识记:① 阅读的概念;② 阅读教学的概念;③ 阅读教学的意义。

领会:① 阅读教学是一种特殊的认识过程;② 阅读教学是以学生的阅读为基础的认知过程;③ 阅读教学与识字教学、口语交际教学和写作教学的关系。

(二)阅读能力与阅读习惯

领会:① 认读、理解、初步欣赏和评价、记忆书面语言的能力;② 阅读有一定的速度;③ 小学生的良好阅读习惯。

(三)阅读教学的实践

识记:① 明确教学目标的重要性;② 确定阅读教学目标的依据。

领会:① 如何指导学生理解文章的词句、段落、篇章;② 常用阅读方法及指导要点;③ 让学生在阅读实践中形成阅读能力;④ 阅读教学结构的多样性;⑤ 课外阅读的意义和指导方式。

简单应用:① 结合阅读教学实例,对教学目标进行评析;② 就一篇课文设计阅读教学结构,并阐述理由;③ 调查学生课外阅读和阅读习惯的状况,提出针对性的教育对策。

综合应用:① 运用本章知识评析阅读教学实例;② 依据本章知识设计和组织实施阅读教学活动。

第六章 小学写作教学的理论与实践

一、学习目的与要求

通过本章的学习,认识小学写话和习作教学的重要性,理解写作与生活、写作与阅读、作文内容与形式之间的关系,了解小学写作教学的目标及各学段具体内容和要求,了解小学生写作能力结构,掌握小学写话和习作教学的基本方法,并能将学到的理论与方法应用于写作教学实践。

二、课程内容

1. 小学写作教学的基本理论
1.1 写作教学与学生生活实际的联系
1.2 从读学写,读写结合
1.3 指导写作从内容入手
2. 写作能力的培养
2.1 作文的一般能力:观察、想象、思维
2.2 命题、立意、选材、组材能力
2.3 遣词造句能力
3. 写话和习作教学的实践
3.1 明确教学目标

小学写作教学要把培养认识事物的能力和培养语言表达能力结合起来;准确把握各学段的写作教学要求。

3.2 指导学生表达自己的意思

3.3　加强写作的实际应用性
3.4　重视写话和习作的评改

三、考核知识点与考核要求

（一）小学写作教学的基本理论

识记：小学写作教学的基本形式：第一学段"写话"，第二、三学段"习作"。
领会：① 生活与学生写作的关系；② 读写结合的意义和基本途径；③ 写作内容与形式的关系。
简单应用：① 分析读写结合的教学实例或设计读写结合的教学活动；② 举例说明如何从内容入手指导学生写作。

（二）写作能力及其培养

识记：小学生写作能力的结构。
领会：小学生各项写作能力的培养。

（三）小学语文写作教学实践

领会：① 小学写作教学要把培养认识事物的能力和培养语言表达能力结合起来；② 小学各学段的写作教学目标和内容；③ 在写作教学中指导学生表达自己的意思；④ 培养学生修改习作的能力和习惯的方法。
简单应用：设计具有实际应用特点的写话或习作教学活动
综合应用：① 运用本章知识评析写话和习作教学案例；② 依据本章知识设计和组织实施写话和习作教学活动。

第七章　小学口语交际教学的理论与实践

一、学习目的和要求

通过本章学习，认识口语交际教学的重要性，理解小学口语交际教学的基本理论，了解口语交际能力的结构，明确口语交际课的组织和设计，了解进行口语交际训练的多种方式，掌握常用的口语交际教学方法，并应用于口语交际教学实践。

二、课程内容

1. 小学口语交际教学的基本理论
1.1　口语交际的特点
1.2　口语交际教学的意义
1.3　口语交际教学的内容
规范口头语言；提高口语交际能力；培养良好的口语交际习惯

1.4 口语交际训练要面向全体学生
2. 口语交际能力的结构
2.1 听话能力结构:注意力、理解力、记忆力、辨析力
2.2 说话能力的结构:语言构思和组织、语言运用、应变
3. 口语交际教学的实践
3.1 明确教学目标
口语交际教学目标要全面;确定目标要考虑学生的已有基础
3.2 口语交际课的设计与组织
加强与生活实际的联系;增进口语交际的多向互动;优化教学流程;采用多种教学方式。
3.3 语文教学各环节的口语交际训练
3.4 日常生活中的口语交际训练

三、考核知识点与考核要求

(一)口语交际教学的基本理论

领会:① 口语交际的特点;② 口语交际教学的意义;③ 口语交际教学的内容;④ 口语交际训练要面向全体学生。

(二)口语交际能力的结构

识记:① 构成听话能力结构的要素;② 构成说话能力的要素。
简单应用:学生各项听话和说话能力的培养。

(三)口语交际教学的实践

领会:① 口语交际教学目标的全面性;② 各学段口语交际教学要求;③ 口语交际课的设计与组织;④ 口语交际训练要贯穿语文教学全过程,并结合日常生活进行。
综合应用:口语交际活动的评析、设计与实施。

第八章　小学语文综合性学习的教学理论与实践

一、学习目的和要求

通过本章学习,理解语文综合性学习的含义和基本特征,了解小学语文综合性学习在教材中的主要形态,了解开展综合性学习的基本要求和方法,能在教学实践中组织实施语文综合性学习。

二、课程内容

1. 小学语文综合性学习的基本理论
1.1 语文综合性学习的内涵

综合性学习是与识字与写字、阅读、写作、口语交际并列的一种课程形态,是语文课程的一个重要组成部分。

1.2　语文综合性学习的基本特征

突出综合;加强实践;强调自主。

1.3　语文综合性学习的主要形态

分散的语文实践活动;随主题单元编排的综合性学习;独立编排的综合性学习

2. 小学语文综合性学习的教学实践

2.1　语文综合性学习的教学要求

2.2　语文综合性学习的实施原则

让学生在活动中学习、充分发挥自主性、亲历探究过程,创设开放的学习环境

2.3　语文综合性学习的指导要点

活动的组织和策划,合作与交流,活动的总结与评估

三、考核知识点与考核要求

（一）小学语文综合性学习的基本理论

领会:① 语文综合性学习的含义和基本特征;② 语文综合性学习的多种形态。

（二）小学语文综合性学习的教学实践

领会:① 小学语文综合性学习的教学要求;② 综合性学习的实施原则;③ 语文综合性学习的指导。

简单应用:语文综合性学习活动的评析、设计和实施。

第九章　小学语文教学评估

一、学习目的和要求

通过本章的学习,认识教学评估的重要性,了解小学语文教学评估的基本理论,明确小学语文课堂教学评估和小学生语文学习评估的主要内容和基本方法,运用教学评估的手段提高语文教学质量。

二、课程内容

1. 小学语文教学评估的基本理论

1.1　小学语文教学评估的含义

1.2　小学语文教学评估的功能

鉴定、反馈、激励、调节

1.3　小学语文教学评估的类型

根据不同的标准有不同的评估类型:诊断性评估、形成性评估、总结性评估,目标参照评估和

常模参照评估,自评和他评,单项评估和综合评估
    1.4 小学语文教学评估的基本原则
保证科学性,加强反馈和激励功能,综合多种评估形式
    2. 小学语文课堂教学评估
    2.1 课堂教学评估的内容
教师评估、教学设计和实施评估、教学效果评估
    2.2 课堂教学评估的实施
    3. 小学生语文学习评估
    3.1 小学生语文学习评估的内容
    3.2 小学语文学习评估的基本方式:平时考察、考试
    3.3 小学语文学习成绩的评定
    3.4 小学语文学习评估的改革

三、考核知识点与考核要求

(一)小学语文教学评估的基本理论

领会:① 小学语文教学评估的含义;② 小学语文教学评估的功能;③ 评估类型的划分依据及各类评估的特点;④ 小学语文教学评估应遵循的基本原则。

简单应用:联系实例分析语文教学评估基本原则的具体体现。

(二)小学语文课堂教学评估

领会:① 小学语文课堂教学的评估内容;② 多方参与课堂教学评估;③ 听课和评课的形式和基本要求。

综合应用:通过听课、评课的方式对一节语文课的课堂教学作出评估。

(三)小学语文学习评估

领会:① 小学语文学习质量评估的内容;② 平时考察学生语文学习的四种方式及需要注意的问题;③ 语文考试的主要形式及编制要求和步骤;④ 成绩评定和学习质量评估的基本要求。

简单应用:联系实际分析小学语文学习评估实践存在的问题和改革方向。

综合应用:① 对语文学习评估工具和活动案例的评析;② 设计语文学习评估工具,组织实施语文学习评估活动。

第十章 小学语文教师的专业发展

一、学习目的和要求

通过本章的学习,认识到作为一名小学语文教师,必须努力加强教师职业道德修养,提升语文教学专业素养,才能更好地参与教学改革,适应教育发展的需要。教师应自主学习,加强教学

反思,自觉地参加专业培训,通过校本教研、行动研究等教研活动,实现教师专业成长和发展,不断提高自身语文综合素养。

二、课程内容

1. 小学语文教师的专业素养
1.1　教师职业道德修养
1.2　语文教学专业素养
文化知识和文化素养、语文教学能力、教育科研能力
2. 小学语文教师的专业发展
2.1　小学语文特级教师的专业成长历程
2.2　小学语文教师专业发展的途径和方法
自主学习与教学反思,专业培训与继续教育,参与校本教研,行动研究与教学实验

三、考核知识点与考核要求

(一)小学语文教师的专业素养

领会:① 小学语文教师职业道德修养的内涵;② 语文教师应具备的语文教学专业素养。
简单应用:教师职业道德和语文教学专业素养的自我评估。

(二)小学语文教师的专业发展

领会:① 著名小学语文特级教师的专业成长特点;② 小学语文教师的专业发展途径。
综合应用:按照小学语文教师的专业要求制定专业发展规划。

Ⅳ. 关于大纲的说明与考核实施要求

一、自学考试大纲的目的和作用

课程自学考试大纲是根据专业自学考试计划的要求,结合自学考试的特点而确定。其目的是对个人自学、社会助学和课程考试命题进行指导和规定。

课程自学考试大纲明确了课程学习的内容以及深广度,规定了课程自学考试的范围和标准。因此,它是编写自学考试教材和辅导书的依据,是社会助学组织进行自学辅导的依据,是自学者学习教材、掌握课程内容知识范围和程度的依据,也是进行自学考试命题的依据。

二、课程自学考试大纲与教材的关系

课程自学考试大纲是进行学习和考核的依据,教材是学习掌握课程知识的基本内容与范围,教材的内容是大纲所规定的课程知识和内容的扩展与发挥。课程内容在教材中可以体现一定的深度或难度,但在大纲中对考核的要求一定要适当。

大纲与教材所体现的课程内容应基本一致,大纲里面的课程内容和考核知识点,教材里一般也要有。如果教材的内容有与大纲要求不一致的地方,应以大纲规定为准。

三、关于自学教材

指定教材:《小学语文教学论》,全国高等教育自学考试指导委员会组编,易进主编,高等教育出版社,2013年版。

四、关于自学要求和自学方法的指导

本大纲的课程基本要求是依据专业考试计划和专业培养目标而确定的。课程基本要求还明确了课程的基本内容,以及对基本内容掌握的程度。基本要求中的知识点构成了课程内容的主体部分。因此,课程基本内容掌握程度、课程考核知识点是高等教育自学考试考核的主要内容。

本课程共5学分。

根据本课程的特点,学员可按以下建议进行自学。

1. 要在全面系统学习教材的基础上,掌握基本概念、基本理论和基本方法。自学应考者首先要系统地逐章、逐节学习教材,记忆应当识记的基本概念,理解基本理论,掌握基本方法。然后,了解各部分内容之间的联系,诸如,"教学原则"与识字、阅读、习作、口语交际、综合性学习教学的联系。在语文教学整体思想的指导下,认识各个部分的教学。最后,再抓住重点、难点深入体会,积极备考。切忌在尚未全面学习教材的情况下孤立地去抓重点,这样,难以形成分析问题、

解决问题的能力,即便是知识,得到的也是孤立的、肤浅的。

2. 要正确对待重点与一般的关系。课程内容有重点和一般之分,但重点内容与一般内容是相互依存、相互联系的,没有一般也就没有重点,离开一般也就无所谓重点。因此,不问一般只抓重点,重点很难抓准、抓住。另外,考试内容是全面的,每章、每节都在考试的范围之内。希望自学应考者明确学习目的,在认真钻研、系统学习的基础上突出重点。切勿把系统学习变成临阵磨枪,甚至猜题、押题。这样,不可能掌握本门课程的精神实质,也不可能取得好成绩。

3. 要正确处理知识和能力的关系。《小学语文教学论》是一门实践性、应用性很强的专业基础课。学科的这一性质,要求自学应考者采用理论联系实际的学习方法。要在初步理解概念、理论、方法的基础上联系教学实际,以加深理解;要运用学到的概念、理论、方法考察实际的教学,分析教学中存在的问题,找出存在问题的原因,运用学到的理论和方法去解决教学中的问题。《小学语文教学论》的生命在于应用。毫无疑问,考查应考者分析问题和解决问题能力的试题,占有较大的比重。

五、对社会助学的要求

助学活动要注意正确引导、把握好助学方向,正确处理学习知识和提高能力的关系。

(一)帮助自学者梳理重点和一般内容之间的关系

助学者在辅导时应帮助自学者梳理重点内容和一般内容之间的关系,在他们全面掌握全部考试内容的基础上,深入了解小学语文课程的性质、小学语文教材的编写原则、小学语文教学的基本原则、小学语文教学不同方面的教学原则、教学方法和教学步骤、小学语文教学评估的方法等重点内容。

(二)注意培养自学者应用知识的能力

小学语文教学理论和方法的应用性比较强,助学者应帮助自学者了解识字与写字教学、阅读教学、写作教学、口语交际教学以及综合性学习教学等基础知识和方法的应用,适当增加一些例解培养自学者对方法应用的兴趣,深入理解基础理论,提高他们的应用能力。

(三)建议每学分 2~3 个助学学时

六、对考核内容的说明

1. 本课程要求考生学习和掌握的知识点内容都作为考核的内容。课程中各章的内容均由若干知识点组成,在自学考试中成为考核知识点。因此,课程自学考试大纲中所规定的考试内容是以分解为考核知识点的方式给出的。由于各知识点在课程中的地位、作用以及知识自身的特点不同,自学考试将对各知识点分别按四个认知(或叫能力)层次确定其考核要求。

2. 在考试之日起 6 个月前,由全国人民代表大会和国务院颁布或修订的法律、法规都将列入相应课程的考试范围。凡大纲、教材内容与现行法律、法规不符的,应以现行法律法规为准。命题时也会对我国经济建设和科技文化发展的重大方针政策的变化予以体现。

3. 按照重要性程度不同,考核内容分为重点内容、次重点内容、一般内容,在本课程试卷中对不同考核内容要求的分数比例大致为:重点内容占60%,次重点内容占30%,一般内容占10%。

七、关于考试命题

1. 本门课程考试主要采用闭卷笔试的形式,考试时间150分钟。

2. 本大纲各章所规定的基本要求、知识点及知识点下的知识细目,都属于考核的内容。考试命题既要覆盖到章,又要避免面面俱到。要注意突出课程的重点、章节重点,加大重点内容的覆盖度。

3. 命题不应有超出大纲中考核知识点范围的题目,考核目标不得高于大纲中所规定的相应的最高能力层次要求。命题应着重考核自学者对基本概念、基本知识和基本理论是否了解或掌握,对基本方法是否会用或熟练。不应出与基本要求不符的偏题或怪题。

4. 本课程在试卷中对不同能力层次要求的分数比例大致为:识记占20%,领会占30%,简单应用占30%,综合应用占20%。

5. 要合理安排试题的难易程度,试题的难度可分为:易、较易、较难和难四个等级。各难度等级的试题分数比例一般为:2∶3∶3∶2。应当说明,试题的难易程度与能力层次不是等同的概念,在"识记"、"领会"、"简单应用"、"综合应用"的不同能力层次中,都有可能编制不同难度的试题。

6. 本门课程考试的主要题型一般有:单项选择题、填空题、名词解释题、简答题、材料分析题、论述题等。在命题工作中必须按照本课程大纲中所规定的题型命制,考试试卷使用的题型可以略少,但不能超出本课程的题型规定。

附录 题型示例

一、单项选择题

1. 哪一年的小学语文教学大纲专辟一部分讲汉语教学?
   A. 1956　　B. 1963　　C. 1978　　D. 1992
2. 根据义务教育语文课程标准,哪个学段的写作教学目标和内容称为"写话"?
   A. 第四学段　　B. 第三学段　　C. 第二学段　　D. 第一学段

二、填空题

1. 小学语文课程的基本特征是_____与人文性的统一。
2. 俗称"三"、"百"、"千"的古代蒙学教材是指《_____》、《百家姓》、《_____》。

三、名词解释

1. 识字工具
2. 阅读教学

四、简答题

1. 小学语文教学中如何进行常用阅读方法的指导?
2. 习作评改要注意哪些问题?
3. 小学语文教师需要具备哪些语文教学能力?

五、案例分析题

1. 试根据教科书里的口语交际活动提示,分析本次口语交际课的教学目标和教学流程。一年级下册:"我很想帮爸爸、妈妈做些家务事,可是他们总说我做不好,不让我做。我该怎么办呢? 帮我出出主意,好吗?"
2. 阅读下面的教学实录,分析教师在教学中体现哪些教学原则?(材料略)

六、论述题

1. 联系教学实例阐述小学语文教学的实践性。
2. 谈谈你对小学语文考试改革的思考。

后 记

《小学语文教学论自学考试大纲》是根据全国高等教育自学考试小学教育专业考试计划的要求，由全国考委教育类专业委员会组织编写。

《小学语文教学论自学考试大纲》由北京师范大学易进副教授主持编写，编写者为易进、姚颖。北京师范大学教育学部研究生李倩、赵兰、张竞予等也参与了编写的相关工作。

全国考委教育类专业委员会于2012年10月对本大纲组织审稿。人民教育出版社编审、教育部课程教材研究所研究员陈先云，首都师范大学副教授孙建龙，北京师范大学实验小学特级教师陈延军参加审稿并提出修改意见。

本大纲编审人员付出了辛勤劳动，特此表示感谢。

全国高等教育自学考试指导委员会
教育类专业委员会
2013年1月

全国高等教育自学考试指定教材
小学教育专业（专科）

小学语文教学论

全国高等教育自学考试指导委员会　组编
主编　易　进

前言

"小学语文教学论"是全国高等教育自学考试小学教育专业(专科)学科体系中的一门专业基础课程。本书是为这门课程,对崔峦先生主编的1999年版《小学语文教学论》进行修订而成的教材。教材通过对小学语文课程、教材、教学理论与实践、教学评估及教师专业发展等的阐述,丰富学员的小学语文教学论的知识,使他们通过对小学语文教学理论与实践的学习、研究,逐步掌握小学语文教学规律,提高语文教学水平和教学研究能力。

教材的修订力求立足当前,着眼未来,兼顾本门课程的历史、现状和未来发展,反映小学语文课程与教学的理论和实践研究成果,体现21世纪我国基础教育课程改革的基本特点和发展趋向。教材的编写试图体现时代感,做到体系科学、系统,有较强的针对性和实用性。

本教材的修订受全国高等教育自学考试指导委员会教育类专业委员会的委托,由北京师范大学副教授易进担任主编,编写者为易进、北京师范大学讲师姚颖博士、人民教育出版社编辑张立霞博士,北京师范大学课程论与教学论专业研究生李倩、赵兰、张竞予、刘烜参与部分章节初稿撰写。全书由易进统稿。

尽管修订过程中,编者注意吸收新的研究成果和教改经验,多次集体讨论研究,集思广益,但由于水平有限,加之时间仓促,缺点、错误在所难免,敬请各位学员和专家批评、指正。

编　者

2013年1月

第一章　小学语文课程

本章学习目标
1. 明确小学语文课程的性质、地位。
2. 了解我国小学语文课程的发展历史。
3. 了解新中国成立以来我国颁布的几部小学语文教学大纲的主要特点。
4. 理解《义务教育语文课程标准(实验稿)》和《义务教育语文课程标准(2011年版)》的基本特点。

人类已经进入信息社会，进入在更大程度上依靠知识创新和科技进步展开竞争的时代。《国家中长期教育改革和发展规划纲要(2010—2020年)》指出："百年大计，教育为本。教育是民族振兴、社会进步的基石，是提高国民素质、促进人的全面发展的根本途径，寄托着亿万家庭对美好生活的期盼。强国必先强教。优先发展教育、提高教育现代化水平，对实现全面建设小康社会奋斗目标、建设富强民主文明和谐的社会主义现代化国家具有决定性意义。"现阶段，我国基础教育的重中之重就是要在20世纪基本普及九年义务教育的基础上，巩固提高九年义务教育水平，推进义务教育均衡发展。目标到2020年，基本实现教育现代化，基本形成学习型社会，进入人力资源强国行列。

基础教育的改革和发展，关键是提高教育、教学质量。其中的核心一环就是改革课程。而小学语文是义务教育中一门重要的基础学科，对于提高民族素质有着重要的意义。因此，必须大力进行小学语文课程改革。

历史是现实的一面镜子。了解过去是为了创造未来。本章通过概述小学语文课程的发展和新中国成立以来的小学语文教学大纲、课程标准的演变，阐明小学语文课程的性质、地位、基本理念，介绍语文学科的教学目标、教学要求、教学内容和教学指导思想。

第一节　小学语文课程的性质和地位

课程集中体现了学校的教育目标和教育内容。因此，课程是学校教育的核心问题，课程改革是教育改革的突破口和中心点。

课程是一个含义广泛的概念。杜威的课程概念最为广泛，是指儿童在走向社会的过程中所经历的全部经验。狭义的课程概念是学科的同义词，如语文课程、数学课程。对课程的理解通常同斯宾塞在《教育论》中的说法比较接近，把教育内容的系统组织称为课程。课，指课业，指教育内容;程,指程度、进程。

课程也是一个发展变化的概念。在我国,唐代已有"课程"之名。唐代孔颖达在《五经正义》里注释《诗经·小雅》时就用过"课程"一词。宋代朱熹论学,说到"宽著期限,紧著课程","小立课程,大做工夫",又多次使用"课程"这个词。这里的"课程"一词已有课业、进程的意思。在西方,"课程"一词,来源于拉丁语,原指跑马道,转义为"学习过程"。在当今英美等国,比较公认的说法是把课程看作学习者在学校获得的全部经验,除了知识、技能外,还包括文明行为的养成、身体素质的改善等。还有一种观点认为课程是学习者在学校指导下获得的全部经验,其"课程"含义更加广泛,已延伸到校外。

目前我国在谈论学校课程的时候,课程的含义主要是为了实现学校教育目标而规定的教育内容的总和。这里的"教育内容的总和"既包括学科课程,即各门学科的教育目的、教育内容和教育进程,又包括活动课程和环境课程;既包括显性课程,又包括隐性课程。本书所讲的课程基本上是指语文学科课程。

一、小学语文课程的发展

(一)国文科的设立

在漫长的古代,我国有语文教学而没有专门的语文学科。早在两汉唐宋就开始重视儿童识字和句读训练,陆续出现了《千字文》《三字经》《百家姓》等启蒙识字课本,影响深远,久用不衰。但古代的语文往往与史学、伦理学融为一体。明清两朝在科举取士制度的影响下,习作八股文成了学校课程的重点项目。

鸦片战争后,一些资产阶级改良派提出"废科举、兴学校"的口号,主张向西方学习建立现代学校制度。1903年清政府颁布《奏定学堂章程》,正式建立我国的小学制度,称为"癸卯学制"。其中,初等小学堂5年,高等小学堂4年。初等小学设有中国文字科,内容是识字、读文、作文;高等小学设中国文学科,内容有读文、作文、写字、习官话。独立设科的语文课程初步显现。

辛亥革命推翻了封建制度,建立了中华民国。1913年南京临时政府颁布《小学校教则及课程表》,规定初小和高小均设国文科,内容包括读法、书法、作法和练习语言。这一规定将清末"中国文字"和"中国文学"统称为"国文"科,表明小学语文学科的确定。

(二)从"国文"科到"国语"科

五四运动提倡白话文与新文学,反对文言文与旧文学,倡导推广国语运动,将国语作为全民族语言。这对教育改革和小学语文课程发生了重要影响。1920年北洋政府颁布国民学校令,将"国文"科改为"国语"科。之后还逐步将小学各科教材从文言文改为白话文。1922年《学校系统改革案》颁布,规定小学学制6年,其中初小4年,高小2年,这一学制一直沿用了数十年。为了配合新学制的颁行,全国教育联合会于1923年刊布了我国第一个课程纲要——《小学新学制课程标准纲要》。其中的《小学国语课程纲要》规定,国语教学内容包括语言、读文、作文、写字四项,要培养听、说、读、作、写五种语文能力。尽管该课程纲要由民间教育团体制定,未经北洋政府审定和正式公布,但一直试用至1929年课程标准颁布之前。该纲要所确立的小学国语课程基本框架在随后国民党政府颁布的语文课程标准中并没有质的变化。

20世纪三四十年代,共产党领导的中央苏区、边区和解放区的国语教育卓有成效。1934年中央苏区颁布了《小学课程教则大纲》,规定小学5年,其中初小3年,高小2年,均开设了国语科。当时,各解放区的小学国语课程标准体现了以学习文化为中心的方针,初小实行国语和常识合科教学。

(三)语文科的定名

新中国成立之初,新组建的教科书编审委员会确定小学国语科以华北解放区的《国语》课本为蓝本进行修订,供全国使用,并作出决定,把修订后的《国语》改为《语文》。1950年出版的课本在"编辑大意"里解释道:"说出来的是语言,写出来的是文章,文章依据语言,'语'和'文'是分不开的。"当时主持教材编审工作的叶圣陶先生在1964年的一封信中,对从国语到语文的转变进行了精辟的说明。他说:

"语文"一名,始用于一九四九年华北人民政府教科书编审委员会选用中小学课本之时。前此中学称"国文",小学称"国语",至是乃统而一之。彼时同人之意,以为口头为"语",书面为"文",文本于语,不可偏指,故合而言之。亦见此学科"听""说""读""写"宜并重,诵习课本,练习作文,固为读写之事,而苟忽于听说,不注重训练,则读写之成效亦将减损……其后有人释为"语言""文字",有人释为"语言""文学",皆非立此名之原意。[①]

语文课程的定名克服了国语和国文"分家"的片面性,体现了口语和书面语并重,读写与听说兼顾的特点。这一名称一直沿用至今。

二、小学语文课程的性质和基本特点

在我国漫长的古代学校教育中,不单设语文课程,不存在认识语文课程性质的问题。自清末开设语文方面的课程至今已有一个多世纪,对语文课程的性质经历了不重视到重视、不认识到有所认识的过程。在新中国成立后相当长的时间里,对语文学科的性质存在认识和实践的片面性,其突出表现常常是把语文的内容和形式对立起来,割裂开来,不能辩证地看待文与道、形式与内容的关系;语文在强调思想政治和语言文字之间摇来摆去,不能正确认识和处理语言文字训练和思想教育的关系。随着教育改革的深入,人们对语文课程性质的认识逐步清晰。1963年开始在教学大纲中明确提出,语文是基本工具,是"学好各门知识和从事各种工作的基本工具"。1986年的教学大纲明确提出了语文的"工具性"。2001年的《全日制义务教育语文课程标准(实验稿)》提出,"语文是最重要的交际工具,是人类文化的重要组成部分。工具性与人文性的统一,是语文课程的基本特点"。2011年颁布的《义务教育语文课程标准》对语文课程性质的表述为:

"语文课程是一门学习语言文字运用的综合性、实践性课程。义务教育阶段的语文课程,应使学生初步学会运用祖国语言文字进行交流沟通,吸收古今中外优秀文化,提高思想文化修养,促进自身精神成长。工具性与人文性的统一,是语文课程的基本特点。"

---

① 刘国正主编:《叶圣陶教育文集》第3卷,人民教育出版社1994年版,第506页。

（一）小学语文是学习语言文字运用的课程

语文课程区别于其他学科的主要方面是，它要为学生提供学习祖国语言文字的经验，也就是类似其他国家的母语课程。根据我国情况，语文课主要是学习普通话和中文，或者说是汉语言文字。这些语言文字是我国民众交流和沟通的基本工具，也是中华文化的重要组成部分，同时还是已有科技和文化成果的载体。

语文本身是语言形式和内容的统一体，是语言外壳和思想内涵的统一体。学习语言文字的过程必然涉及对语言文字所承载的文化内容的理解，因而语文课程在内容和学习方式等方面必然体现出综合性的特点。

（二）工具性与人文性的统一

小学语文课程的基本特征是工具性与人文性的统一。语文的工具性体现在诸多方面。就个人而言，人们借助语言获取信息，运用语言进行思维活动，通过语言表达思想情感。就人际而言，经由语文，人们可以传递信息、交流思想与情感、对彼此的行为施加影响。就人类总体而言，语言是文化得以积淀和传承的载体。就学校教育而言，大部分学习内容通过语言，特别是书面语来呈现，因此，语文也是学习其他学科的工具。

任何工具的掌握都要在实际运用工具的过程中才能完成，从简单的用筷子夹菜到骑自行车，再到复杂的驾驶机动车，无一不是如此。语文这套交际工具的学习也必须在运用语言文字的过程中，即各种听说读写活动中进行。听说读写存在于社会生活的各个领域，包括生活、学习、工作、娱乐，等等。如果脱离语言文字的实际运用情境，脱离听说读写的实践活动，则学习者很难真正掌握语言文字。可见，语文的工具性决定了语文学习过程的实践性。

语文的人文性首先体现在口语和书面语所蕴含的丰富内容上。一段讲话、一篇文章，甚至一个词、一个句子，都包含着一定的信息，或是一个物品，或是一个事件，或是一种感受，或是一些体验……语文课程带给学生的不仅仅是字词句段篇等语言形式，还有广泛的知识、深邃的道理、动人的情感，它同教师和学生的精神生活息息相通。其次，语文作为表情达意的工具，其运用是特定社会历史文化下的人的一种具体而又丰富的生命活动。人们通过听说读写等活动梳理自己的经验，表达自己对世界的观感，同时获得对他人的理解。语文课程对学生生命成长的意义不言而喻。

工具性与人文性的统一，这是语文这种交际工具的特点，也是语文课程的基本特点。语文形式的训练与语文内容的感悟要综合考虑。例如，教科书的选文和练习设计既要遵循语文知识和技能训练的序列，也要考虑其思想情感和交际情境的价值取向，选取积极健康的题材和场景；再如，教学中尽可能让学生用自己喜爱的方式在听说读写等某一方面或某几方面得到实际的锻炼，获得能力的提升。

三、小学语文课程的地位

语文是我国中小学的核心课程，在各科教学中处于基础地位。新中国成立以后，尽管语文课时比例总的呈现递减趋势（见表1-1），但与其他学科相比，小学语文在总课时中占的比例最高。语文课时减少的原因是课程类型越来越多样化，例如2001年的课程计划中增加了综合实践活动、地方课程、校本课程等。从比例看,语文仍居首位。

表1-1 新中国成立以来小学语文占总课时的比例变化

时间(年)	1953	1956	1963	1978	1981	1988	1994	2001
%	48.7	44.6	48.0	41.0	40.3	34.9	30.0	21.0

欧洲各国的母语(有的称第一语言)课程在小学总课时的比重也在各学科之首[①]。世界多个国家将母语课程作为中小学的核心课程,并在其母语课程标准中明确阐述母语课程的重要性。对学生个人而言,掌握本国语言是保证学生取得学业成功的基础,一方面使他们形成明晰的思想和科学的思维,另一方面使他们获得交际和学习的手段。

从纵向看,小学语文课程是具有奠基作用的基础课程,要特别注重保护和培育学生的语文学习兴趣,养成良好的语文学习习惯,为学生后续乃至终身的语文学习打好基础。

专栏1-1

《义务教育语文课程标准(2011年版)》"语文课程地位"

语文课程致力于培养学生的语言文字运用能力,提升学生的综合素养,为学好其他课程打下基础;为学生形成正确的世界观、人生观、价值观,形成良好个性和健全人格打下基础;为学生的全面发展和终身发展打下基础。语文课程对继承和弘扬中华民族优秀文化传统和革命传统,增强民族文化认同感,增强民族凝聚力和创造力,具有不可替代的优势。语文课程的多重功能和奠基作用,决定了它在九年义务教育中的重要地位。

第二节 小学语文教学大纲和课程标准

教学大纲是国家教育行政部门规定学校各门学科的目的任务、教学内容和教学实施的指导性文件。

课程标准是规定某一学科的课程性质、课程目标、内容目标、实施建议的教学指导性文件。课程标准与教学大纲相比,在课程的基本理念、课程目标、课程实施建议等几部分阐述得更加详细而明确,特别是提出了面向全体学生的学习基本要求。

教学大纲和课程标准都体现了国家对各科教材与教学的基本要求,主要有四方面的功能,即教学大纲或课程标准是编写教科书的依据,是进行教学的依据,是评定学生成绩的依据,是评估教师教学质量的依据。

新中国成立至今,我国一共颁布了三部小学语文课程标准和五部小学语文教学大纲,分别是1952年《小学语文课程暂行标准(修订草案)》,1956年《小学语文教学大纲(草案)》,1963年《全日制小学语文教学大纲(草案)》,1978年《全日制十年制学校小学语文教学大纲(试行草案)》,1986年《全日制小学语文教学大纲》,1992年《九年义务教育全日制小学语文教学大纲(试用)》,2001年《义务教育语文课程标准(实验稿)》,2011年《义务教育语文课程标准(2011年版)》。

---

① 董蓓菲.《小学语文课程与教学论》,浙江教育出版社2003年版,第20页。

一、主要小学语文教学大纲简介

(一) 1956年《小学语文教学大纲(草案)》

新中国成立初期,教育部于1956年颁布了第一部小学语文教学大纲。这份文件由"说明"和"教学大纲"两部分组成。"说明"部分规定了小学语文教学的基本任务是提高听说能力,培养读写能力,教学内容包括阅读教学、汉语教学、作文教学、识字教学、写字教学等,并就这五个方面的具体教学任务、内容、方法进行了详尽的论述。"教学大纲"部分分学年就上述五项内容提出教学要求并规定该项内容的学年授课时数及每周各部分的教学时数。

这部大纲是学习苏联的产物。它的特点有:第一,专辟一部分讲汉语教学,提出了让儿童在语言实践中认识和运用语言规律等观点,对怎样在小学语文教学中进行语言教学有指导意义。第二,阅读教学采取讲谈法,把语文课讲得详而又详,这对加强阅读教学有重要作用,但是也有不利的一面,导致了后来把语文课讲成文学课、阅读教学进行串讲串问,繁琐分析课文内容的弊端。第三,这是一部很有特色的教学大纲,是迄今为止叙述最详尽的教学大纲。

(二) 1963年《全日制小学语文教学大纲(草案)》

1963年颁布的《全日制小学暂行工作条例(草案)》,对1958年以来的教育工作的经验教训进行了总结,对小学教育的任务和培养目标等作出了明确的规定,提出"以教学为主"的原则,确定了小学语文的基础工具性质。1963年的小学语文教学大纲在此背景下产生。

这部大纲包括七部分:(1)语文的重要性和语文教学的目的;(2)教学要求;(3)教学内容,包括识字、写字、课文、练习、作文;(4)选材标准;(5)教学内容的安排;(6)教学中应该注意的几点问题;(7)各年级的教学要求和教学内容,其中教学要求分条列出,教学内容以文字叙述加教材篇目的形式呈现。

这部大纲的主要特点是:第一,明确提出"语文是学好各门知识和从事各种工作的基本工具"。第一次明确了语文课程的工具性特点,回答了语文学科的性质问题。第二,强调语文基础知识和基本技能("双基"),提出对学生严格要求,严格训练,实行讲和读结合、讲和练结合,加强课外阅读和写作指导。第三,提出选文要体现文道统一,教学要贯彻思想内容和语言文字不可分割的原则。这部大纲把语文教学重新引向正确的轨道,对提高教学质量起到重要作用。因此,在小学语文课程发展史上有重要地位。

(三) 1978年《全日制十年制学校小学语文教学大纲(试行草案)》

1977年,教育部分析了全国中小学的情况和发展趋势,确定以十年制为基本学制,并制订了十年制学校教学计划。1978年2月,教育部颁发了《全日制十年制学校小学语文教学大纲(试行草案)》,1980年12月又进行了修订。它既是教育事业拨乱反正、语文教学正本清源的结果,又是对新中国成立以来语文教学经验的初步总结。

这部大纲包括前言、正文和各年级教学要求三大部分。前言部分规定了学科性质、学科主要特点、教材的思想内容。正文部分包括七章:教学目的和要求,教材编排原则和方法,识字、写字教学,阅读教学,作文教学,基础训练,大力改进小学语文教学。

该大纲对生字提出两种不同要求,将课文分为三类,并在两三课之后安排基础训练,这样的教材编排注重教给学生识字方法,培养识字能力,注重培养学生自学能力和良好的学习习惯。这样的教学思想体现了培养能力、发展智力的时代要求。这部大纲对于恢复正常教学秩序,推动小学语文教材和教学的改革与研究起了积极作用。

(四) 1992 年《九年义务教育全日制小学语文教学大纲(试用)》

1986 年《中华人民共和国义务教育法》颁布之后,国家教委组织力量,一方面修订 1978 年大纲,作为过渡大纲在全国实施,另一方面着手编制义务教育中小学课程计划和各门学科的教学大纲。1992 年,经过多次修改和审查通过的义务教育小学语文教学大纲颁布并供全国试用。

这部教学大纲共六章。第一章"前言",阐述小学语文的性质、任务和教学的指导思想。第二章"教学目的和教学要求",阐述小学阶段语文教学的总目标和总要求。第三章"教学内容和教学提示",分为语言文字训练和思想教育两部分,前者包括汉语拼音、识字写字、听话说话、阅读、作文五节。第四章"课外活动",阐述语文课外活动的作用、内容、形式等。第五章"教学中应该注意的几个主要问题",阐述教学原则、教学思想的问题。第六章"各年级的具体教学要求",分别列出五年制、六年制小学各学年级在语言文字训练五个方面的具体教学要求。

这部分大纲对于在小学语文教学方面促进义务教育的实施有重要作用。它具有以下几个主要特点。

第一,体现素质教育的思想。在教学目的中明确提出了语文素质、思想道德素质、智力和非智力因素等方面的教学目的。

第二,面向全体学生,适度降低语文教学要求。主要体现在适当减少了识字量,要求小学阶段"学会常用汉字 2500 个左右";适当降低了作文要求;对汉语拼音的教学要求有一定弹性,规定了一个基本要求"能够准确、熟练地拼读音节",和一个较高要求"有条件的可以逐步做到直呼音节"。

第三,调整大纲结构。增加了"课外活动"一章,删减有关教材编写方面的要求,适应义务教育课程计划和教科书"一纲多本"的需要。

第四,吸收教学改革的新鲜经验,在继承的基础上有所前进。这些经验主要有:正确处理语言文字训练和思想教育的关系,加强思想教育的自觉性;培养自学能力和自学习惯,使学生由"学会"逐步做到"会学";加强语文教学的纵向联系和横向联系,纵的方面是不同年级、各项语文基本功训练的序列,横的方面是加强字词句段篇之间、听说读写之间、课内和课外之间的联系,形成相互配合、协调发展的训练网络,努力做到教学的整体优化。

二、义务教育语文课程标准

21 世纪,世界各国都很重视基础教育课程改革。2001 年,我国针对当时基础教育课程存在的种种问题,颁布了《基础教育课程改革纲要(试行)》,随后陆续颁布了各个学科的义务教育课程标准。大部分学科课程标准将小学和初中"打通",总体设计义务教育阶段的学科课程目标及学段目标。不同学科对于学段的划分不尽相同。例如,义务教育的数学课程分为低、中、高三个学段,而语文则分为四个学段,第一学段是 1、2 年级(小学低年段),第二学段是 3、4 年级(小学中年段),第三学段是 5、6 年级(小学高年段),第四学段是 7 到 9 年级(初中阶段)。

《义务教育语文课程标准（实验稿）》包括前言、课程目标、实施建议三部分和一个附录。"前言"部分规定了语文课程的性质、地位和语文课程的基本理念，解释了课程标准的设计思路。"课程目标"包括"总目标"和"阶段目标"，后者分别针对上述四个学段，从识字与写字、阅读、写作、口语交际、综合性学习等五个方面提出要求。其中，写作部分在小学1—2年级为"写话"，3—6年级为"习作"，7—9年级为"写作"。"实施建议"部分分别针对教材编写、课程资源的开发与利用、教学、评价等四个方面。"附录"部分包括关于优秀背诵推荐篇目的建议、关于课外读物的建议、语言修辞知识要点。

在新世纪课程改革历经十年实践的基础上，经过修订的主要学科义务教育课程标准在2011年年底颁布。其中，《义务教育语文课程标准（2011年版）》在基本面貌上与实验稿课程标准没有太大变化，但各个部分各有不同幅度的修订。第一部分"前言"包括课程性质、课程基本理念、课程设计思路；第二部分标题改为"课程目标与内容"，具体分为"总体目标和内容"和"学段目标和内容"；第三部分"实施建议"对各项建议的排序有所调整，依次为教学建议、评价建议、教材编写建议、课程资源开发与利用建议。"附录"部分仍有实验稿中的三项，另增加了识字、写字教学基本字表和义务教育语文课程常用字表。

在具体内容上，与实验稿相比，2011年版课程标准的导言是全新的，明确阐述了语文课程的重要地位。关于课程性质的表述有重要补充，正面回答了语文课程是什么的问题，即"语文课程是一门学习语言文字运用的综合性、实践性课程"。"课程基本理念"的提法没有变化，但具体文字表述略有修改。"课程设计思路"部分删去了关于三维目标的表述，增加了课程设计的指导思想，以及语文课程的重点学习方式，即"引导学生多读书、多积累，重视语言文字运用的实践，在实践中领悟文化内涵和语文应用规律"。"附录"中优秀诗文背诵推荐篇目略有调整，整体数量增多了15篇；课外阅读着力于社会主义核心价值体系的渗透，增加了《革命烈士诗抄》《红岩》等宣扬革命传统的书目；增加的两个字表对第一学段教科书编写及确立识字教学重点内容提供了依据。

专栏1-2

《义务教育语文课程标准（2011年版）》"总体目标与内容"

课程目标从知识与能力、过程与方法、情感态度与价值观三个方面设计。三者相互渗透，融为一体。目标的设计着眼于语文素养的整体提高。

1. 在语文学习过程中，培养爱国主义、集体主义、社会主义思想道德和健康的审美情趣，发展个性，培养创新精神和合作精神，逐步形成积极的人生态度和正确的世界观、价值观。

2. 认识中华文化的丰厚博大，汲取民族文化智慧。关心当代文化生活，尊重多样文化，吸收人类优秀文化的营养，提高文化品位。

3. 培育热爱祖国语言文字的情感，增强学习语文的自信心，养成良好的语文学习习惯，初步掌握学习语文的基本方法。

4. 在发展语言能力的同时，发展思维能力，学习科学的思想方法，逐步养成实事求是、崇尚真知的科学态度。

5. 能主动进行探究性学习，激发想象力和创造潜能，在实践中学习和运用语文。

6. 学会汉语拼音。能说普通话。认识3 500个左右常用汉字。能正确工整地书写汉字，并有一定的速度。

7. 具有独立阅读的能力,学会运用多种阅读方法。有较为丰富的积累和良好的语感,注重情感体验,发展感受和理解的能力。能阅读日常的书报杂志,能初步鉴赏文学作品,丰富自己的精神世界。能借助工具书阅读浅易文言文。背诵优秀诗文240篇(段)。九年课外阅读总量应在400万字以上。

8. 能具体明确、文从字顺地表达自己的见闻、体验和想法。能根据需要,运用常见的表达方式写作,发展书面语言运用能力。

9. 具有日常口语交际的基本能力,学会倾听、表达与交流,初步学会运用口头语言文明地进行人际沟通和社会交往。

10. 学会使用常用的语文工具书。初步具备搜集和处理信息的能力,积极尝试运用新技术和多种媒体学习语文。

本章小结

本章包括小学语文课程的性质和地位、小学语文教学大纲和课程标准两部分。我国小学语文课程经历了从清末国文科的设立到近代"国语"科的演变再到新中国成立之初语文科的定名这样漫长的发展历史。小学语文是学习语言文字运用的课程,具有综合性和实践性的特点。工具性和人文性的统一是语文课程的基本特征。小学语文在义务教育阶段具有重要的地位。新中国成立至今,历次大纲和课程标准关于小学语文的教学目的、教学内容和教学要求、教学思想和教学方法等的规定随着时代发展不断改进和完善。这些变化和调整体现了人们对小学语文课程性质、目标、内容框架和教学方式等问题的认识不断加深。

思考题

1. 简述小学语文课程的产生和发展。
2. 小学语文课程的性质和基本特征是什么?
3. 如何理解小学语文的重要地位?
4. 阅读现行语文课程标准关于课程目标和内容的规定,简要概括小学语文课程的主要内容和基本要求。

第二章　小学语文教材

本章学习目标

1. 了解小学语文教材发展演变的概况：蒙学教材和国文、国语教科书以及新中国成立以来的小学语文教材。
2. 了解新中国成立以来几种主要的小学语文教材的特点，包括1963年、1978年、九年义务教育教材及新课程标准实验教材。
3. 明确小学语文教材的编写原则。

教材是根据课程标准或教学需要编写或制作的用于教学的材料。早期的小学语文教材主要是小学语文教科书，即小学语文课本。后来，为了适应教学的需要，出现了与课本配套的教学参考书，供教师使用。随着时代的发展，教材的概念不断扩大。目前我国的小学语文教材包括教科书、教学指导书（或称教学参考书）、补充读物（语文读本）、教学挂图、幻灯片、字词卡片、录音带、教学光盘、教学软件，等等。这些教材对提高教学质量起了很大的作用。在小学语文教材系列中，小学语文教科书占有核心的地位。教科书是落实国家对人才素质要求的主要凭借，是教师进行教学活动的主要凭借，是学生学习语文的主要凭借。本章所讲的小学语文教材，主要针对小学语文教科书。

第一节　小学语文教材的发展演变

语文作为独立的学科虽只才百年，但语文教学实践的历史却源远流长。我国小学语文教材在百年间继承了古代蒙学教材的优良传统，在近现代的国文、国语教科书探索中不断成型，经过新中国成立六十年的探索，今天已经逐步走向成熟。

一、蒙学读本

蒙学，即启蒙之学，特指对儿童所进行的启蒙教育，大致相当于现在的小学。所谓蒙学教材，即为实现启蒙教育目标而编成的各种读本。古代的蒙学教材很多，其中以《急就篇》和《三字经》、《百家姓》、《千字文》（俗称"三、百、千"）流传最广，影响最大。

（一）《急就篇》

《急就篇》系西汉元帝时的史游所作。成书时间约在公元前40年。《急就篇》的主要特点是：(1)生字的密度大。全书共2 144个字,其中重复字335个,共计单字1 809个。(2)整齐押韵,便于记忆。编写方法采用了三言、四言、七言韵语,读起来上口,儿童容易记忆。(3)饱含比较丰富的知识。两千多字分作"姓氏名字"、"服器百物"、"文字法理"三部分,所涉及的内容相当广泛,有助于儿童增长知识。由于《急就篇》具有这样一些特点,不但使用时间长,而且对以后的蒙学读本编写有很大影响。

(二)"三、百、千"

《千字文》系南北朝时期梁周兴嗣所编,主要是拓取王羲之书法作品中不同的字1 000个,编为四言韵语,共250句。它的主要特点是:(1)内容丰富,条理清楚。开头从"天地玄黄,宇宙洪荒"说起,接着分别说了天地、历史、修身、处世、务农、读书、饮食、居住、园林、祭祀等。(2)语言方面,整齐押韵,便于儿童诵读。一千个字基本不重复,而且都是古书上的常用字。

《三字经》相传是宋代王应麟所编。它的主要特点是:(1)内容涉及的方面更为广泛,包括教育的重要性、"习礼仪"、读书方法、历史发展,以及其他多方面的知识,还推举了一些勤奋好学的事例,激励儿童上进。(2)语言上用整齐的三言韵语,比《千字文》通俗,读起来上口,便于记忆。

《百家姓》编于北宋时期,作者不详。它的主要特点是:(1)从内容看,全书都是意义上没有什么联系的姓氏;(2)从语言看,400多个字用四言韵语编写,读起来流畅和谐,儿童容易识记,而且有应用价值。

从整体上看,"三、百、千"形成了一套相互配合、相互补充的识字读本,既符合儿童识字的要求,便于诵读记忆,同时也能适应儿童求知的需要和兴趣,成为启蒙教育的主要教材。

此外,蒙学读本还有用于阅读训练的韵文《千家诗》,在宋元时期以至明清两代十分流行。其中大部分是名家名作,知识丰富,通俗易懂,便于背诵,有人将它与《三字经》《百家姓》《千字文》合称为"三、百、千、千"。

二、国文、国语教科书

1904年清政府颁布《奏定学堂章程》,语文独立设科,语文教材也走上了近代化的道路,开始呈现出一些新特点:教材文白并存、以单元编制取代单篇,内容关注现实问题,倡导民主科学等。小学语文教材在这一时期主要经历了国文教科书和国语教科书两个阶段。

(一)国文教科书

1906年国家设立了教材编纂审查机构(编译图书局),颁布了《教科书审定办法》,实行教科书审查制。1907年"国文"科的名称正式见诸法令。

清末民初使用国文教科书时期,各家书局编印出版的国文教科书多达几十种,其中有的发行使用时间较长,有的时间较短,情况不尽相同。

清朝末年,较有代表性的是《最新国文教科书》。此书于1904—1906年间,由维新派吴眺、张元济等编辑,共10册,商务印书馆出版,供初等小学使用。这是我国实行新学制后供全国使用的第一部脱离蒙学读物性质的语文教材。这套教科书的主要特点是:(1)在内容上,包括理科、历史、地理、修身、实业、家事、卫生、政治等许多方面,比较丰富。(2)在形式上,首先限定字的笔画,规定第一册五课之前六画,十课之前九画,以后逐渐增加至十五画为止;其次规定各册课文字数;此外对空格、断句等都有具体要求。(3)在编排上,以识字为主,由易到难,选取言文一致的字,贴近儿童生活的字编在前,离儿童生活远的编在后;阅读的大体安排是识字后先读句子再读篇章;全书还附有图画,与课文配合。《最新国文教科书》当时在教育界产生了较大的影响,许多教科书模仿此书的体例进行编写。

民国初年,按照国民政府教育部的规定,编辑出版了多种新的国文教科书。这些书革除了忠君、崇清的封建思想,加进了宣扬民主、自由的思想内容。其中有抗击外来侵略、反映民族精神的课文,也有强身健体、讲卫生、破迷信的课文,教材内容面目一新。这一时期的小学语文教材编写有一些有益的探索。以商务印书馆编辑的《共和国国文教科书》为例,教材编写方面的主要特点是充分考虑儿童的经验程度,按笔画由简到繁和语句由浅到深的顺序进行编排,单字、短句、篇章依次排列。民国初年的小学语文教材改革反映了资产阶级在教育方面的要求,有一定的进步作用。其主要不足一是过于偏重引起学生兴趣,有些内容低估了儿童的理解能力;二是有些文言文不太适合低龄儿童的理解。

(二)国语教科书

五四运动之后,兴起了国语运动。国语运动提出"言文一致""国语统一"的主张。实现这一主张,教科书必须改革。1920年1月,教育部通令各国民学校,今后教科书一律用语体文编写。小学语文教材进入了"国语教科书"阶段。为了便于研究,我们把"国语教科书"阶段分作以下几个时期。

1. 1920—1927年间的国语教科书

这个时期的小学教科书继续实行审定制,由各家书坊自行组织编写,教育部统一审定。经审查的国语教科书,计有21套。参与编辑出版的书坊主要有商务印书馆、中华书局、世界书局等三家。

当时国语教科书的进步主要表现在:(1)用白话文编写语文课本,使小学生的语文能力得到提高。这在我国小学语文教材史上是一个重大的发展。(2)增强了语文的文学性和趣味性,编入了童话、寓言、笑话、自然故事、生活故事、历史故事、山歌、民歌等,使小学语文教材大为改观。(3)由于五四运动的影响,增加了反帝反封建、热爱祖国的内容。所编入的课文,有的揭露匪盗、军阀、列强的罪行,有的称颂爱国历史人物,有的赞美祖国大好河山,等等。

这个时期的小学教科书也存在一定的局限:(1)低年级的教材几乎全部采用拟人化的手法(即所谓物话)来写,不利于体裁的多样化。(2)受"儿童本位"和"兴趣主义"的影响,过分强调趣味性,致使教科书知识性不强。(3)忽视民族特色。此时的学制改革由模仿日本转向模仿美国,教科书编写也有类似特点,选文内容反映英美国家的较多,对我国语文教学的传统经验和汉语言文字的特点有些忽略。

2. 1927—1937年间的国语教科书

1927—1937年的小学国语教科书分为两类:一类是国民政府国语课本,一类是苏区政府国语课本。

(1)国民政府小学国语课本

这个时期国语教科书的编审,是"审定制"和"国定制"并存,教科书种类比较丰富,既有民间自由编辑、通过审查的教科书,同时也有由政府组织编辑、供学校使用的教科书。

1926年,国民政府设教科书审查委员会,次年公布审查章程。1929年,教育部公布《中小学课程暂行标准》,之后,又公布《教科书审查规程》。1932年,教育部设国立编译馆,负责教科书的审查。同年2月,教育部公布《审查儿童课外读物标准》。1933年,教育部组织教科书编辑委员会,开始统一编印教科书。抗日战争爆发后,在重庆的国立编译馆之下成立中小学教科书编辑委员会,所编辑的教科书作为"国定本"统一发行(见表2-1)。

表2-1　20世纪20年代和30年代影响比较大的国民政府小学国语课本

书名	编者	出版社
复兴国语教科书	沈百英、沈秉廉	商务印书馆
开明国语课本	叶圣陶	开明书店
小学国语读本	朱文叔、吕伯攸	中华书局
新生活教科书——国语	蒋息岑、沈百英、施颂椒	大东书局
国语新读本	吴研因	世界书局

其中,由叶圣陶主编、丰子恺配图的《开明国语课本》是当时水平最高的国语教科书。分为"小学初级学生用"和"小学高级学生用"。这套读本突出了"儿童本位",有浓厚的"儿童文学"色彩。全书图文并茂,编排体系有利于对学生进行读写训练,便于教师教学,深受当时师生的喜欢。

(2)苏区政府小学国语课本

苏维埃政府明确规定,苏区小学禁止使用基督教书籍、国民党文化书籍和四书五经等作教材,要求各地小学使用苏区政府组织编写的教材。在中华苏维埃共和国临时中央政府成立之前,主要由地方苏区政府的教材编写机构负责编写各地教材。中央政府成立后,在中央教育人民委员部内设立了编审委员会,负责组织编写苏区通用教材,审查地方苏区的自编教材。当时通用教材出版后,中央苏区及邻近的苏区都使用通用教材,距中央苏区较远的苏区,仍采用自编的国语读本。

苏区小学国语教材主要有如下特点。

第一,密切联系土地革命战争的实际。小学国语读本中,有许多课文宣传革命道理,揭露国民党反动派、地主阶级压迫剥削人民的罪恶,鼓动人民参加红军,支援红军进行土地革命战争,开展土地改革。例如,《共产儿童读本》的课文《为什么要革命》《红军好》等。

第二,密切联系生产劳动和苏区群众生活的实际。小学国语读本中编有关于生产劳动的课文,如《兴国妇女对生产积极》;有关与苏区群众政治生活的课文,如《拥护苏维埃歌》;有关于生产常识、自然科学常识、卫生常识的课文,如《堆肥》《蚯蚓》《眼的卫生》等。此外还有一些课文写苏区儿童的生活,如《兴国儿童的节省运动》。

第三,注意儿童特点,形式多样,通俗生动,有文有图。

3. 1937—1949年间的国语教科书

抗日战争和解放战争时期的小学国语教科书也大致分为两类,一类是国民政府国语课本,一类是边区政府的小学国语课本。

(1)国民政府小学国语课本

这个时期的国民政府小学国语课本基本上沿用抗日战争前各书局编印的,但是删除了童话、物语的课文,代之以"本位文化""固有道德""三民主义""党化教育"的内容,课文注意体现教育目标。在编写上,课本以阅读为中心,语言以国语为主,字词编排由简到繁,由浅入深;中高年级课文还配有注释、问题和练习等。此外,在课本之外,另编供学生略读的补充读物,与课内精读教材配合。

其间,初级小学使用的是《小学国语常识课本》。这是一种分科合编教材。它的主要特点是:第一,国语、常识各自保持固有的内容;第二,常识教材用图表形式来表现,辅以简要的文字,国语教材用儿童文学的形式来表现;第三,编排上以常识为主,国语进行配合,体例上为单元制,行文为语体;第四,教材内容排列注意时令,以利教学。

(2) 边区政府小学国语课本

这一时期,小学国语教材的编写工作受到各边区政府的重视。下面主要介绍陕甘宁边区、晋察冀边区编写的小学国语课本情况。

在陕甘宁边区,抗日战争期间,1938年、1942年和1944年出版了三套初级小学国语课本。第一套的内容、形式比较单调;第二套低年级是国语、常识合编,内容和形式注意了多样性;第三套丰富了课文的内容,改进较大。解放战争时期,1946年、1948年出版了两套小学国语课本。第一套初级小学六册,高级小学四册,在内容上比过去有所改进。第二套是为了适应解放战争和解放区土地改革的需要重编的,除了初小和高小共十册国语课本外,还各增加了一册反映解放战争和解放区土地改革的补充教材。

在晋察冀边区,小学国语课本是由边区政府教育处的编审委员会编写出版的。从1938年到1948年先后出版了七套小学国语课本。

第一套《临时小学国语课本》,共6册,1938年出版;第二套《抗战时期初小国语课本》,共8册,边区教育处编,1939年出版;第三套与第二套同名,边区教育研究会编,1940年出版;第四套《初小国语课本》,共8册,华北联合大学教育研究室编,1943年出版;第五套和第六套都是初级小学《国语课本》,各8册,边区教育处编,分别于1945年、1948年出版;第七套初级小学《国语课本》,共8册,由华北人民政府教育部编,1948年11月出版。

边区小学国语课本的特点如下:

第一,密切联系抗日战争和解放战争的实际。抗日战争时期的课本大量编选关于抗战的文章。解放战争时期,为了适应迅速发展的革命形势,陕甘宁边区还专门编写补充教材,加强有关解放战争和土地改革的内容。

第二,密切联系生产劳动和边区群众生活实际。例如,晋冀鲁豫解放区的国语常识合编本中,关于生产常识的课文占37%。

第三,密切联系儿童的知识经验和生活实际。课本中许多课文选材来自儿童生活,并采用故事、韵文、问答等形式,儿童读起来感到亲切。

边区小学国语课本也存在明显的问题,即政治色彩太浓,十分强调思想政治教育;有的内容脱离边区农村实际,不够儿童化。这些问题在后期的课本中有所改进。

三、语文教科书

新中国成立以来,小学语文教材的编写在曲折中不断探索前进。新中国一成立,中央人民政府出版总署编审局负责修订老解放区课本,供各地使用。1950年12月1日,专门负责编写和出版教科书的人民教育出版社成立,为教材建设做了大量的工作,编写出版了多套教材。

(一)新中国成立以来的主要小学语文教科书

1. 1950年前后修订华北区和华东区小学国语课本,采用随文识字的编排方法和国语、常识两科合编的体式;1951—1952年根据《小学语文课程暂行标准(草案)》编写五年一贯制小学语文课本,共3册;1953年进行修订和新编。

2. 根据1956年《小学语文教学大纲(草案)》编写的六年制小学语文课本,共12册(另外编有《语文练习》和《教学参考书》)。这是新中国成立后第一套比较系统的小学语文教材。主要特点是学习苏联经验、体现"汉语""文学"分科教学的思想。

3. 1958年"教育大革命"中编写充满"左"倾思想内容的语文课本。其间,1958年秋季第一册小学语文课本开始编入汉语拼音的教学内容。

4. 1961年编写的《全日制十年制学校小学课本语文》,注意吸收传统语文教育经验,纠正"教育大革命"中出现的偏差。

5. 依据1963年《全日制小学语文教学大纲(草案)》编写《全日制十二年制学校小学课本语文》。

6. "文化大革命"期间(1966—1976年),在极"左"思想指导下编写的小学语文教材,强调突出"无产阶级政治",使小学语文教学受到严重破坏。

7. 1978年依据《全日制十年制小学语文教学大纲(试行草案)》编写全国通用教材《全日制十年制学校小学课本语文》。一些地方和单位还依据1978年教学大纲编写了实验性的小学语文教材。如,中央教育科学研究所和辽宁黑山北关实验学校合编的《五年制小学语文实验课本》、北京景山学校编写的《五年制小学语文实验课本》、九省(福建、河南、湖北、湖南、辽宁、山西、陕西、四川、云南)合编的《"注音识字,提前读写"语文实验教材》等。1981年,依据教育部《全日制五年制小学教学计划(修订草案)》,1978年版的通用课本改编为《全日制五年制小学语文》课本,1983年又编写出一套六年制小学语文课本。

8. 1986年《中华人民共和国义务教育法》颁布,成立了全国中小学教材审定委员会。教材编写由"一纲一本"转向"一纲多本"和"编审分开",在1988年颁布的《九年义务教育全日制小学语文教学大纲(初审稿)》的指导下,全国各地开始编写九年义务教育小学语文教材。教材主要的出版单位有人民教育出版社、北京师范大学出版社、中央教育科学研究所和语文出版社等,主要的编写地区包括广东省、辽宁省和北京市等省市。这些课本大部分从1993年秋季开始陆续使用。以人教社为例,到2000年为止,主要出版了以下语文教材:1989年编写义务教育五、六年制小学语文课本(实验本),1992年修订、送审九年义务教育五年制、六年制小学语文课本(试用本),2000年编写出版九年义务教育五年制、六年制小学语文课本(试用修订本)。

9. 2001年开始新课程改革,实行国家基本要求指导下的教材多样化政策。经审核获得教材编写资格的机构和出版部门依据《全日制义务教育语文课程标准(实验稿)》编写教科书。至2012年已有12套小学语文新课程标准实验教科书(见表2-2)。

表 2-2　2012 年进入教育部"中小学教学用书目录"的小学语文教科书

序号	主编	出版单位	序号	主编	出版单位
1	王　均 杨曙望	语文出版社	7	郭预衡、章培恒 陈平原	中华书局
2	史习江 李守业	语文出版社	8	张翼健	长春出版社
3	吴景岚	教育科学出版社	9	马新国 郑国民	北师大出版社
4	王先霈 徐国英	湖北教育出版社	10	张　庆 朱家珑	江苏教育出版社
5	杨再隋 曾国伟	湖南教育出版社	11	董小玉	西南师大出版社
6	崔　峦 蒯福棣	人民教育出版社	12	高雅贤 陶月华	河北教育出版社

图 2-1　1951 年—20 世纪 70 年代中期教科书封面示例

图 2-2　1978 年—20 世纪 80 年代教科书封面示例

图 2-3 义务教育教科书封面示例

（二）几种有代表性的小学语文教科书

1. 1963年《全日制十二年制学校小学课本语文》

这套课本是人民教育出版社根据1963年"大纲"编写的。教材重视语文基础知识教学和基本技能训练（"双基"）和思想教育，按照循序渐进的原则设计编排了汉语拼音、识字、写字、阅读和作文五个方面的内容。每册课本分为若干单元；每个单元后面，安排了一次综合练习。教学内容注意了阶段性和连续性。这套课本的主要特点是：

第一，把识字教学作为主要任务。共识字3 500个。注意字的出现频率，从独体字到合体字，由简到繁。

第二，重视多读多背。全套教材共有460篇课文，要求背诵的课文占所有课文的64%。

第三，加强练习。每篇课文后面有课后练习，每个单元后面有单元练习。练习的形式多样，内容丰富，涉及字、词、句、篇等各个部分。

第四，增加应用文的比例。写应用文的练习有请假条、书信、日记、对联、计划、合同等。

2. 1978年《全日制十年制学校小学课本语文》

这套教材是人民教育出版社根据教育部颁发的1978年"大纲"编写的，作为通用教材在全国使用。其主要特点是，在课本编写上注意处理好三个关系，一是思想教育和语文教学的关系；二是知识和能力的关系；三是教和学的关系。同时课本力求符合两个规律，一是学习语文的规律；一是儿童认识的规律。具体特点如下。

第一，以无产阶级世界观为指导，对学生进行品德、社会、自然常识教育。

第二，低年级以识字为重点，将生字分为要求掌握和要求认读两类，采用多种识字方法，注重识字方法的学习，培训学生识字能力。

第三，注重培养观察能力、思维能力和理解能力。安排了看图学词学句、看图学文等类型的教材。

第四，系统安排读写训练项目，把读和写各分解成若干训练点，有计划地编排。其中，阅读部分安排了讲读课文、阅读课文和独立阅读三种课文类型，培养自学能力。写作方面编排了习作例文和读写例话，体现读写结合。

第五,结合课文设计基础训练,使学生在语言实践中逐步掌握语言规律。

这套教材在总结历史经验的基础上,有较大的革新,标志着我国小学语文教材建设向着科学化迈进了一大步。

3. 1993年开始使用的九年义务教育小学语文教科书

以人教社编写的九年义务教育五、六年制小学语文课本为例,九年义务教育小学语文教科书的主要特点如下。

第一,体现时代精神,重视教材的思想性。选文中进行爱国主义教育、歌颂改革开放政策和社会主义建设成就、进行辩证唯物主义启蒙教育和良好品德教育的课文占较大比重。贴近学生思想和生活,体现时代风貌的新编选课文占全套教材的四分之一。

第二,适当降低要求和难度,突出教材的基础性。全套教材的识字量为2 500字,比上一版教材减少了500字;课文篇幅缩短,增加可读性较强的多种题材;删去习作例文,降低读写训练项目难度和作文要求。

第三,改进教材编排,加强语文基本功训练的系统性。低年级教科书适当吸收"注意识字、提前读写"的教改经验,注重发挥汉语拼音帮助阅读的功能,加强写话练习;中年级重点进行段的训练,作文教学加强片断练习;高年级增加了体现教方法和培养能力的训练项目。

第四,注意体现训练过程,加强学习能力的培养。中年级开始,每组教材包括"导读""课例"(含"预习""课文""思考·练习")"读写例话"和"基础训练"四部分,形成完整有序的训练体系。

第五,图画、印刷、装帧的质量有较大提高。同时出版了与各册教科书对应的"自读课本"等其他教学辅助材料,实现了以教科书为基础的教材系列化。

4. 小学语文新课程标准实验教科书

2001年,教育部颁布《全日制义务教育语文课程标准(实验稿)》,同年1月,教育部基础教育司发布《关于启动国家基础教育课程改革实验工作的通知》,全国的基础教育开始实行课程改革。依据语文课程标准(实验稿)编写出版的课程标准实验教科书都落实和体现了"语文课程标准"的教育理念和指导思想,呈现出百花齐放、各具特色的格局。首批"课标本"小学语文教科书分别由人民教育出版社、江苏教育出版社、北京师范大学出版社出版(简称人教版、苏教版、北师大版)。这三版语文教科书的主要特点是:

人教版教科书突出"新、实、活、宽"的编写特点,着眼于提高学生的语文综合素养,为他们的终身学习、生活和工作奠定基础。教材注重加强与生活及社会发展的联系,体现时代特点和现代意识;引导学生掌握语文学习的方法,呈现方式灵活多样;拓宽语文教学的渠道和形式,充盈丰富多彩的语文实践活动,从而形成开放而富有活力的教材体系。

苏教版教科书确立了语文教学要与生活实践相结合、实现课内外衔接的指导思想;遵循母语教育的规律,坚持"民族化、现代化、简约化"的教材建设方向。注意从我国丰富的传统语文教学经验中汲取精华,坚持选文的高品位和典范性;注重培养学生的学习习惯,丰富学生的语言积累,培养良好的语感,激活思维;着力培养学生继承优秀的传统文化、热爱祖国语言的思想感情。教材的主要特色可以概括为四个字:新、实、简、美。教材的教学理念新;教学目标实际,教学内容实用,教学操作实效;结构简明,内容简约,练习简便;着力于让学生接受审美教育,陶冶审美情趣,提高审美能力。

北师大版教科书以"兴趣先导、学会学习、整体推进、文化积累"作为编写指导思想,力图解决三个问题:一是学习语文的兴趣问题,让学生喜爱语文;二是学习语文的方法问题,让学生会学语文;三是人文性和工具性的统一,让语文学习的过程既是学习语言文字的过程,又是启迪心灵、开启思维、陶冶情操、积淀文化的过程。教材内容贴近儿童生活,既保证了知识性,又兼顾了人文内涵,符合时代精神,潜移默化地培养学生的想象能力和创新精神。

总的来说,上述三个版本教材具有以下的共同点:选文均注重经典性与时代性;内容设计具有开放性和弹性,从大语文的视角出发,将语文和生活紧密相连;引导学生自主学习,增强自学能力。

第二节 小学语文教材的编写原则

小学语文教科书的编写是一项复杂而艰巨的工作,需要有科学的编写原则作指导,使教材有利于体现学科特点,完成语文课程标准规定的教学目的、要求。对于教材的主要使用者小学语文教师而言,需要了解教材的基本要求,把握教材编者的编写思路,结合所教学生的实际情况恰当运用教材展开教学。一般来说,社会需要、学科知识和学生发展是教材编写的三个基点,编写语文教材时需要将三者有机融合。

一、符合时代需要

任何一种教材,都是适应它所处的时代需要而产生和存在的。21世纪的教材要适应知识经济、现代信息技术、经济全球化、政治多极化等社会发展趋势对人的素质的要求,从适应未来社会发展的需求出发,为学生提供最基础的人类文化基础知识的学习,使学生掌握最基本的学习方法。当前的小学语文教材编写要依据课程计划和课程标准,体现素质教育要求。

(一)教材选文要"与时俱进"

语文教材的时代感首先反映在课文中。语文教材是学生获取知识的重要渠道之一,在选文方面视野要开阔,综合考虑多个领域的题材,以便学生扩大眼界,丰富知识。特别要重视把最新的科技成果、人类社会共同关注的现实问题用浅显的文字呈现给学生,使他们想人类之所想,在思想上跟上时代步伐。教材选编课文时,既要保留那些经过长期教学实践检验的、文质兼美、富有教育意义的课文,又要选编描绘时代生活、反映时代精神,以及展现现代科学技术发展及应用的文章。"新课标"实验教科书在此方面已有一些很好的尝试。例如,人教版的《电子计算机与多媒体》《蝙蝠和雷达》《小熊住山洞》;苏教版的《问银河》《我叫"神舟号"》《放小鸟》;北师大版的《电话的发明》《车的世界》《只有一个地球》等。

(二)依据现代生活需要编写教学提示和设计练习

随着现代科学和信息技术的迅猛发展,各种新型传播媒介不断出现,给社会语言带来了巨大的变化,也对人们的口头语言和书面语言综合运用能力提出了更高的要求。语文教材要增强语言运用实践方面的练习,以便提高学生的语文综合能力。

教材适应现代生活需要还表现在具有与现代信息技术相配合的学习方式。教材要依据语文课程特点,注意培养学生的信息意识和搜集信息、处理信息的能力。例如,人教版教材在练习中鼓励学生观察、体验生活,由课文内容延伸到生活中的其他学习活动;如在《静夜思》一课后引导学生观察夜空,了解天文学的相关知识;在《邓小平爷爷植树》课后引导学生投身植树活动,通过亲身实践提高动手能力和环保意识;在课后练习或与语文园地里,以"我会读""我会认""我会画""我会说""我会写""我会猜""我会讲"等方式提出练习要求,鼓励学生自我尝试、自我发现,寻找和总结适合自己的学习方法,主动学习。北师大版教材在一年级至四年级分别专门设置"外面的世界"、"车的世界"、"书的世界"、"体育的世界"、"集市与超市"和"家乡特产"等专题性的单元,鼓励学生搜集生活中和语文相关的信息,在生活中感受和学习语文。

(三)教材的版式要具有现代特征

教材的版式包括开本大小、字体、装帧、插图等诸多方面。纵观几十年语文教材的发展,最直观的表现即是图像越来越丰富,色彩越来越鲜艳,印刷越来越精美,图像系统和文字系统的结合越来越紧密。教材的编、印质量都明显提高。在多个版本的新课标实验教科书中,插图采用卡通图画样式,有的通过对话框方式呈现学习方法的提示。练习指导语也采用指引、鼓励、商量的口吻,力求体现与学生平等、引导学生一起学习探究的教育理念。

二、语言文字规范

指导学生正确地理解和运用祖国的语言文字,使学生具有初步的听说读写能力,这是小学语文教学的主要目的。语文学科与其他学科的根本区别在于,它以培养语文能力为主要任务;学生获得知识、接受思想教育、发展智力、提升能力等,都是在理解和运用语言文字的过程中实现的。这就对语文教材的语言文字规范性提出了更加严格的要求。

作为语文教材,语言文字的规范性主要体现在两个方面:一是课文;二是教材中的其他语言文字。

课文是选入课本的、典范的、供学生阅读的文章。因此,入选课本的文章在语言文字上应该篇篇都是精品,以引导学生学习课文语言,培养读写能力和良好的语言习惯。入选小学语文教材的课文除了要求语言准确、鲜明、生动,还要注意语言活泼,富有变化,以唤起儿童的兴趣,激发他们学习的积极性。因此,凡入选的课文,都需要在语言文字上逐篇推敲、加工,使之合乎语言文字的规范。

教材中的其他语言文字包括导读、预习提示、课后练习、学法指导、拓展阅读资料等。教材中的每个词、每句话,哪怕是每个标点,都要准确无误,真正成为学生学习语文的范例。

三、科学合理地编排教材体系

任何学科的教材编写都要设计科学的教材结构,构建合理的编排体系,使教材安排有序、组织恰当,有利于教师教和学生学。对语文教材来说,如何做到有序编排,这是教材编写者多年来不断探索和研究的一个问题。

语文教材编写应该从语文学科的特点出发,按照科学性、序列性的原则编排学科知识,形成科学合理的教材体系。新课改以来,语文课程目标包括知识与能力、过程与方法、情感态度与价值观三个维度。其中,能力发展是核心,知识、文化积累是基础,情感态度养成是灵魂,三者相互依存,相互促进,共同致力于学生语文素养的整体提高。小学语文教材需要围绕三维目标来设计,加强语文知识和选文的整合,突出重点,使学生从一个主题出发,既能获得知识、提高技能,又可以在探究知识的过程中获得真切而独特的情感体验。

根据数十年教材编写研究和实践的经验,我国小学语文教科书在科学化的道路上有了长足的进步,取得了显著的成绩。最基本的做法是,把语文学习规律和学生认知规律结合,一方面厘清字、词、句、篇,听、说、读、写等语文基本功的训练项目,另一方面按照儿童的年龄特点,由易到难、由简到繁、由浅入深、由具体到抽象地进行排列,纵横结合,构建语文教材的内容体系。

目前,对于小学语文教材体系已形成一些基本共识。低年级打好汉语拼音的基础,重视识字,进行以词、句为重点的语言训练,为中高年级打基础。中年级继续进行词句训练,重点进行段的训练,如读懂一句话,注意句子间的联系,弄懂某个自然段的意思;再如把句子写通顺,把一段话写清楚等。高年级着重篇章方面的训练和读书方法指导,如读懂课文,把握文章主要内容,体会文章思想感情,运用批注等读书方法等。

四、为学生自主学习创造条件

语文教学着眼于培养学生的语言文字运用能力,培养这种能力的主要途径是语文实践活动,特别是联系生活实际的语文实践活动。作为母语教学,语文在生活中无处不在,无时不有,因此,语文教材应成为启发诱导学生进行各种语言实践的起点,通过教学提示和练习指导,沟通课文内外、课堂内外和学校内外,创设运用语言文字的环境,增加学生语文实践的机会,让学生加深对各种语言现象的认识。

例如,苏教版课标实验教科书采取活化训练的思路,注意语文课内和课外学习的结合,在说和写的训练中将学生的视线引向校园、社会和家庭,让他们在接触社会、接触大自然的过程中,获取新鲜的写作材料,训练运用语言文字的能力。比如,五年级上册的"习作3"要求学生"组织一次秋游,到大自然中去观察一下植物叶子的颜色与形状,然后以'秋天的树叶'为题写一篇习作";四年级下册的说话训练安排了讨论发言、自我推荐、学习"赞美"与"安慰"、做节目主持人等内容,搭建学生语言实践的平台。

五、符合儿童的年龄特征

一部小学语文教材,不管其工具性如何鲜明,人文性如何丰富,编写技艺如何高明,如果不符合学生的学习心理,不能激发学生的学习兴趣,就不可能产生良好的学习效果。小学阶段的儿童,无论生理、心理、语言,都处在重要的发展时期。小学生的感知、注意、记忆、思维、想象以及情感、意志和习惯等,都具有独特的特点。语言方面,逐步学习和掌握书面语言,规范和发展口头语言;思维方面,从具体形象思维开始向抽象逻辑思维过渡;阅读方面,从喜欢阅读童话、故事逐步转向对文艺作品和科普读物的兴趣。小学语文教材的编写,必须考虑怎样符合儿童的年龄特征和学习心理,适应他们身心发展的规律,使教材不但能够满足他们的求知欲望,让他们感到有兴趣,而且能够促进他们身心的健康发展。

(一)教材的内容方面

小学语文教材,不论识字、写字、阅读、作文、口语交际、综合性学习,其内容的选编都应当按照由近及远、由熟悉到陌生,循序渐进,逐步扩展,使之符合儿童的年龄特点和学习心理。

从空间范围说,儿童认识事物,一般是从家庭到学校,再到社会,接触面逐渐扩大。例如,从与他们生活密切相关的衣、食、住、行、玩具、学习用品等,逐步扩展到日常能够接触到的动植物、气候变化等;从自己的家庭成员到学校的老师、同学,再到社会上各行各业的人们。随着年龄的增长,他们的视野越来越开阔。从时间范围说,儿童首先认识的是眼前的事物和身边发生的事情,然后,才渐渐知道历史上的人物和事件。编写教材要考虑上述顺序,依据儿童认知特点合理配置教材内容。

低年级的学生最容易理解的是他们经常接触的事物和亲身体验的生活,以及童话世界里的人物和事物。教材选文可以朝这个方向倾斜。中高年级学生阅读范围逐渐扩大,理解能力比低年级有明显提高,对有情趣、有意境、有感情、有哲理的课文十分喜爱。人教社20世纪90年代的调查显示,学生对于"你最喜欢哪些课文"的答案中,提到《火烧云》《趵突泉》《再见了,亲人》《圆明园的毁灭》等文章较多,这些文章已成为小学语文课本的经典课文。

(二)教材的语言形式方面

语文教材的语言形式,包括两层含义:一是语言训练和发展的体系;二是课文形式。这两方面都要注意符合小学生的年龄特点,由浅入深,由易到难,由简单到复杂,循序渐进。

在语言训练和发展的体系建构上,要符合儿童学习语文的规律,逐步培养听说读写能力。比如识字教学,一般是从常用的构字能力强的独体字到合体字。词语训练,要从结构简单、常用的词语到结构比较复杂的词语,从容易理解的实词到意思比较抽象的虚词;从理解词语到积累和运用词语。

在课文形式上,按照小学生的心理特点,主要是形式要活泼,体裁要多样。具体来说,低年级应多选童话、寓言、谜语、儿童诗、儿童故事等,到了中高年级,应增加历史故事、写景或抒情的散文、一般记叙文、古诗和现代诗、科技说明文和常用应用文等,拓宽学生的知识面,丰富学生的认识。这样的课文编写体系,对提高学生学习兴趣、培养理解和运用语言文字的能力有着显著的作用。

除了以上三条基本原则外,语文教材的编写还要适当兼顾城乡差别,不能全部选取反映城市的题材;要兼顾选文的时代性和艺术性;要综合设计教材的阅读范文和思考练习,等等。

专栏2-1

《义务教育语文课程标准(2011年版)》"教材编写建议"

1. 教材编写应依据课程标准,全面有序地安排教学内容,设计教学活动,并注意体现基础性和阶段性,关注各学段之间的衔接。

2. 教材应体现时代特点和现代意识,关注现实,关注人类,关注自然,理解和尊重多元文化,有助于学生树立正确的世界观、人生观、价值观。

3. 教材要注重继承与弘扬中华民族优秀文化和革命传统,有助于增强学生的民族自尊心和爱国主义情感。

4. 教材应符合学生的身心发展特点,适应学生的认知水平,密切联系学生的经验世界和想象世界,有助于激发学生的学习兴趣和创新精神。

5. 教材选文要文质兼美,具有典范性,富有文化内涵和时代气息,题材、体裁、风格丰富多样,各种类别配置适当,难易适度,适合学生学习。要重视开发高质量的新课文。

6. 教材应注意引导学生掌握语文学习的方法,养成良好的学习习惯。课文注释和练习应少而精,具有启发性,有利于学生在探究中学会学习。

7. 教材内容的安排要避免繁琐,简化头绪,突出重点,加强整合,注重情感态度、知识能力之间的联系,致力于学生语文素养的整体提高。

8. 教材的体例和呈现方式应灵活多样,避免模式化。设计的体验性活动和研究性专题要体现语文特点,内容适量,便于实施。

9. 教材要有开放性和弹性。在合理安排基本课程内容的基础上,给地方、学校和教师留有开发、选择的空间,也为学生留出选择和拓展的空间,以满足不同学生学习和发展的需要。

10. 教材编写应努力追求设计的创新和编写的特色。要重视现代教育技术在语文课程中的运用。编写语言应准确、规范。

本章小结

本章主要涉及小学语文教材的发展演变概况和编写原则。小学语文教材的发展演变经历了三大历史阶段:蒙学教材和国文、国语教科书以及新中国成立以来的小学语文教材。新中国成立以来的小学语文教材这部分,详细介绍了包括1963年、1978年通用教材、1993年开始使用的九年义务教育教材和新世纪以来的新课程标准实验教材。特别是以人教版、北师大版和苏教版为代表的新课程标准实验教材的特点,需要重点掌握。小学语文教材编写中最重要的三点原则:从社会需要出发,应具有鲜明的时代性;从学科知识出发,应体现学科特点,编排科学合理的教材体系;从学生发展出发,应符合儿童的年龄特征和学习心理。

思考题

1. 新中国成立前我国的小学语文教材可分为哪几个时期?
2. 新中国成立以来我国出版了哪些全国通用的小学语文教材?
3. 查找并翻阅经教育部审定通过的小学语文课程标准教科书,分析其主要特点。
4. 小学语文教材的编写原则有几项?试就其中的一项编写原则谈谈自己的认识和体会。

部分小学语文教科书出版机构网站:
1. 人民教育出版社:www.pep.com.cn/xiaoyu
2. 北师大出版社:www.100875.com.cn
3. 南京凤凰母语教育研究所(江苏教育出版社):www.xxyw.com
4. 语文出版社:www.ywcbs.com

第三章 小学语文教学的基本理论

 本章学习目标
1. 明确小学语文教学的主要特征,领会小学语文基本功训练的特点。
2. 掌握小学语文教学的基本原则。
3. 了解小学语文教学设计的基本过程及各环节的基本要求

   本章着重阐述三个问题,小学语文教学的主要特征,小学语文教学的基本原则,小学语文教学设计的基本原理。这些基本理论是前面章节提出的小学语文课程性质、特征论述的延伸,又是后面章节识字、阅读、作文、口语交际教学必须遵循的基本规律。因此,对本章的学习,要与前面的章节联系起来,还要在后面章节的学习中加深对这些基本理论的理解和掌握。

第一节 小学语文教学的主要特征

一、语文基本功训练

(一)语文基本功的含义

关于"基本功",不同的人有不同的认识。一般来说,基本功是知识和能力的统一体。人们不管从事什么活动,都需要掌握同这种活动有关的基本功。比如打排球,需要掌握发球、接球、传球、扣球、拦网等基本功。基本功既包括知识,又包括能力。怎样发球是知识,会发球则是能力。两者统一才构成发球的基本功。基本功在相应的具体活动中得以表现。

根据小学语文学科的性质和任务,小学语文基本功,概括起来就其主要的说,包括理解、表达、观察、思维等基本功。怎么理解、表达是知识;学会理解、表达是能力。理解和表达要凭借观察。理解是吸收别人的观察所得,表达是反映自己的观察所得。理解、表达、观察又都要依靠思维。离开思维,无法进行理解、表达和观察。观察和思维都要具备怎样观察和思维的知识,具备观察、思维的能力。总之,这四种基本功中,既包含着有关的种种知识,又包含着有关的种种能力,二者统一在整个小学语文基本功之中。这四种基本功是相互依存、相互作用、相互联系的。小学生掌握了语文基本功,才算初步掌握了语文这个基础工具。

（二）语文基本功要在训练中掌握

训练是指教育者根据教学内容和要求,通过一定的方式、方法,有计划、有步骤地使受教育者经过反复的练习掌握所学的知识,形成运用这些知识的能力。学生掌握语文基本功,不能光靠教师的传授。"先生讲、学生听",虽然也能使学生得到一些知识,但教学生掌握知识并不是唯一的目的,还要着眼于培养学生的能力。学生必须经历一个在教师指导下,自己主动地、不断地练习的过程,才能把知识转化为能力,逐步完成掌握语文基本功的任务。这个过程就是训练过程。教小学生学习语文,就是训练小学生掌握语文基本功。

在语文基本功训练过程中,要注意以下几点。

（1）小学语文基本功训练要有计划、有步骤地进行,循序渐进,逐步加深,不断提高。不能把基本功训练看成只是加大练习量,只让学生去练就是了。一定要发挥教师的指导作用,明确练习要求,监控学生的练习过程,对练习结果及时反馈,给以针对性的指导。学生练的成效很大程度上取决于教师如何启发、帮助、引导。

（2）采用多种形式进行训练。形式单一的重复性练习容易使学生产生疲劳和厌烦心理。适当变换练习的具体方式,可以让学生保持新鲜感,既能加深对知识的理解,锻炼能力,又不至于因机械重复而厌烦。根据小学生的兴趣和思维特点,可以创设游戏化或想象性的任务情境,如口语交际方面"传话"、"劝说",识字中当"小老师"对易错字进行整理,阅读方面围绕自己的探究主题搜集资料,写作时针对特定的读者对象或为实现一定的交流目的而创作,等等。

（3）参照教材内容和要求设计训练活动,注意在不加重学生负担的前提下,兼顾课内外活动。

（4）因材施教,对不同学生提出不同的要求,使全体学生的语文基本功都得到发展。

二、小学语文教学的综合性

（一）语文学习内容的综合性

小学语文学习内容是由多种要素联系在一起的不断发展的统一体。如上所述,小学语文基本功主要包括理解、表达、观察、思维四项基本功。在理解、表达的基本功中,包括字、词、句、段、篇和听、说、读、写的基本功。其中每一项又各自包含若干不同的组成部分。比如识字,每个汉字是音、形、义相互联系的统一体。读准字音、掌握字形、了解字义的基本功相互联系,综合成为识字的基本功。

小学语文的每一项学习内容,不但它的内部诸多因素是相互联系、相互制约的,而且它和其他学习内容,甚至某些其他学科的学习内容也是相互联系、相互制约的。例如朗读,虽可以作为一项独立的基本功,但它却与识字、听说、词句理解,乃至口语表达等相联系。如果读不准字音,不理解词句意思,就谈不上朗读基本功。

（二）小学语文学习方式的综合性

语文学习内容的综合性是客观存在的,语文学习的方式和过程必然也是综合性的。单一地、孤立地去抓一项项训练,会使语文学习的统一综合体受到影响,不能很好地完成小学语文的教学任务。例如，孤立地进行字的训练，把识字和词、句、段、篇或观察和思维的训练割裂开，则识字教学效果及学生整体语文能力的发展都会受到不利影响。实践中的具体表现是，如果识字教学只是简单地认字读音、解释含义，脱离字所在的词、句、段、篇等语境，缺少在新的语境认读和运用字的训练，缺少对字形特点及与其他字的观察和对比分析，缺少对相应构字规律的联系和运用，其结果必然是识字教学效率低下，且影响学生对生字学习的兴趣。

强调语文教学的综合性，并不是自始至终不分轻重缓急，平均用力进行各种基本功训练。而是要根据教材的特点和学生的实际，有重点地、循序渐进地训练。语文学习的不同组成部分，其学习难度各不相同。根据学生的学习基础，有的时候需要将语文基本功的某些部分提出来，分别加强训练，也就是平常所说的"单项训练"。例如，写作教学中可以分别针对选材、文章开头、文章结尾、把事件写具体等项目进行针对性的训练。教学既要有一个预定的训练重点、训练目标，又要注意协调训练重点与非重点的关系，使训练重点取得最好的效果，非训练重点得到复习、巩固、提高。做到既有侧重又兼顾其他，使综合训练落到实处。

三、小学语文教学的实践性

第一章关于语文课程性质的讨论中说到语文的工具性决定了语文教学过程的实践性。掌握语文意味着能运用字、词、句、段、篇进行听、说、读、写，获取信息，理解文化，实现人际沟通和社会交往。因此，语文教学必须与需要运用语文的生活实践相联系，让学生在实际运用语言文字的活动中逐步掌握语文。

长期以来，语文教学存在过于追求语文知识系统教学的倾向，语文教学的重心明显地朝语文知识学习倾斜。这种倾向的出现有其合理的一面，因为重视语文基础知识的教学，是新中国成立以后语文教学的成功经验；掌握必要的语文知识，对于学生语文能力的形成具有积极的意义。然而中小学设置语文课程的宗旨毕竟是为了帮助学生掌握语文这一社会交际工具，提高学生在实际生活中熟练地运用语文的能力，而不是去理性地分析解释语言学的各种知识。因此，语文教学要多创造机会，让学生在语文课内课外多接触语文材料，多进行语文实践活动。学生的语文能力主要是在语文实践中"习得"的，而不是通过老师分析讲解"传递"的。教师的指导不能代替学生的语文实践。教师在语文课上要有意识地去多创设一些自主阅读和独立练笔的机会，让学生有更多的自主阅读机会，隔三差五地动笔写写，读多了写多了，就熟能生巧了。

人们对事物的认识过程是在实践的基础上，由感性认识到理性认识，再由理性认识到实践，即实践、认识、再实践、再认识，反复循环和无限发展。小学语文基本功训练的实践性主要表现在两个方面。一是由实践到认识，由感性认识到理性认识；二是由认识到实践，把理性认识运用到实践。

第一方面主要是通过教与学的双边活动，在教师的启发、引导下，让学生自己探索、自求了解、自我教育来进行。学生对词句意思的理解，对课文内容和思想感情的把握，对表达方式的特点及效果的感受等，都要要联系其已有经验。教学中要引导学生联系自己在生活、实践中形成的经验，学习和掌握课文作者如何认识事物、如何通过语言文字来表达自己的观点和情感。如学习"葡萄沟"一课，作者用"五光十色"来描写吐鲁番的葡萄，老师引导学生比较"五光十色"和"五颜六色"哪个词好，结合课文的语句和生活中见到的葡萄的样子，经过讨论，学生认为"五光十色"更为准确，因为这个词不仅能写出葡萄颜色的鲜艳，还能体现出葡萄很有光泽的特征。

第二方面主要表现为让学生进行一系列运用语言文字的实践活动,并指导学生在实践中尝试、演练并检验在语文课上学到的基本功。例如,生字、词的教学,在学生能够正确认读之后,可以提供新的语境,即包含所学生字词的新的句子或段落,让学生朗读,或者要求学生用这些生字词组词、造句、说一段话。这样有助于学生巩固和掌握生字词。再如,学习"林海"、"松坊溪的冬天"等写景的课文,学生掌握了"抓住环境特点,体会思想感情"的理解方法,教师可以为学生提供其他写景的文章,引导他们运用这种方法,关注文中描写景物部分,适当展开联想和想象,体会作者想要表达的思想感情;在写作实践中,比如以"秋游"为题的习作,也可以引导学生通过景物的描写来表达自己的感受和情怀。语文基本功的训练不能只依靠教师专门设计的语文实践活动,而要鼓励和引导学生在日常生活中尝试运用所学的语文基本功。例如,口语交际训练使学生意识到说话要看对象,要大方得体,他们就可以在日常生活中将这一规则付诸实践,做到对人有礼貌、尊老爱幼。

四、小学语文教学的阶段性

根据学生的年龄特点,小学语文教学划分为低年级、中年级、高年级三个阶段,分别对应于义务教育语文课程标准中的第一学段、第二学段、第三学段。教师在训练时,就要按不同阶段的不同要求进行。如果在低年级阅读教学中,按照中、高年级的要求去训练,让学生对课文主要内容进行概括,其结果是,学生不仅理解不了,增加学习负担,甚至影响学生的学习信心,而且本应在低年级学懂学会的东西没能掌握,基础未打牢。反之,如果高年级阅读教学仍用低年级的要求和方法处理生字新词,只求把握大意,不要求概括主要内容和提炼主题,则学生的阅读理解将停留在较低级水平,思维和语言训练都不到位。因此,语文教学要按照不同阶段的特点逐步递进,既不能越位,也不能不到位。任教于不同年级的教师不仅要考虑本年级的教学内容,还要对先后相邻年级的内容和要求有所了解,以把握本年级训练重点和难点,对学生进行针对性的训练。

课程标准和教科书所体现的学段或年级要求是针对一般学生的普遍情况确立的。教学实践中不排除一些学生暂时达不到所在年级教学要求,而另一些学生学有余力,超越自己所在年级的教学要求。因此,语文教学在体现阶段性的同时,还要有一定的弹性。其基本理念是引导学生按照这些阶段性要求打好基础,逐步发展,但允许个别学生的发展速度与一般学生有所差异,给能力较弱的学生多一些时间,给能力较强学生提供更大的发展空间。

语文教学序列是阶段性与连续性的辩证统一。语文学习在不同年段循环往复,螺旋上升。比如,语言表达的基本功训练,在低年级就开始训练学生说话、写话要有具体内容。到中年级要求能用几段话具体地表达一个完整的意思。到高年级,要求能在具体的写人、记事的过程中,表达自己的真情实感。虽然年段不同,但基本要求都是怎样表达得具体,做到言之有物。看起来,仿佛高年级和低、中年级的训练重复了,又回到了出发点,但实际上这项基本功自身发展了,是在更高水平上的复现,使这项训练达到了一个新高度。再如,课文都是分段写出来的。低年级不把段作为训练重点,但并不意味着不让学生接触。指导学生朗读的时候教师经常会请学生先给每个自然段标号,然后再分配谁读第几段,或者提问学生第几段是什么意思。这样就给学生留下了关于段的印象。最后在中高年段学习划分课文层次或写作时,学生就可以联系先前关于段的感受,学习划分层次和分段表达。所以在教学时,我们既要把握本年级段语文教学的重点,又要了解小学各阶段语文教学的一般要求,使小学语文教学成为一个有机的整体。

第二节　小学语文教学的基本原则

教学应遵循的原则,是根据学科性质、教学目的,从丰富的教学实践中总结出来的带有规律性的指导教学的基本法则。在教学中贯彻这些原则,就能正确认识和处理教学中的各种矛盾,少走或不走弯路,使教学得到改进,质量不断提高。

教学论中的教学原则和语文教学原则,他们的关系是一般和特殊的关系,共性和个性的关系。教学论中论述的教学原则,是就一般教学而言,对所有学科具有指导意义,理所当然对语文教学也有指导作用。如思想性和科学性统一的原则,理论联系实际的原则,教师主导作用与学生的主动性结合的原则,以及因材施教、循序渐进原则等。但是,语文教学与其他学科相比较有其特殊本质,这一特殊本质把它和其他学科区别开来。这样,语文教学又有区别于其他学科的特殊规律,把握这些规律,认真学习和贯彻这些基本原则,才能切实有效地指导语文教学。

一、语言文字训练与思想情感教育相统一

语言是民族的语言,文字是民族的文字,语言文字包含着深厚的民族文化历史和独特的民族文化心理,反映一个民族认识世界的方式。无论是在古代还是在现代,任何一个国家的语文教育都不仅仅是单纯的传授一种符号系统,或者是单纯的为了掌握一种工具,而是把它作为全方位地传播占统治地位的主流文化和道德伦理思想的工具,作为培养人、教育人的工具。

语言文字训练与思想情感教育相统一的原则,既是教育的社会需求,也反映了语文课程工具性与人文性统一的基本特征。从语文形式和内容的关系方面说,二者是统一的、不可分割的。无论是听话、说话,还是读文、写文,都有语文形式和思想情感内容两个方面。

(一) 语言文字训练与思想情感教育的关系

文章的外在形式,包括语言文字、写作方法等,即通常所说的"文",与文章的思想情感,即通常所说的"道",是不可分割的统一体。语言文字与其所表达的思想感情是紧密联系在一起的。没有思想内容不会形成文字,产生作品;只要作品一出现,必然包含着一定的思想内容。文道统一是客观存在的,它们之间是相互统一、相互促进的辩证关系。这种关系决定了语言文字训练与思想情感教育的辩证统一。

小学语文课文,无论叙事、写人、状物、写景的,都表达着一定的思想感情;各项语文实践活动,包括听话、说话、阅读、写作等,无一不关乎一定的内容主题。因此,学生读书和练习语言文字运用的同时,就在受到一定的思想感情教育,并因此而提高思想认识,培养健康的情操。小学语文教学中,语言文字训练所涉及的思想情感主题非常广泛,包括爱家乡、爱祖国、爱人民、珍惜生命、与自然和谐相处、珍视文化多样性、追求真理、积极探索、大胆质疑、感恩、相互尊重、互助友爱、勇敢、自信、勤奋,等等。

运用语言文字进行听说读写的过程也蕴含着一定的思想情感教育内容。例如,对自己的说的话、写的文负责任,想好再说,想好再写;口语交际和书信往来时讲究文明礼貌,考虑习俗规范;语言交往中相互尊重,真诚沟通;尊重他人的知识产权,等等。

（二）语文教学中的思想情感教育重在潜移默化

在基础教育的整个课程体系中，属于人文学科的课程除了语文，还有诸如品德与生活、社会、音乐、美术等课程，这些课程也承担着思想情感教育的任务。各门课程之所以有同时存在的必要，一方面是因为它们除了对学生进行人文教育的共性任务之外，还承担着自身独特的个性任务；另一方面也是因为不同学科进行思想情感教育的途径和侧重的主题各不相同。对语文学科而言，思想情感教育是在语言文字训练过程中潜移默化进行，可以说是以一种间接的、渗透的方式进行着。如果脱离语言文字训练而直接进行思想情感的说教、讨论，那么语文课就变成了品德课；如果学生的情感不是因对语言文字的感受而引发，而是由煽情的音乐所调动，那么语文课与音乐课的区别也不甚明显。

小学语文教学中进行思想情感教育的具体做法，首先是为语文实践活动挑选积极健康的主题和素材。这包括课文、拓展阅读材料、口语交际的情境或人物关系、作文题目、给学生讲的典故等。前苏联的著名教育学者阿莫纳什维利在低年级词汇和句子教学中就开始结合一些思想教育主题来选择要教的内容，如职责、英雄、祖国、同情心，做善事要赶紧做，劳动使人高尚，等等。他认为，"选择语文练习的思想内容的出发点是：不仅应该使儿童在今天掌握语言活动的某些方法，而且还应该使练习的思想内容成为在最近和将来形成儿童的个性的基础之一"①。挑选这样的题材，并不意味着语文老师要直接教导这些思想情感主题。阿莫纳什维利也指出，他只用这些词语和句子进行语言指导，不会直接告诉学生这些词和句子的意思，但他鼓励孩子们自己向家长询问这些词句的含义。

其次，语文教学需要对学生的语文实践活动过程进行指导，帮助学生养成正确的交往态度，形成良好的语言交往习惯。良好的交往习惯应该是相互尊重、真诚交往的情感态度的体现。比如，说话讲究场合，面向集体时放大音量，小组讨论和自己读书时则要适当控制音量，以免影响其他同学讨论和读书；小组合作学习时保证每一位组员都有参与机会，综合各组员意见再确定小组行动方案；作文时依据表达需要，考虑读者经验，就重点内容提供详细信息，等等。这些不仅仅是语言交往规则，更体现了对他人的尊重和关照。

再次，对学生在语文实践活动中表达的思想情感持理解和宽容的态度。听话和读书总会伴随对所听的话、所读的文的评价和感受，说话和写作则一定有说者和作者的情感流露。小学生因其生活经验和思维发展水平的局限，难免会出现认识片面、理解错误、评价不当等问题，并通过其语文实践活动表现出来。教师对此要宽容以对，审慎处理。要肯定和鼓励学生实事求是、说真话，避免因思想内容的问题而否定学生的语言文字表达；同时，结合平时对学生的观察和了解，对学生表现出的思想认识和情感体验进行分析，寻求适宜的应对策略。

二、语言文字训练与发展思维相结合

（一）语言文字训练与发展思维的关系

思维是人脑对客观事物概括和间接的反映过程。它反映事物的一般特征、内部联系和规律。

---

① 阿莫纳什维利著，朱佩荣译：《孩子们，你们好》，教育科学出版社2002年版，第266页。

思维过程包括分析、综合、比较、抽象和概括。思维的形式包括概念、判断和推理。语言文字训练包含着对字、词、句、段、篇及交际规则、写作手法等语文要素的感知、理解、记忆、评价等心理过程,需要对字词结构和读音规律、文章体裁和题材、识字方法、阅读策略等内容进行分析、综合、比较、概括,这些都是以语文要素为对象的思维活动。因此,语文学习过程也是锻炼思维能力的过程。

语言和思维是两种不同性质,但又彼此联系的心理现象。语言是人们用来交流思维的工具,思维则是人对客观世界的一种认识活动。语言和思维的关系十分密切,语言是思维的物质外壳,思维是靠语言来组织;语言的存在依赖于思维,语言是思维的直接显示,离开思维的语言只是一连串没有意义的声音流。由于语言和思维是互相依存的,所以在语文教学过程中,学生的思维活动和语言活动始终如影随形地相伴着一起进行。比如,学生口头和书面表达能力不强,一般表现在语汇贫乏,语言连贯性不强,语病较多,有些甚至抓不住中心,不知所云,思路比较混乱。造成这种现象的深层原因,更多是思维方面的问题。我国有研究者提出,概括是语文能力核心,他们将语文教学与思维品质培养结合起来,探索提高中小学生语文能力的有效策略,取得了非常好的教学成效。①

总之,语文学习客观上离不开思维活动。语文教学不仅要发展学生的语言能力,还必须培养学生的思维能力。

(二)创设情境,促进形象思维的发展

思维发展不仅仅是分析综合、抽象概括、判断推理等逻辑思维的训练。小学儿童心理活动最基本的特征是形象思维占主导地位,尤其是低年段学生,主要借助图像、声音、色彩等形象来思维,到中、高年段才逐渐过渡到主要通过语词进行抽象逻辑思维。语文教学需要激发学生由课文内容展开联想和想象,在头脑中将课文中的场景、人物、事件等转换为生动的画面或动态形象,这样不仅有助于学生理解课文内容,而且可以发展学生的想象力。其重点是引导学生将语言文字信息与相应的图片、视频等形象建立联系,最初可能由教师伴随课文出示相应的照片、图画、声音等,随后可以让学生根据语言文字内容选择相应的形象材料,再慢慢过渡到学生依照课文内容想象画面,甚至超越课文内容对应的画面,沿着课文思路想象新的事物。例如,教学诗歌《秋天到了》,教师用多媒体出示美丽的秋景图和课文中的插图,指导学生先看天空,后看地上,先看近处,再看远处,结合图像理解和朗读课文。在巩固练习时则让儿童想象还有哪些现象说明秋天到了,并根据自己的想象画一幅秋景图。最后学生借助自己画的画仿编儿歌。

(三)质疑联想,激发创新思维发展

创新思维主要表现为思维发散,经常有与其他人不一样的想法。其具体表现有:思维敏捷,能在较短的时间内作出反应;思路广阔,能产生多种新颖设想;看问题深刻,能够透过现象看本质;思维灵活,善于随机应变;思维独特,擅长独立思考。培养学生的创新思维是素质教育的主要特征,也是语文教学现代化的一大标志。

语文教学激发创新思维的主要途径是鼓励学生大胆质疑。质疑的方式可以是针对课文标题

---

① 林崇德著:《学习与发展——中小学生心理能力发展与培养》,北京师范大学出版社1999年版。

提出猜测或疑问,然后带着问题阅读,寻求答案;也可以围绕课文内容或写作方面的不寻常之处展开探究,发现新知;还可以提出学习中遇到的疑难问题。语文教学中,还可以让学生互相提问,使被问者在寻求答案的过程中锻炼思维,使提问者发现问题和质疑的能力得以提升。鼓励学生质疑需要为学生创设畅所欲言的宽松环境,鼓励新奇和特别的想法,不轻易否定学生的提问或回答。在学生提问或回答不到位的时候,鼓励其他学生发表意见,通过讨论获得比较一致的认识。此外,教师要经常提出高质量的问题,促使学生打破常规,别出心裁地寻求解决问题的途径和方法。这样既可以为学生积极地思维提供广阔的空间,不断激发学生的创新思维,又可以为学生质疑提供榜样。

三、听、说、读、写相辅相成

这条原则反映了听、说、读、写四种能力之间的内在联系,反映了它们相辅相成的发展规律。一般认为语文能力主要可以分为听、说、读、写四种。听话、说话属于口头语言范畴,阅读和写作属于书面语言范畴。若换一个视角,从语言活动的角度分析,则听话与阅读是吸收和理解语言文字的活动,而说话与写作是运用语言文字的活动。听、说、读、写,它们两两之间是相通的、相互促进的。四项能力同等重要,不能代替,不可偏颇,然而又互相补充,互相促进,以求得语文能力的协调发展,获得语文素养的全面提高。

(一)读写结合与听说结合

如上所述,读与听重在理解,写与说重在表达。读与写之间的关系和听与说之间的关系是类似的。下面以读写结合为例详述其联系。

读写结合可以是一种迁移、一种运用,是对语文能力形成起到重要作用的途径。古人认为,要写好文章,"唯勤读书而多为之","劳于读书,逸于作文"。通过阅读,学生可以大量的吸收规范的书面语言材料,认识到怎样正确选择词语,怎样组成通顺连贯的句子,怎样连句成段,怎样连段成篇,且达到前后连贯;还可以感悟文章作者怎样观察和分析事物;还能借鉴如何选择组织材料,确定文章中心;还可以从文章中获得古今中外、天文地理方面的大量知识信息。因此,阅读承担着为学生的表达打好基础,提供准备的任务。在阅读教学过程中,要注重语言材料和表达方法的积累,在吸收过程后还可以及时跟进写的输出练习,使学生及时运用学到的语言材料和表达方法,不仅可以促进对所学知识的理解,还能为今后在新的语言环境下独立运用打下基础。

读对写的促进作用还表现为,写作时必须有读的参与,通过读来监控写作过程,为调整写作思路和语言表达提供依据。

除了上述以读促写的关系外,读写结合还可以表现为以写促读,或者说以表达促理解。一方面,写作的需要可能激发学生阅读相关资料的动机,引导他们的阅读重点;另一方面,一些课堂练笔,比如针对课文空白处展开想象性的写作,可能引导学生深入思考课文内容,探寻上下文联系,获得对课文内容或主题的深入理解。

(二)书面语学习与口语交际训练结合

书面语和口语在词汇、句式、表达方式等方面存在着一定的差异。一般的口语交际活动侧重口头语言的运用,而读写则主要针对书面语言。口头语言在学生入学前已经有一定的基础,而书面语言在学生入学后才开始训练。可以借助口头语言带动书面语言的学习。一方面,文章不仅可以读,也可以听。尤其在小学低年级,学生识字量很有限的情况下,可以通过讲故事给学生听的方式,让学生感知和理解书面语作品的特点,并就其思想内容进行一些讨论,为他们讲了的读写积累经验,奠定理解基础。另一方面,写作时,可以先借助说来整理思路,确定内容,从说到写,降低写作难度。在一项实验研究中,要求两组二年级学生观看木偶戏后,依据剧情写故事。一组根据自己看后的印象把故事写下来;另一组在书写前由教师引导讨论这个故事,要求讨论中尽可能把看到的详细讲述出来。结果,第一组写出的故事平均是 314.78 字,第二组的平均字数是 646.87 字;第一组的故事情节比较笼统,内容较简单,有条理不清、顺序混乱的现象,有不合事实、只凭臆想补充的地方,第二组内容比较具体,细节增多,有条理,叙述次序较清楚,内容也比较符合实际情况①。

书面语言的学习反过来也可以规范口头语言。在阅读教学中,教师引导学生朗读、复述,或借助课文展开表演活动,这可以帮助学生学习和积累课文中的书面词汇和表达方式,丰富自己的口语表达内容和方式;在演讲等比较正式的口语交际活动中,学生一般要先写发言稿,再进行口头展示,其口头表达内容和语言也就具有了书面语的一些特征。

四、课内、外语文教育相结合

小学语文是学生获取语文知识、形成语文能力的一门重要学科。但它并不是小学生学习语文的唯一渠道。作为母语课程,语文学习的资源和实践机会无处不在,无时不有。学生在社会生活的各个领域,都有着广泛而丰富的母语学习资源。如阅读报刊书籍,收看电视节目,浏览网页,在现实或虚拟情境中与人交流,参观博物馆、展览馆,甚至逛街、到超市购物等。学生在每日生活中总在自觉不自觉地学语文、用语文。这些课外语文学习和实践活动,使学生有机会在学中用、用中学,往往能起到课内语文教学难以起到的作用。如果能有效利用课外母语环境里充足的语文学习时间和广阔的语文学习空间,就能实现语文课程资源最大化,并且有效地提高语文学习效率和学生的语文实践能力。

(一)课内语文教学加强与课外语文学习的联系

学习语文,得法于课内,得益于课外。语文教学的基本形式是课堂教学,如要充分发挥课内学习的指导任务,必须努力提高课堂教学的质量和效率。不仅要教给学生有关的基础知识,完善的知识结构,还要掌握语言变化的规律,获得要领,重视知识的创造性运用,帮助学生将其知识结构转化为认知结构,从而指导课外语文活动。教师在课堂语文教学时要十分关注所教知识和方法策略对学生课外活动潜移默化的作用,为学生提供各种形式的语文范例,激发学生积极参与语文课外活动的兴趣。以课外阅读为例,尽管读书的过程主要在课外进行,但需要在课内对课外阅读的数量和范围提出要求,对图书选择及读书方法进行指导,组织各种形式的读书交流活动,确保课外阅读保质保量地进行。再以识字教学为例,学生在校外生活中可能接触大量的字词,教师可以请学生将在生活中新发现的字词带到课堂上,互教互学,这不仅可以扩展学生的识字量和识字范围,而且有助于激发学生自主识字的愿望,提高其自主识字的能力。

---

① 朱作仁主编:《小学作文教学心理学》,福建教育出版社 1993 年版,第 24 页。

（二）开展丰富多样的语文课外活动

提倡利用课外语文资源，进行课外活动，既不是课内语文教育的简单重复，也不能脱离课内语文教学孤立地进行。它必须与课内语文教学密切配合，以课堂教学为核心，有目的、有计划地设计和组织相关活动。语文课外活动要切合语文能力发展需要，有针对性，成为课内语文教学的有益补充与延续。比如，围绕课内习作训练，可以组织学生在课外开展各种创作活动，如编小报，组织文学社，编写墙报、黑板报等；针对听说训练，可以在课外组织朗读、背诵、演讲、辩论、广播等活动，使学生既受到艺术的熏陶，又锻炼口语交际能力。

开展课外语文活动要争取社会各界的支持，广开渠道，扩展活动空间。要与家庭配合，与家长协调，鼓励家长每天晚上跟孩子聊聊天，给孩子讲讲故事等，合作促进学生的语文能力发展。此外，小学生容易受环境影响，因此，还需要学校、家庭、社会协作创造良好的语言教育环境。

专栏 3-1

体现课内外结合的语文教学实验[①]

"大量读写，双轨运行"教学实验，是山东省教育科学研究院"八五"和"九五"规划重点课题，是由山东省龙口市实验小学于八十年代末期进行的一项小学语文教学改革课题实验。这项实验是针对传统的"课堂中心"、"课本中心"、"教师中心"的"单轨"教学的种种弊端提出来的，它以素质教育为出发点，以"限时、大量、低耗、高效"为原则，以大量听、说、读、写为前提，构建"双轨"教学的运行机制，从而确立学生的主体地位，引导学生主动发展，建立起了一般学校的一般教师在一般条件下对一般学生可实行的有效的教学规范和"双轨"教学体系，大面积大幅度地提高了语文教学质量。实验获得了很大的成功，以后在全国进行推广性实验。当年浙江大学教育系朱作仁教授在考察龙口实验小学的这项实验后说："别小看了'大量读写，读写结合'这八个字，这是教语文，也是学语文的规律！"

"双轨"教学实验，把国家规定的语文教学时间一分为二：以不多于4/5的时间用于课堂教学，强化"双基"，抓根固本，完成教材规定的基本教学任务，此为第一条轨。用不少于1/5的时间设自由读写课，列入课程表，学生自选教材进行自由读写，加强学生的语文实践活动，扩大学生的智力背景，培养学生的语文能力，此为第二条轨。第一条轨以本为本，实行"我教你学"，从"教"到"学"再到"做"；第二条轨自由读写，实行"你学我教"，从"做"到"学"再到"教"。两轨同时运转，有机结合，形成缺陷相克，优势相生，依次推进，循环往复，形成"双轨"并行的运行机制。

"双轨"教学的运行机制，一是保证了读写数量，听说读写总量扩大3—5倍。二是进行了两种学习，"教学做"和"做学教"。三是正确处理了听、说、读、写和工具性与思想性的关系。四是在调整了教学计划的前提下，拓宽了学习环境，形成了学校、家庭、社会大教育环境。五是体现了"两主"，尊重了学生的主体地位，引导学生主动发展。

[①] 李昌斌，张建国，沈培坤：《小学语文"大量读写·双轨运行"实验报告》，《山东教育科研》1996年第3期，23—25页。

第三节　小学语文教学设计的基本原理

设计是指在某项工作正式进行之前对工作过程进行整体预设。教学设计是运用系统方法分析教学问题和确定教学目标,建立解决教学问题的策略方案的过程。教学设计是教学工作的基本环节,需要教师努力学习教学理论,认真研究学习者的个性特点,结合课程、学科特点以及自己的教学经验,进行创造性的工作。在此过程中,教师的主动性、积极性及创造性得到极大的发挥,主体作用也得到了充分的体现。

一、小学语文教学设计的含义

教学设计是教师根据正确的教育思想和教育原理,按照一定的教学目的和要求,针对具体的教学对象和教材,对于教学目的、教学内容、教学方式、教学过程及其他具体环节所作出的预期的行之有效的策划。

小学语文教学设计是针对小学语文学科的性质、课程目标和内容,对语文教学目标、小学生学习起始状态分析、教学内容、教学过程和方法、教学检测等进行预设和构想,以促进小学生语文知识和能力,及相关的情感态度和价值观的发展。小学语文教学设计应用系统的观点和分析的方法,客观分析语文教学工作的规律和特点,同时根据语文教学实践中的问题和需求确定目标,建立解决问题的步骤,选择相应的策略和方法,以使语文教学工作的科学性得到增强。教学设计的过程是在科学分析的前提下,合理地拟定教学进度,以使教学活动在人员、时间、设备使用等方面取得最佳的效益,从而提高语文教学的实效。

教学设计是一个系统工程,可以针对教学的不同层次和不同阶段,包括学期或一册教科书的教学设计、单元教学设计、课文的教学设计、课时教学设计,甚至对某个课堂教学环节、某项课堂学习活动或作业的设计,等等。无论哪个层次的教学设计,要计划的具体内容大致都包括:确立教学目标、诊断学生学习起点、选择和组织教学资源、确定教学方法等。

二、小学语文教学目标的设计

教学目标是教师在设计教学过程时所围绕的中心,是期望通过教学使学生获得的学习结果,实际上也就是学生的学习目标。教学目标在设计教学过程以及实际教学过程中起着非常重要的导向作用。

(一)教学目标的功能

首先,教学目标对整个教学设计起着指导和制约的作用。教学内容的选择、教学时间和空间的安排、教学资源的选择和组织等,都要紧紧围绕教学目标而进行。如果教学目标侧重让学生了解某些知识,那么对教学方法的设计可能侧重讲授法,或者由教师提供相关的阅读材料,让学生接受相关信息;如果教学目标侧重能力的培养,比如独立识字的能力,那么教学过程的设计中会多考虑给学生实际演练的机会,比如要求学生针对课本及生活中发现的生字,通过查字典、联系上下文、运用汉字结构规律等途径自主识字,而教师活动则主要是在学生自主发现遇到困难时给以辅助。

其次,教学目标是评估教学活动是否有效的主要参照标准。教学活动是有目的、有计划地对学生进行教育引导的过程,师生共同付出了时间和心力,是否取得实际的效果,必须要参照预设的教学目标来判断。有些课看起来热热闹闹,你一言我一语,有问有答,但对照教学目标仔细分析学生发言,却发现学生只在其原有水平上进行理解、表达、交流,而在知识、能力、策略、态度观念等方面没有明显的提升,也就是没有落实教学目标的具体要求。这样的课在实效性方面是有所欠缺的。无论是教师自评或是同事、领导评课,对照教学目标才能对教学的实际效果做出真实的评估,为教学的改进提供依据。

再有,教学目标可以指引学生完成规定的教学任务。国外有研究者通过多项研究的综合分析,认为阅读教学中让学生了解教学目标,可以使学生学到更多与目标有关的材料[①]。也就是说,明确而清晰的教学目标不仅有助于教师进行有针对性的教学,而且可以使学生更加清楚明白地完成学习任务。

(二)教学目标的分类和表述

为了切实指导教学,教学目标需要按照从简单到复杂、从低级到高级的层级差异进行一些区分,以便对教学过程和教学评估发挥具体的指导作用。目前,国内外比较常用的教学目标分类理论主要是布卢姆为代表的教育目标分类学理论和加涅的学习结果分类理论(见表3-1)。

表3-1 教学目标分类的两种理论

	布卢姆教育目标分类学	加涅学习结果分类
1. 认知	知识 领会 运用 分析 综合 评价	言语信息
		智慧技能 (辨别、概念、规则、问题解决)
		认知策略
2. 情感 接受、反应、形成价值观念、组织价值观念系统、价值体系个性化		
3. 动作技能 知觉、模仿、操作、准确、连贯、习惯化		

按照不同类别确立的教学目标需要通过科学而清晰的表述,才能对教和学发挥切实的指导作用。

首先,教学目标中的行为主体应该是学生,主要说明学生通过教学过程在认知、情感、动作技能等方面要有怎样的收获或有怎样的发展。像"培养学生……""激发学生……"等表述,其行为主体是教师,不太符合教学目标的特点。另外,目标还需要说明达成某一教学目标的学生情况,

---

① 辛涛 等著:《小学语文教学心理学》,北京教育出版社2001年版,第134页。

比如是全班都要有所表现还是多数学生达到目标,是否有针对不同学生群体的分层次目标,针对学生个体的个性化目标等。

其次,教学目标的陈述要尽量避免模糊性,力求准确、具体、便于观测和评估。这主要体现在目标中的行为动词上,即要在目标中说明学生的学习结果表现为怎样的行为。例如,按教育目标分类学,在认知目标中,知识目标对应的行为动词可以是背诵、朗读、复述、配对、排序等,领会可以对应的行为动词有解释、概括、预测、辨别、总结等,分析对应的行为动词有区分、说明、画图表示、列表说明、推理等,综合对应的行为动词有创作、发明、设计、制定等,评价对应的行为动词有证明、辩护、判断、评价等;情感目标对应的行为动词有注意、遵守、拥护、参与、争论、赞同、反对、拒绝、主动等;动作技能目标对应的行为动词有模仿、演示等,以及一些对动作的限定性描述,如准确地、熟练地、快速地、流畅地,等等。

再次,教学目标所反映的学习结果要有明确的层次性,说明学生的行为结果在什么条件下产生,要达到怎样的深度。如在40分钟内写出一篇不少于400字的文章,内容紧扣感恩主题,语言通顺;按课文中的故事线索,创作合理而有创造性的结局;认读教科书附录的"认字表"中的生字,正确率在90%以上;在文中找出比喻句,不少于5句等。

(三)设计小学语文教学目标要注意的问题

教师在制定教学目标时要本着"以学生为本"的原则,把学生当做是全面发展的、整体的人来看待,关注学生的整体发展,根据学生身心发展和语文学习的特点,关注学生的个体差异和不同的学习需求。

设定教学目标要以教学大纲或课程标准中的学段目标和内容为依据,对学生的学习起点和相关经验进行调查和分析,确定达成这些目标所需要的学习步骤和具体任务,再确立每一次教学的具体目标。目标设定要从实际出发,定位应恰到好处,有适当的难度,不拔高、不牵强,还要考虑学生的差异。目标设定要全面,充分挖掘教材的各种因素,体现知识与能力、过程与方法、情感态度和价值观三个维度的要求。小学语文教学过程充满了多元性、不可预测性和不确定性,教学设计时,不能把教学目标定得太窄、太死,要具有灵活性。在教学中还要对教学目标进行随机调整,甚至让学生参与确定教学目标,注意教学目标的生成性。

三、对学生语文学习起始状态的诊断

教学因其对象、内容的不同而有不同的起点。教学的起点也就是学生相对于特定教学目标的起始状态,是学生已有的与新的学习有关的经验、态度和能力水平。

分析学生的学习起始状态包括两方面,一是对小学儿童身心发展一般特点的分析,二是对学生已有的与本次教学的目标对应的经验基础的分析,如围绕某一篇课文的教学设计,要分析课文的生字数量和难度是否能被学生所接受,要考虑学生对课文主题有没有相关的生活体验,还要考虑学生对课文主题是否熟悉,有没有深入了解的兴趣。第一方面可以通过学习有关儿童发展心理学的专业知识来进行,后者则需要通过教学中对学生的观察和测评来进行。具体可以从三个角度来分析。第一是学生的现有知识、能力、认知策略、态度、价值观等发展状态与教学目标的要求有多大距离。如果学生已经表现出教学目标所要求的水平,则可以省略这一步的教学,向下一层目标跟进;如果学生现有状态距离教学目标太远,欠缺达成目标所必需的某些基本技能,那么当下的教学可能要适当降低要求,或者先针对学生欠缺的技能组织专项教学活动,待该技能掌握之后在进行其他教学活动。第二是学生对教学内容的兴趣和态度。如果学生爱学、想学,则教学设计的重点可以放在教学内容和过程的组织方面,但如果学生对要学习的内容缺乏兴趣,或者态度上不重视,那么教学设计时就必须好好计划如何吸引学生注意,激发其关注学习内容的兴趣,甚至要通过一些课堂环节来引导其学习态度。第三是学生的相关经验基础,或者说是与教学内容有关的背景知识。有些经验可能有利于新内容的学习,比如入学前听故事的经验有利于学生阅读理解相关题材的课文内容;也有些经验不利于新内容的学习,比如方言可能干扰学生对某些普通话语音的识别和正确发音。

  了解学生语文学习起始状态的途径和方法有很多,包括课堂观察、作业或试卷分析、与学生个别交谈、围绕学习兴趣和态度进行问卷调查、针对要教的内容进行专门的测试,等等。近年来,教学实践中很注重学情调研、学情分析。这可以说是对以往备课中常说的"备学生"的扩展,体现了教学要以学生为本的教育理念。

四、选择和组织语文教学资源

  小学语文教学可以利用的资源非常广泛,一切自然资源、社会资源、人文资源都可以开掘为语文课程资源。具体包括教科书、教学挂图、工具书、其他图书、报刊、影视、广播、网络等各种教学传媒,图书馆、博物馆、展览馆等社会场馆,布告、商标、广告标牌等各种语用实例,还有反映地方文化的传说、风俗、方言,国内外的重要事件,学生的家庭生活等。教师要引导学生在充分利用教科书等课内资源的同时,走出课堂和学校,充分利用校内外各种资源,创造性地开展各类活动,增进学生在各种场合学语文、用语文的意识,多方面提高学生的语文能力。

  教学资源的选用要考虑多方面的制约因素,包括教学目标和内容、学生的能力和兴趣状况、学校的经济条件、获取教学资源的可能性、教师对教学资源的熟悉和掌握程度等。

  在语文教学资源中,教科书的作用非常重要。通过审定的语文教科书必定较好地体现了教学大纲或课程标准关于各年段教学内容和要求的规定,在一定程度反映了各年级各学期学生语文学习的普遍需求。教科书中的学习提示和练习系统还可以为教学活动的设计和实施提供依据。教师在语文教学设计时,必须认真分析教科书的内容和要求。当然,发挥教科书的重要作用并不是完全按照教科书来教,或者说只是简单地"教教材",只考虑如何把教科书中的内容传递给学生。教科书毕竟只是若干种教学资源中的一种。语文教学需要体现"用教材教"的观念,即在正确领会教科书的教学意图的前提下,关注学生经验与教科书内容的联系,根据教学目标对教科书进行必要的选择和补充。

  教师对教科书的内涵的发掘,是进行教学设计的前提。这需要教师对教科书中的教学文本进行准确而深入的解读。解读文本的过程类似于传统"备课"中的"备教材",或钻研教材。特级教师于永正曾说过,课前,教师要先和文本"对话"。只有把教材把握好,才能和学生交流。备课时对课文翻来覆去地诵读、默想,读出自己的理解、情感,读出文章的妙处。要从一个字、一个词、一个句子,或者一段文字、篇章结构、文章立意等方面读出自己的惊喜。只有这样才能充满自信地步入课堂。当教师自己读文遇到困惑时,还要与同事围绕课文展开对话,以期获得对课文的深入把握。

  教师可按下面的步骤实现对文本的解读。第一,"走近"文本,即初步感觉文本,把握文章的主要意思,摸准作者的思路。第二,"走进"文本,即深入感知文本内容,品味其隐含的独特意义,体验其表达的情感,发现文章的美之所在,实现与作者的共鸣。第三,"走出"文本,即超越文本的具体内容和主题,对文本进行深层次的审视与重组,将文本内容和主题与其他相关文本及个体经验建立联系,抽象和提炼文本要义,领悟其内涵,发现其理趣,并形成自己对文本的独特感受和评价。经历这三个步骤后,教师不仅会很熟悉文本的内容和主题,而且可以明晰课文的教学重点、难点,将文本解读延伸到动态的教学中,展开教师、学生与文本之间的多元对话,落实语文教学目标。

现行语文教科书大多以主题单元形式组织编排课文。这种设计思路将语文教科书组织单元的要素由知识、能力体系变为以学生语文实践活动为核心的"主题",比较容易吸引学生。这种模块组织方式有利于整合教学内容,加强内容之间的内在联系和沟通,有利于实现教学内容综合化,有利于教师整体把握教学内容和教学进程,为实施灵活而开放的教学提供了可能。教师要凭借教科书,理解教学内容的纵横联系,从整体入手,兼顾局部。教师要通盘考虑某个主题所统辖的多项教学活动,使教师和学生在某个时段内围绕某一主题开展丰富的语文实践活动,让学生在语文实践过程中一点一滴地积累知识和培养能力,逐渐提升语文素养。如人教版三年级上册第三组课文是围绕"秋天"这一专题选取了两首和秋天有关的古诗,描写秋天的课文和诗歌各一篇,还安排了一篇反映童心童趣的课文,并安排了与此相关的"口语交际、习作、我的发现、日积月累等语文实践活动,教师应该充分理解各个组成部分的具体任务及其关联,在备课时合理融合,交叉落实,这样既丰富教学组织形式,更提高教学效率。像口语交际"秋天的快乐"、习作"画秋天写秋天"等实践性作业不能推移到"语文园地"再作出布置,而应在备课时作出整体构想,甚至在进入"主题单元教学"之前就要做出安排。

五、语文教学方法的选用

教学方法是达成教学目标的方式和手段,大致可以分为三类。一是以语言传递为主的方法,如讲授法、谈话法等;二是以直接感知为主的方法,如演示法、参观法等;三是以学生实践为主的方法,如自学法、练习法、发现法等。各种教学方法本身无所谓优劣,但相对于某个教学单元或某项学习内容,教学方法的选用是否恰当在很大程度决定着相应的教学目标是否能落实。教学方法的选用要综合考虑具体的教学目标、内容、学生情况、教师个人特征等,并依据实际情况进行恰当的组合。

具体到小学语文学科,除了上述一般教学方法外,在教学实践中还逐渐形成了一些综合性的教学方法。下面介绍两种比较有代表性的语文教学方法。

(一) 讲读法

讲读法与讲授法不同,是既讲也读,讲读结合。主要用于阅读教学。讲主要体现在教师运用形象生动的语言介绍课文的作者及创作背景,概述课文内容,讲解重点的字、词、句、段等。要求讲得简单扼要、条理清晰、突出重点、揭示规律。读不仅仅是学生的朗读和默读,还包括教师的朗读,而且是准确、流畅、有感情的朗读。读的过程要适当穿插教师的提问、讲解、评析,以及学生的回答、议论、质疑等。实际教学时,讲读法须与直观演示、学生实践等其他方法伴随使用,既激发学生的学习兴趣,又加深学生对课文的理解。

（二）情境教学法

情境教学是江苏南通的李吉林老师,根据小学语文教学的规律和儿童心理发展的特点,经过长期的教学实验,总结提升的具有影响力的一个教学流派,它有一套自己的教学理论、方法和体系。

情境教学法的核心在于激发学生的情感。情境教学法是在教学过程中,教师有目的地引入或创设具有一定情绪色彩的、以形象为主体的生动具体的场景,以引起学生一定的态度体验,从而帮助学生理解教材,并使学生的心理机能得到发展。这些场景包括榜样示范、生动形象的语言描绘、课内游戏、角色扮演、诗歌朗诵、绘画、体操、音乐欣赏、旅游观光等,都是寓教学内容于具体形象的情境中,具有潜移默化的暗示作用。

李吉林老师总结出了语文教学中情境创设的六个途径:以生活展现情境、以实物演示情境、以图画再现情境、以音乐渲染情境、以表演体会情境和以语言描绘情境。

以小学阅读教学为例,运用情境教学方法,首先是根据课文的内容,决定情境的基调是欢快的,还是悲伤的;是雄壮的,还是轻柔的;是喜爱的,还是憎恶的;是幽默的,还是赞美歌颂的,从而渲染与课文相应的气氛,使整个课堂成为一个整体。其次,引导学生进入具体的课文情境,对课文中的人物或某一事物引起关注,加深内心体验,处于一种最佳的情绪状态。老师由于情感的投入,在把学生带入情境的过程中,自己也不知不觉地进入课文情境中。由于师生都进入同一情境,从而产生了老师与学生情感的沟通,学习便成为一种自在的愉快的情感交流的活动。

在情境教学法的基础上,李吉林老师进一步将情境学习的思想拓展到课程设计与开发领域,独树一帜地构建了情境课程网络,形成了情境教育的思想体系。

本章小结

本章着重从理论上阐述了小学语文教学的主要特征、基本原则以及小学语文教学设计的基本原理。小学语文教学的主要特征是进行语文基本功训练;小学语文教学具有综合性、实践性、阶段性等特点。小学语文教学还应遵循语言文字训练与思想情感教育相统一,语言文字训练与发展思维相结合,听、说、读、写相辅相成,课内、外语文教育相结合等基本原则。小学语文教学设计是针对小学语文学科的性质、课程目标和内容,对语文教学目标、小学生学习起始状态分析、教学内容、教学过程和方法、教学检测等进行预设和构想,以促进小学生语文知识和能力,及相关的情感态度和价值观的发展。教学设计是一个系统工程,可以针对教学的不同层次和不同阶段,但计划的具体内容大致都要包括:确立教学目标、诊断学生学习起点、选择和组织教学资源、确定教学方法等。

1. 谈谈你对小学语文基本功训练的理解。
2. 举例说明你对小学语文教学的综合性、实践性、阶段性的认识。

3. 小学语文教学有哪些基本原则？结合教学实际谈谈你对这些原则的认识。

4. 设计流程完整的一节课，从教学目标的表述、学情的分析、教学资源的组织、方法的选用等几个方面对自己的教学设计做一解释说明。

第四章 识字与写字教学的理论与实践

 本章学习目标
1. 了解我国识字教学的经验。
2. 了解学生识字能力的结构,掌握识字教学的主要原则、主要形式,能结合实例阐述培养学生识字能力的方法。
3. 能结合教学案例确定识字教学的重点,选用正确的教学方法和策略。
4. 了解培养学生写字能力和良好写字习惯的方法和策略。

识字是学生从运用口头语言过渡到学习书面语言的桥梁。书面语言记载了人类在漫长的历史中积累起来的知识、经验。这些知识、经验是宝贵的历史文化遗产。学生识字是汲取这些文化遗产,接受前人创造的知识和经验,间接地认识世界的首要前提。在2011年颁布的义务教育语文课程标准中,明确将识字写字能力与阅读能力、写作能力、口语交际能力并称,可见对培养学生识字写字能力的重视。

第一节 识字教学的基本理论

一、识字教学的意义

识字,指的是认识文字,知晓文字的音、形、义。认识汉字,是小学生从运用口头语言过渡到书面语言的基本环节,同时也是小学生学习以文字符号为载体的文本世界的开始。它对于提高自身的文化素养、了解和继承古代优秀的文明成果、增强民族自豪感都是十分必要的。因此,识字教学意义重大,它是语文教学的首要任务,也是学习其他学科的基础,更是学生进入学习阶段需要面临的第一个重要任务。

1. 识字是学习语文学科的基础

学龄初期的儿童处在由口头语言向书面语言的过渡期,必须先识字,由字才能构成词,当儿童的记忆里储存起一定数量的字词后,才能比较顺利地阅读或用文字表达自己的思想情感。所以识字是发展儿童书面语言的一种手段。就语文学科本身来看,识字的目的是为阅读和写作打下基础。

识字是语文学科教学的重点,更是小学低年级教学的首要任务。2011版语文课程标准指出:"识字、写字是阅读和写作的基础,是第一学段的教学重点,也是贯串整个义务教育阶段的重要教学内容。"学生在识字的基础上,学习阅读和写作。我国小学语文教学历来就重视识字教学,要求儿童认识常用汉字,为读书打下基础。张志公先生在《传统语文教育初探》中说:"前人在识字教学中第一步是用较短的时间教儿童集中地认识两千来字,然后才逐步教他们读书。"并且还强调,学好语文,必须要过"三道关口":字关、句关、篇章关。首先强调的就是要过"字关",目的是为在阅读中过好句关、篇章关打基础。不识字,就不能读书。不识字,不会写字,就更谈不上运用书面语言表达和写作。

2. 识字对学生的思维发展有积极作用

汉字,作为文字的一种,具备系统的符号性和书面交际的工具性等共性的同时也具有其自身的特性。一是"音、形、义"三位一体。汉字主要是由意符和音符组成的文字系统,字形上直接含有标义的成分。二是汉字以象形文字为基础,个性突出、形象鲜明,同时又以线条为基本因素体现其抽象性。三是汉字的形态各异,且音、形、义错综复杂,还存在大量的一字多音、一字多义、一音多字的情况,在学习时需要仔细分辨。另外,汉字的象形、会意、指事、形声等也体现出形象思维向抽象思维的过渡。汉字的上述特征及造字办法,使汉字的学习具有思维训练的功能。

识字教学的过程,如指导学生观察汉字的字形结构,字与字之间的关系,一组形近字之间的规律,都有助于发展学生的观察力和辨别力;根据汉字的字理特点,选择合理的识字方法的过程也是提高学生思维能力的重要手段。

小学生正处在由以具体形象思维为主要形式向以抽象思维为主要形式过渡的重要阶段,汉字的思维训练功能在促进儿童思维发展上体现出重要的促进作用。

3. 识字能提高学生的文化素养

语言是文化的载体。汉字记录着汉民族的文化,承载着中华民族的文化历史和独特的民族心理与内涵,反映着中华民族认识世界的独特方式。汉字的演变和发展的过程,也反映着中华文明的演进历史。无论是古代还是现代,识字教学都不仅仅是单纯地指向一种文字符号系统,或仅仅是一种交际的工具,更重要的在于,它是传播主流文化和道德伦理价值观念的工具,是培养人、教育人的重要工具。

以传统蒙学教材《三字经》和《千字文》为例,它们不仅仅是重要的、流传久远、影响广泛的蒙学识字课本,更在于其中承载的忠君、爱国、君君臣臣、父父子子等封建的教化。我国传统的识字教学从来就是和封建统治阶级的伦理道德教育联系在一起的。

现当代的识字教学虽然摈弃了封建的糟粕,但是承载着民族文化的内涵,要在重视激发学生的民族自豪感,传承民族文化精华的同时,培养学习兴趣,培养自主创新精神,形成积极健康的人格,提高文化修养。

二、识字教学的基本要求

历年的小学语文教学大纲和课程标准都试图对各学段的识字量和识字掌握程度提出具体规定。这些规定的确定有赖于我国传统的识字教学经验和新中国成立以来大量的识字教学实验与改革。

(一) 小学识字总量的要求

我国的识字教学有悠久的历史,各个历史时期的社会经济文化发展的情况不同,识字的数量也有所不同。

在先秦,通用的识字教材为《史籀篇》。到了秦代,识字教材主要有三本,即李斯的《仓颉篇》、赵高的《爰历篇》、胡毋敬的《博学篇》。汉代,由于"六书"的成熟以及学校教学比较普及等缘故,参与编写启蒙教材的人逐渐增多,其中流传时间较长、且保存下来的是西汉元帝时史游的《急就篇》,这是现存的最早的识字课本。该书编写体例是把一些事物相近的字分类编写在一起,句式整齐押韵;学童在入学一年至一年半集中识字2 144个字。这部教材成为汉魏以后儿童通用识字教材。南北朝时期,除了普遍使用汉代的识字教材外,梁朝周兴嗣编著《千字文》,共250句,恰好1 000个汉字。隋唐时代,识字教材主要使用的还是《急就篇》和《千字文》。宋朝初年出现了《百家姓》。该书本共收集507个姓,其中单姓446个,复姓61个。到宋代末期,又出现了由学者王应麟所编的《三字经》,全文共1 248字(清初的版本为1 140字),除去重复的字,实际共510个单字。它与《千字文》、《百家姓》一起简称"三、百、千"。这三本是流传时间长久的集中识字教材,直到清末民初,一些私塾中还在使用。

五四运动以后,中国教育发展进入一个新的阶段,小学语文教学有了新的发展变化。其重大变化更多地体现在1923年的"壬戌"学制之后颁布的《小学国语课程纲要》中,其中识字教学改革的力度最大,如采用分散识字方法,边识字边阅读,识字阅读并进,每课的识字量减少。

对于识字数量的规定,取决于汉字基本词汇的框定及其常用性的分析。在这方面的研究,最早的有20世纪20年代陈鹤琴的《语体文应用字汇》,列举了4 261个字。其后有1934年的《大众常用字汇研究》,选定了2 333个字。1935年,国民党政府教育部颁布的《小学初级暂用字汇》,规定了2 711个字。

新中国成立以来,小学阶段识字量的规定基本上在2 500~3 500个之间浮动。根据历年颁布的小学语文教学大纲和课程标准的规定,可以看到50多年来,在会认字和会写字数量上的变化(见表4-1)。

表4-1 教学大纲(课程标准)规定的小学识字量表

年份	1956	1963	1978	1987	1992	2001	2011
会认(个)	3 000~3 500	3 500	3 000	3 000	2 500	3 000	3 000
掌握(个)			3 000	2 500	2 500	2 500	2 500

小学阶段识字量的规定主要依据以下几点。

第一,根据有关部门对常用字的研究与规定。

1952年,中央人民政府教育部研究了新中国成立后的识字课本、书刊印刷厂的常用字、报刊文章等,编印了《常用字表》,共选入2 000个常用字。

1975—1976年,在国家出版局、中国科学院和中国文字改革委员会的共同领导下,新华印刷厂等单位研制了《汉字频度表》。经过抽样统计,发现现代一般书刊用字为6 300多个字,其中最常用字和常用字为1 360个,次常用字为1 032个,合计2 400个,覆盖率为99%。

1986—1987年,国家语言文字工作委员会汉字处理处研制了《现代汉语常用字表》,经过科学筛选出的2 500个常用字,覆盖率达到97.97%,1 000个次常用字覆盖率为1.51%,两者加起来3 500个汉字,覆盖率可达99.48%。

第二，掌握 2 500 个左右的常用字能够基本满足小学生读写的需要。

学生如果能牢固掌握 2 500 个左右的字，又掌握了识字方法，具有一定的独立识字能力，完全可以扫除读写中的文字障碍，顺利地进行阅读和写作，并且可以在读写中积累和巩固一些新字。

第三，大纲和课程标准是面向全国广大地区的教师和学生的一般要求。

目前我国各地师生的素质和办学条件差异很大，教学状况很不均衡。大纲和课程标准对识字量不断调整的过程，也是探求汉字教学科学化的过程。识字是读写的基础，识字量的多少，直接影响着读写能力的提高。但识字量过多，势必会增加学生过重的学习负担，同时会影响其他语文能力的提高。识字量定得合适一些，可以减轻学生负担，特别是低年级学生的负担，有利于教师在教学识字的同时进行听说读写的综合训练，促进学生语文能力的全面发展。

（二）小学各年级识字量的分配

根据学生的年龄特点和学段的学习特点，不同年级在识字数量的分配上也经历了一个变化发展的过程。

新中国成立前后各年级识字数量的安排是不同的。据资料看，新中国成立前初小各年级识字量相差不多，并且逐年有所增加。新中国成立后，除一年级、二年级，识字量是逐年递减的（见表4-2）。

表4-2　新中国成立前后几种教科书和大纲生字统计表[①]

教科书或大纲名称	出版时间	一年级	二年级	三年级	四年级	五年级	六年级	总计
中华国语	1923	560	642	635	647	—	—	2 484
复兴国语	1933	443	541	611	634	—	—	2 229
国常课本	1948	552	600	661	635	—	—	2 448
小学语文教学大纲	1963	700	900	600	500	400	400	3 500
义务教育小语大纲	1992	400	750	550	400	250	150	2 500

新中国成立前后对各年级识字数量的分配，反映出对识字与阅读、写作关系的认识是不同的。新中国成立后，广大教师和语文工作者总结语文教学的实践经验，对汉字特点的研究和认识进一步深入。依据"识字是阅读和写作的基础"，识字不多会影响读写能力的发展的认识，1956年、1978年、1987年的教学大纲都曾提出过低年级以识字教学为重点的主张。1992年的大纲为避免低年级单纯识字和忽视听、说、读、写训练的倾向，提出前三年完成大部分识字任务的主张。

[①] 陆静山：《我国近八十多年来小学语文课本识字教材简介·小学语文教学研究（上）》，教育科学出版社1981年版，第110页。

2001年和2011年的课程标准在每个学段都对会认字和会写字的数量和任务提出了更为具体的要求。从各年级识字数量的分配来看,低年级的识字仍是教学的重点之一(见表4-3)。

表4-3　义务教育语文课程标准规定的各学段识字量

课程标准	版本	1—2年级	3—4年级	5—6年级	累计
义教语文课程标准	2001实验稿	认1 600~1 800 写800~1 000	认700~900 写1 000~1 200	认500 写500	会认3 000 会写2 500
义教语文课程标准	2011	认1 600 写800	认900 写1 200	认500 写500	会认3 000 会写2 500

(三)识字的质量标准

每个汉字都包含音、形、义三要素。完整地掌握一个字就是要正确地掌握字的音、形、义,在大脑中牢固地建立起音、形、义的联系,并能在读写中运用。1992年及以前的大纲对识字提出的具体要求是:读准字音,认清字形,了解字义,并能正确地书写、运用;掌握汉字的基本笔画、笔顺规则、偏旁部首和间架结构;学过的词能正确地读、写,懂得意思,大部分会用。

2001年语文课程标准(实验稿)和2011年的语文课程标准都将识字教学要求分为两类。一类是"会认",另一类是"会写",体现识写分离,多认少写,降低难度的倾向。会认的字,只要求能读出字音,放到其他语言环境中也认识,不抄,不默。要求会写的字,也就是要"学会"的字,能做到会读、会写,了解字词在语言环境中的意思,逐步做到能在口头和书面表达中运用。①

专栏 4-1

《义务教育语文课程标准(2011年版)》各学段"识字教学目标和内容"

第一学段(1—2年级)

1. 喜欢学习汉字,有主动识字、写字的愿望。
2. 认识常用汉字1 600个左右,其中800个左右会写。
3. 掌握汉字的基本笔画和常用的偏旁部首,能按笔顺规则用硬笔写字,注意间架结构。初步感受汉字的形体美。
4. 努力养成良好的写字习惯,写字姿势正确,熟悉规范、端正、整洁。
5. 学习独立识字。能借助汉语拼音认读汉字,学会用音序检字法和部首检字法查字典。

第二学段(3—4年级)

1. 对学习汉字有浓厚的兴趣,养成主动识字的习惯。
2. 累计认识常用汉字2 500个左右,其中1 600个左右会写。
3. 有初步的独立识字能力。会运用音序检字法和部首检字法查字典、词典。
4. 能运用硬笔熟练地书写正楷字,做到规范、端正、整洁。用毛笔临摹正楷字帖。
5. 写字姿势正确,有良好的书写习惯。

---

① 语文课程标准研制组:《全日制义务教育语文课程标准(实验稿)解读》,湖北教育出版社2002年版,第52页。

第三学段(5—6年级)
1. 有较强的独立识字能力。累计认识常用汉字3 000个左右,其中2 500个左右会写。
2. 硬笔书写楷书,行款整齐,力求美观,有一定速度。
3. 能用毛笔书写楷书,在书写中体会汉字的优美。
4. 写字姿势正确,有良好的书写习惯。

三、识字教学的原则

识字教学的原则,是对我国传统语文教育经验以及新中国成立以来识字教学经验的总结概括,它符合汉字本身的规律、小学生的认知规律、学习语文的规律,具有普遍的指导意义。

(一)符合汉字特点和汉字认知规律

汉字是由音、形、义三个要素构成的一个统一体。识字就是要读准字音、认清字形、了解字义,并使三者之间建立起牢固的联系。对于学会的字,在感知字的任何一个要素的时候,能准确地再现另外两个要素;在语言实践中,能根据表达的需要正确运用学过的字。对于会认的字,主要是见字形而知读音,并能了解具体语境中的字义。

为此,汉字教学需要把字的音、形、义结合。在语言环境中识字,是音、形、义紧密结合的有效途径。汉字在音、形、义上各有特点:在字音上有同音字、多音字;字义上有一字多义和多字一义的现象;字形上有形近字等。许多字结合词句、联系上下文才能读准字音,准确地理解意思;至于虚词更需要结合句子才能体会其用法。在语言环境中,在学词学句学文中识字,能反复感知字形、巩固字音、理解字义,做到音、形、义的有机结合,在学生头脑中建立起三者的稳固联系。

(二)识字要和认识事物相结合

识字要了解字义。在小学阶段,识字和识词是一致的。而词是对事物的概括,一个词就是一个概念,反映一种事物。学生每学一个词就应当认识词所代表的客观事物,学习词的过程就是认识事物的过程。这样,学生才真正理解了词义,并能正确运用。

运用各种直观手段或联系生活实际,让学生观察、思考、想象,使抽象的概念变成可以感知的具体事物,这样就把识字和认识事物结合起来了。

例如,有位学生在回忆著名特级语文教师霍懋征老师教"笑"和"哭"字时写道:"霍老师先在黑板上画了一个笑着的娃娃头。我都跟着笑起来。接着,她写了一个'笑'字。"

"这个就是'笑',霍老师说,'你们看它是不是好像在笑呢'?"

"是!"我们齐声回答。

"下面,我们学'哭'字"霍老师又在黑板上画了个哭着的娃娃头,旁边写上"哭"字。

看着这个哭着的娃娃头,我们也笑了。

"'哭'字右边有一点,代表的就是眼泪。同学们写这个字时,可不能忘了这一点'眼泪'呀!"

"自从霍老师教我们学了'哭'这个字,那一点'眼泪',我从来就没有忘过。"

当然,认识事物也不仅仅局限于具体可感的事物,还包括客观存在的一切物体和现象。例如学生学习"壮丽"一词,教师用图片,或通过参观游览的方式,或用语言描绘,使学生了解怎样的景象才是壮丽的,并且能和学过的"美丽、秀丽、绚丽"等词区分开来。这样,才是真正认识了这些事物,进而在表达中就能恰当使用这个词。

(三) 识字要与听说读写训练相结合

识字是为了运用。学生在听、读中能理解学过的字词,在说、写中能正确运用学过的字词,才达到了识字学词的目的。从另一方面来说,学过的字词在语言实践中反复运用才能巩固。字词的复现率越高,学生识记的效果越好。因此,识字要与听说读写训练结合起来;同时,要创造条件,让学生多参加语言实践,如开展丰富多彩的语文课外活动,使学生有机会反复运用学过的字词。语言学家吕叔湘先生指出:"语言学习中语言和文字有互相促进的作用。儿童学了文字,一方面能把自己已经会说的话写了出来,一方面又能通过阅读丰富自己的语言。所以初等教育的首要任务就是让儿童尽快掌握文字。"[①]这段话说明小学阶段识字教学的重要意义,也说明了识字和发展语言的相互关系。这样,既利于字词的巩固,又能促进学生听说读写能力的提高。

(四) 识字要与写字相结合

写字是巩固识字的重要手段。学生初步掌握了字的音、形、义以后就要指导他们认真书写。写字能促进辨认字形的精确性,并加强对字形的记忆,提高识字的效果。由于汉字笔画固定,笔顺有规则,为写字创造了有利条件。学生掌握了字的音、形、义,有助于把字写得准确端正美观,对字形的精确辨认又是形成书写技能的重要条件。

识字和写字相辅相成、互相促进,在教学中二者要有机结合。汉字本身具有美学因素,写汉字一定要求工整、美观。一二年级要打下基础,要求学生写字不宜过多,要少而精。少,一定要求写好。教师批改作业不仅在数量上要求完成,还必须在质量上严格要求,看写得是否工整、美观。中高年级的作业量应适当减少,但一定要求学生做好。中高年级教师同样有指导学生写字的任务。

四、识字教学的几种主要形式

识字教学始终是语文教学和研究关注的重要问题,各种识字教学实验也层出不穷。截止到 2006 年,我国已出现数十种不同的识字教学实验,包括 19 世纪 50 年代开始的分散识字、集中识字;起源于 60—70 年代的部件识字、字族文识字、字根识字、循环识字、字谜识字、科学分类识字等;80 年代出现的"注音识字,提前读写"、听读识字、猜认识字、奇特联想识字、汉字标音识字、字理识字、成群分级识字、韵语识字、趣味识字、计算机辅助识字等;之后还有数码识字、中文字母识字法、直映识字、定频识字、炳人识字、大成序法识字、解形识字、潜能识字、电脑双拼识字、双脑识字、汉字信息综合识字,等等。[②] 这里仅选择历史比较长的几种识字教学形式进行介绍。

[①] 载 1986 年 7 月 16 日《光明日报》
[②] 参见"第二届识字教育国际研讨会综述",http://www.hanziwang.com/szjy_2.htm(2012 年 12 月 7 日)

（一）集中识字

集中识字是我国传统的识字形式。一般是先用一段时间集中识一两千字，再读文章。有的识字教材编写成韵语短句，例如《三字经》、《千字文》，易于记诵。新中国成立后，特别是1958年辽宁省黑山北关实验学校进行的集中识字实验，主要采用按字音归类的方法学生字，再侧重按字形归类，并创造了"基本字带字"、"形声字归类"的主要教学方法。这种高效的集中识字法使小学二年级的学生就能掌握2 500个左右的汉字。之后，中央教科所、北京景山学校等进行的集中识字，丰富和发展了集中识字经验。1980年，中央教科所召开了全国集中识字经验交流会，以后集中识字的实验形成了"集中识字、大量阅读、分步习作"的新教学体系。

集中识字的主要做法是：在小学一年级、二年级识字与学文交替进行。集中识字的方式也因字而异，日趋多样化。主要形式有"看图归类识字"、"基本字带字"、"以词句带字"、"形声字归类"、"会意字归类"、"反义词归类"，等等。

以北京景山学校为例，把集中识字的方法概括为："运用汉字构字规律归类识字，以看图识字为基础，形声字归类为主，辅之以基本字带字、偏旁部首识字、形近字对比、反义词对比等多种形式的归类识字法。"[①]具体教法上，先通过看图识字打好集中识字的四个基础，即汉语拼音、笔画笔顺、基本字和偏旁部首。在此基础上运用形声字规律组成字串，一串一串地学习汉字，以提高学习的效率。

集中识字有如下主要特点。

第一，先识字，后读书，识一批字，读一批课文，识字和阅读交替进行，教学任务相对集中，分散难点，有利于完成教学任务。在识字阶段可以专心识字，为阅读打下基础；在阅读课文阶段，可以集中精力进行阅读训练，又可以巩固所学字，并学习少量在集中识字中没有学过的新字。从两个阶段来看，学生的学习任务单一，难点分散，有利于提高教学效果。

第二，利用学习的迁移规律，简化了学生识字的心理过程。因为集中识字是归类识字，每一种归类形式都有共同因素，而共同因素是构成迁移的客观条件。如果教师教法得当，就容易产生积极的效果。

第三，体现了汉字本身的规律，有利于培养学生的识字能力。集中识字多则把上百字，少则把一二十字集中在一起，便于按字音、形、义的特点归类。例如，"基本字带字"的形式，容易体现形声字的规律；"会意字归类"，体现了会意字的构字规律；同音字、形近字归类，可以使学生学会分析和比较，从学习这类字中训练他们精细的辨析能力和习惯……学生在学习各类字中逐步掌握了汉字本身的规律和识记方法，有利于识字能力的形成。

（二）随课文分散识字

分散识字是我国传统语文教学中的另一个经验，它结合学词、学句、学文教学生识字。民国前后兴办学堂以来，人们看到千百年来一直沿用的死记硬背的集中识字方式不符合儿童的心理特点，所学的绝大部分字不解其义，不会运用。五四新文化运动后，课文以白话文编入，识字与阅读并进成为主流的教学方式。每课书只学三五个生字，也就是"三五观点"，这种方式一直延续

[①] 刘曼华、周榅玉主编：《北京景山学校语文教学改革50年》，人民教育出版社2010年版，第208页。

到新中国成立后。

新中国成立后随着教学和教材的改革,这种识字方法有较大改进,特别是南京师大附小斯霞老师1958年起进行的随课文识字的实验。斯霞老师向"三五观点"发出了挑战,从改编教材和改进教学方法两个方面入手。她在原有教材的基础上,大量增加看图识字,多编短语和句子,编选补充短文,使识字量大大增加。她创造的随课文识字的经验,加大了每节课识字的数量和密度,贯彻了"字不离词,词不离句,句不离篇"的原则,把生字词放在特定的语言环境即具体的一篇篇课文中来感知、理解和掌握,把识字和阅读结合在一起,识字在语境中进行,既利于在分散中巩固,又利于增进对课文的理解,提高了识字质量。学生认识了一定数量的汉字后,再按照音、形、义归类,反复练习,使学生从中了解汉字本身的规律和识字方法,培养学生的识字能力。在近50年的实践检验中,随课文分散识字一直以其独特的优势而成为识字教学乃至教材编写和课程开发等充分借鉴和运用的一种流派。

随课文分散识字有以下主要特点。

第一,随课文分散识字,字不离词,词不离句,在语言环境中识字,做到字的音、形、义密切结合,识字和学词学句学文相结合,建立起字的音、形、义之间的联系,建立起字与词、词与句、句与文之间的联系。为培养学生的读写能力打下扎实的基础。

第二,充分利用识字与阅读之间的联系,提高了教学效果。在具体做法上体现了识字是阅读的基础,为阅读作准备;阅读是识字的基本途径,为字词理解、巩固、运用创造了条件。识字和阅读紧密结合,也就是学用结合,可以提高识字质量。

第三,符合学生的年龄特点。随课文分散识字,教学内容、教学方法多样,又便于进行听说读写的训练。学生在一节课上,认读、观察、说话、书写等活动交叉进行,多种感官参与调动,大脑不断受到新异的刺激,就能保持旺盛的精力和高度的注意力,专心学习。

就集中识字和随课文分散识字来看,在实际教学中,并不是单一用到哪一种方法。从各种版本的教科书来看,有的全套教科书以随课文分散识字为主,在某一阶段适当集中;有的在低年级以集中识字为主,中高年级采取分散识字,一般为两种形式的有机结合。集中识字和分散识字是两种教学思想,诸多识字方法大多可以纳入到这两种教学思想之中,如"集中归类识字""字族文识字""韵语识字"就属于集中识字;"注音识字"就属于分散识字。在两种教学思想指导下,所采用的具体方法不同①。

两种识字教学思想的区别在于:低年级语文教学中对完成识字和发展语言的任务,侧重点掌握不同,因而形成两种识字教学思想。集中识字强调汉字规律,主张在识字过程中发展语言;分散识字强调语言规律,主张在发展语言过程中识字。其实,二者都要完成识字和发展语言的任务,可以说殊途同归。目前,二者互相学习,相互渗透,你中有我,我中有你。分散识字教材,也编进一些集中识字方法,如基本字带字法、形声归类法等。集中识字教材中,也编了词组、短语、短句等,向阅读过渡。总之,两者都重视识字和发展语言同步进行。阅读教材大体相同,只是选材不同,分量不同,单元训练项目不同。二者最大的区别,在于侧重点不同,集中识字以集中为主,分散识字以分散为主。以上的相互影响是合乎发展规律的,通过相互补充,以求更加完善。在两种识字教学思想指导下,可以创造出更多的识字方法。

---

① 田本娜:《我与小学语文教学》,人民教育出版社2006年版。

（三）"注音识字,提前读写"

妥善解决学习汉字和发展语言的矛盾,是多年来语文工作者不断探索和研究的问题。汉语拼音可以帮助学习汉字,正音,并且帮助学习普通话。传统语文教学,都是"先识字,后读书",儿童入学后要花费大量的时间和精力识字,然后再开始阅读。随着语文教学改革的深入,"边读书边识字"的做法应运而生。

黑龙江教育学院的同志于1982年提出了"注音识字,提前读写"的实验,这是小学语文教学的一项整体性改革的实验,并在黑龙江佳木斯第三小学、拜泉县育英小学和纳和县实验小学6个教学班进行实验。实验从扩大汉语拼音的功能入手,让学生在学完汉语拼音后就能借助拼音进行阅读、写话,寓识字于学汉语之中,使读写提前起步。他们的具体做法是:在汉语拼音教学中,着重进行直呼音节的训练,练习读拼音词汇和句子,尽早使汉语拼音和语言训练相结合,尽快适应"提前读写"的需要。汉语拼音教学之后,阅读纯拼音课文,并很快过渡到阅读用汉语拼音注音的课文,再最后过渡到读纯汉字的课文。学生在阅读过程中反复感知汉字的音、形、义,达到不断巩固已学汉字、增识汉字的目的,其实质也是一种分散识字的形式。

实验另设写字课和说话、作文课。写字课指导写字,解决字形的记忆和书写的问题,培养学生的写字能力。写话、作文课,重点解决"用"的问题。这个实验取得了令人难以相信的效果。学生在三周时间内做到了直呼音节;学生两年识字超过两千。两年中每个学生平均读100多万字的书;一年级下学期能写150字左右的短文,二年级开始能写命题作文200字左右,最多的写到400多字。

"注音识字、提前读写"实验的主要特点如下。

第一,借助于汉语拼音这种特殊手段,发挥汉语拼音的多种功能,带来教学过程一系列变化。汉语拼音类似文字而又非正式文字,类似拼音文字而又不全相同。它十分简单,没有特殊的字法、语法,与口语直接同一,很容易学会。

第二,识字任务分步完成,难点分散。这项实验变传统音、形、义一步到位的识字要求,为音、形、义和识记、书写、应用分步提出的教学要求。学生在阅读中反复与汉字见面,就可以做到越来越熟悉。在写字课上,按照由易到难的顺序解决字形问题,并且在写话作文课上再现和运用。

第三,调动语文教学的各项任务、内容,相互联系,整体教学。语文教学要着眼于学生语文素养的整体发展,把语文教学的各项任务、内容作为相互联系,不可分割的整体,恰当地处理好各要素之间的关系,使之相互配合、相互促进,产生最佳的协同作用。其表现为:在学生不识字或识字不多的情况下,就借助汉语拼音对学生进行听说读写的全面训练,促进学生口语和书面语的协调发展,构建边读书、边识字,听说读写并行的复线交叉、多维合成的教学体系,从而收到多快好省的教学效果。

"注音识字、提前读写"实验对小学语文教学改革有一定的启示意义。但是在推广过程中也暴露了一些问题。例如,学生必须具备相当熟练的读汉语拼音的能力,必须有认识汉字的自觉要求和较强的注意分配能力,才能做到同时读汉语拼音和汉字(双读)。由于对识字并不要求与"四会"同步,却又提前要求学生大量写作,所以学生作文中容易出现错字、别字。如何处理好汉语拼音和识字教学的关系,还有待于进一步探讨。

第二节　识字能力及识字能力的培养

识字能力是学生语文能力的一个组成部分。识字能力是指学生掌握了识字的方法,能够不依靠教师,独立识字,即具有自学汉字的能力。识字能力本身由几个要素构成,既包括掌握汉字的基础知识、识字工具、识字方法,也包括智力因素和非智力因素。

一、识字能力的结构

(一) 掌握字的音、形、义

识字能力中的音、形、义,主要指运用汉语拼音读准字音的能力;运用汉字的笔画、笔顺、偏旁、部首、间架结构及构字规律,分析字形结构,辨清字形,牢记字形的能力;借助字典,或通过教材上下文,或联系生活实际理解字义的能力。

1. 读准字音

能正确地读出汉语拼音的声母、韵母和声调,能熟练地拼读音节,能凭借汉语拼音读准字音,能根据语言环境读准多音字、轻声字和变调字(如"一、七、八、不"等)。脱离汉语拼音,能用普通话的语音读出字音;能结合字形、字义辨析并读准近音字。

2. 识记字形

能正确地感知字形。能运用汉字的笔画笔顺、偏旁、间架结构的知识和独体字分析字形,记忆字形。能找出字形上的难点,并能想出适当的办法突破难点。能结合字音、字义辨析形近字。

3. 理解字义

能结合语言环境在字典中正确地选择义项,理解字词在句子里的意思。能结合生活实际理解字义,能联系词句和上下文揣摩字义。能辨析多义字。能结合字音、字形辨析同音字。

4. 建立音、形、义三者之间的联系

汉字是音、形、义三个要素的统一体。识字,要在头脑中牢固地建立起三者之间的联系,做到见到字形,能读出字音,了解字义;听到字音,能知形、知义;想到字义,能读音、知形。这样,音、形、义之间的联系便形成了。

将音、形、义作为整体联系起来进行识字教学,可以收到较好的效果。例如,"慌"是学生经常会写错的一个字。教学时,可以细致地引导学生把"慌"字的音、形、义结合起来识记。

老师先出示一张带汉语拼音的生字卡片"慌 huāng",学生都举手争着认读。"慌 huāng,不慌不忙的'慌'。"一个学生读了字音,还解释了字义。

"'慌',我想办法记住它。慌和不慌,都是心理活动。'荒'是它的读音。"又一个学生补充说。这个学生根据汉字的形声字构字规律识记"慌"字,是很值得称赞的。她说的"慌和不慌都是心理活动",实际上把"慌"字的形旁和它所表示的意义联系起来了;她说的"荒就是它的读音",实际上就把它的声旁和它表示的读音联系起来了。

(二) 独立识字的能力和习惯

独立识字能力,除了具有读准字音、记住字形、了解字义的能力以外,应当具有借助工具书识字的能力,能根据阅读、作文和生活的需要自觉主动识字并养成独立识字的习惯。

学生的识字能力如何可以作为衡量学生的识字质量的依据之一,包括具备独立识字的能力。"独立"识字的能力,是指学生可以在没有教师指导的情况下,寻找合适的途径,采用一定的方法,自主地认识生字。

小学生独立识字的能力大致包括这样几个方面。第一,掌握汉语拼音,能运用汉字结构规律分析字形和通过查阅工具书识字;第二,能运用识字工具独立识字,包括遇见生字,能通过汉语拼音读准字音,能自我正音;能用较简捷的方法记忆字形;能联系上下文或通过查字典的方法理解字义,形成符合个人认知特点的识字程序和方法;第三,有自主识字的积极性和良好的独立识字的习惯。

1. 能凭借工具书独立识字

凭借工具书识字是人们常用的行之有效的独立识字方法。学生能熟练地查阅工具书并养成使用工具书的习惯,将终生受益。

小学生常用的工具书主要是《新编小学生字典》、《新华字典》。语文能力强的高年级学生也可以使用《现代汉语词典》。

凭借工具书识字除掌握汉语拼音以外,还需具备两方面的能力。一是能用部首查字法和音序查字法迅速查到要查的字。有些字部首不容易辨认,学生首先应当学会确认字中的部首。有些合体,如"麻、鼻、黑"等本身就是部首,学生应逐步熟悉《部首目》,这有助于较快地确定要查字的部首。二是正确选择字音和义项。汉字中多音、多义字较多,有的字有三四个读音,有的字有十几个义项,能结合语言环境正确地选出字音、字义不是十分容易的事。特别是小学生掌握的字词有限,各方面的知识、经验不多,这都影响学生对字音、字义的选择,需要通过多次指导,反复训练,学生才能初步具有这方面的能力。

2. 能根据阅读、作文和生活的需要自觉地识字

学生在阅读中或在生活中常常遇到不认识的字、不理解的词,不应该不求甚解;在作文中遇到拿不准用哪一个字词时,也不该马虎过去。应该及时通过查字典解决,无论是生字或见过面而认不清不解其义的字,都应当认真对待,养成自觉识字的习惯。

学生独立认识的字,应有意识地加强记忆,并在读写中应用,力求牢固地掌握。这不仅可以增加识字量,而且有利于读写能力的提高。

二、识字能力的培养

小学生的识字能力是逐步发展的。教师要在识字教学中,有计划地教给汉字的基础知识、识字方法,培养识字能力,把教识字和培养识字能力统一起来。

(一) 教学生掌握识字工具,培养识字能力

识字工具的掌握对形成识字能力是至关重要的。学生不掌握识字工具,也就谈不上形成识字能力。

"授人以鱼,不如授之以渔。"在识字教学中,教给学生方法比教学生认了多少字更重要,识字方法的掌握也是培养学生识字能力的一个方面。小学生应该掌握三套识字工具,它们分别是:汉语拼音——学生掌握字音的工具;汉字的笔画、笔顺、偏旁部首、间架结构和构字率较强的独体

字——学生初步掌握字形的工具;音序和部首查字法查字典——学生初步掌握字义的工具。这三套识字工具,是培养学生独立识字能力的基础。学生能正确而又熟练掌握这三套识字工具,就为他们独立识字奠定了基础。

汉语拼音,一般是在学生入学后集中一段时间学习,在以后的识字过程中巩固、运用。它被称为识字的"拐棍"。首先,汉语拼音可以起到正音的作用,将字音准确拼读出来,结合字形的辨认和字义的理解,能够帮助学生独立识字;其次,以汉语拼音为音序的字典词典已成为人们离不开的工具书了,用音序检字法查阅字典、词典,也能够帮助学生独立识字;再者,随着电脑和汉字输入的广泛运用,汉语拼音输入法已经成为普遍使用的一种方式。

汉字的基础知识,如笔画笔顺、偏旁、间架结构以及浅显的汉字构字方法等,都是结合识字一点一滴地教给学生的,这就要及时归纳小结,使分散学到的汉字知识系统化,使学生逐步掌握汉字本身的规律和识字的规律。规律性知识的掌握,有利于逐步形成能力。例如,在教形声字的过程中,告诉学生形声字是由两个或两个以上的象形字或指事字组成,其中一部分表示字的意义,即形旁;另一部分则表示字的读音,即声旁。以"妈"字教学过程为例:"妈"字读 mā,称呼母亲;将"妈"字分解成"女"(表示女性)和"马"两个构件;"女"表示字义,"马"表示字音。这样的教学不仅使学生对所学的生字印象深刻,而且有利于学生掌握形声字的形义联系。

字典是独立识字的工具书,可以根据需要解决音、义或字形的问题,是形成识字能力必不可少的工具。因此,要教会学生查字典并养成查字典的习惯。

(二)培养学生掌握字的音、形、义的能力

学生识字能力形成的重要标志是,能独立运用识字工具,学习掌握字的音、形、义。教师在促进学生识字能力的形成方面,应做好以下几方面的工作。

1. 培养学生读准字音的能力

汉字是表意文字,字的形体不能把读音直接标示出来。因此,准确地感知和发出字音,或在认识生字和独立复习生字时,都需要借助汉语拼音读准字音。

在教学汉语拼音阶段,重点要放在读准声母、韵母、声调和拼音节上,特别是要重视培养学生独立地准确地拼读音节的能力。一般地说,平舌音和卷舌音、前鼻音与后鼻音容易混淆;复韵母 ou 容易读错。拼音字母字形相近的,也能导致读音的混淆,特别是 b 与 d,p 与 q 等。在教学时要引导学生加以区分。

在方言地区,教学中要特别注意纠正方音。有的地区要重点读好鼻音 n 和边音 l;有的要读好并区分平舌音 z、c、s 和卷舌音 zh、ch、sh、r;有的地区还要区分 h、f 的发音。读准声调也是读准字音的重要方面。有些地区受口语的影响,读准字的声调成为难点,教师要注意指导,加强练习。总之,要让学生在识字过程中逐步了解本地区的语音和普通话语音的对应规律,自觉地用普通话的语音纠正方音,读准字音。例如,受方言影响,广东人学普通话时,对第一声调值的把握不够准确,一般易出现调值念得不够高的毛病。教师可以引导学生多练读第一声调的字词,对比普通话与方言发音的区别,帮助他们掌握普通话语音。

2. 培养学生识记字形的能力

学生在学习独体字和一些合体字的过程中,掌握了汉字笔画名称、笔顺规则、偏旁、间架结构等知识。教师要不失时机地引导学生运用这些知识观察、分析、记忆字形;并结合所学的字,从笔画分析逐步过渡到部件分析、结构分析。用比较的方法区别形近字在字形上的细微差别。要鼓励学生用自己认为适当的方式分析、记忆字形。

随着识字数量的增加,学生掌握的构字部件——偏旁和独体字越来越多。学生学习生字时,就要引导他们把生字和熟字或熟悉的偏旁联系起来,逐步掌握观察、分析、记忆字形的方法。在教学中可以化复杂为简单,对生字加以分解。比如采用化生为熟法,即从生字中优先分出"熟悉的"因素作为基本单位。这种方法一方面由于由于熟悉因素的存在,字形难点变少,容易学习且可以提高学生思维的主动性、理解性和积极性。另一方面简化了字形,可将复杂的字分为有限的几个分析单位,最简便地记忆字形,缩短识字的心理过程,提高学习效率。下面是熟字加减法的一些示例:

熟字加一笔:云——去,上——止,人——个

熟字减一笔:鸟——乌

熟字换一笔:开——升

熟字加偏旁:分——粉,古——苦,青——晴、睛、情

熟字去偏旁:新——亲,送——关,想——相

熟字换偏旁:笑——跌,到——室

熟字合起来:户、月——肩,日、月——明,木、又、寸——树

这些方法并不是由教师直截了当地告诉学生,而是要将思维的主动权还给学生,让各种方法成为学生思维的结果。教师在其中扮演是指导者的角色。首先指导学生有顺序地观察字形,掌握字形的特点;其次通过指导语引导学生自己去找出生字中的熟字或熟部件。让学生在教师指导语的启发下,学会主动积极探索汉字的奥秘,与学过的旧知识相联系并进行比较概括,加快掌握汉字的熟练技巧,培养学生主动分析字形的能力,并从中体验到自主探索成功的乐趣。

对汉字中的难字和易错易混字,可以让学生自己动脑筋想想字的哪一部分容易写错,哪两个字容易混淆,并想办法避免错误。使学生的观察、思维、记忆、注意都参与到解决难点中去。这样,可以提高识字效果,提高学生掌握字形的能力。

3. 培养学生理解字义的能力

理解字义是识字教学的重点。理解了字义,才能在读写中运用;理解了字义,对于字音、字形的掌握也有重要作用。

培养学生理解字义,确切地说是指导学生理解词义。字不离词,因为有的生字本身就是一个单音节词,有的生字是构成词语的一个语素,有的双音节词两个语素都是生字,学生学习生字时,能联系语言环境,具体了解生字词所表达的意思才算真正掌握了字义。

看图理解字义、运用形声字的特点理解字义、联系生活实际理解字义,还有看实物理解字义、结合语言环境在字典里正确选择生字的义项等,都能帮助学生正确理解字义。一般地,低年级教材要求学生掌握的生字中,80%左右都是学生日常生活词汇,字义大多比较具体形象。识字教学要充分利用课文所提供的语言环境和插图,联系学生生活实际以及汉字本身的特点,帮助学生理解字义、词义。例如,"静悄悄"一词,学生了解意思以后,还要启发他们想一想,什么况可以说"静悄悄"的,学生凭自己的生活经验可以说出"放学,校园里静悄悄的","夜深了,大街上静悄悄的";再如理解"广"字,教师让学生结合课文最后一句"我们的祖国多么广大",并且联系前三句的意思说出"广大"就是"很大很大"的意思,进而启发学生读出自豪之情,加深对"广大"一词的

理解。

总之,教师应把自己讲解字义的方法转换为学生独立理解字义的方法,逐步培养学生理解字义的能力。

(三) 调动学生积极性、鼓励学生独立识字

1. 调动学生识字的积极性

"兴趣是最好的老师"。学生识字的兴趣、愿望、积极性是非常重要的,是学习汉字、识字能力形成和识字教学的前提条件。根据不同的教学内容采取合理的识字方式,激发学生的识字兴趣将会起到事半功倍的效果。

学生是否有学习的积极性直接关系到识字的质量,所以识字教学要针对学生的年龄特点、认识能力,运用学生喜爱的各种教学手段,吸引学生的注意力,提高他们的识字兴趣。教学中肯定学生的点滴进步,激励学生不断努力,为学生树立学习的信心,这些做法无疑是必要的。但是这只是外因。最重要是内因,是学生的求知欲,是学生主动识字的愿望与要求。要达到这样的目的,教师就要了解学生各个时期的"最近发展区",对他们提出适当要求,经过自己的努力能够达到的要求。例如,学生能运用学过的知识、方法,解决生字的音、形的时候,教师要放手让他们独立学习。与此同时,指导学生借助字典、联系词了解字义,并提出这方面的要求。了解字义的要求就成了学生最近努力的目标,形成学习的新的内驱力。当他们经过努力,并看到己的学习成果时,就会得到心理上的满足,并乐此不疲。

2. 鼓励学生运用多种方法独立识字

学生有了识字的积极性,具有一定的识字能力,教师就要根据不同层次的学生提出不同的识字要求,鼓励他们在课内外主动识字。对课文中的生字,一般可在学生自学的基础上,交流是怎样认识字形、理解字义的,教师相机指导。对在课外遇到的生字,鼓励学生独立识字。

培养和鼓励学生独立识字的方法很多,主要有如下几种。

第一,创设情境识字法。例如,《自选商场》一课,要学习14个生字:商、场、包、奶、牙、毛、巾、笔、尺、作、业、本、东、西。课堂上,教师把学生分成若干活动小组,扮演顾客购物,在小组里把学生准备的商品及包装盒摆好,模拟成一个小小的自选商场,用小纸片写上商品名称。如:学生要买牙膏,就必须找出写有"牙膏"的小纸片交给售货员,找对了,读对了,就算购物成功。学生在具体的语境中,在实际的运用中,识记了字形,理解了字义,还听读了字音。

第二,图画识字法。中国汉字源于象形字,如"口耳目"字就是最简单的象形字。这些字都形象生动,且笔画简单。教学的时候可以抓住有些汉字图像性较强的特点。如"木、禾"等字,教学时,利用好这类字的特点,让学生看挂图、投影等,看象形文字,了解字的演变,反复读拼音,展开想象,激发学生的学习兴趣,掌握生字。课本中"看图读拼音识字"部分有很多插图,有的可利用其形,如日、月、水、火、山、石、田、土等生字的插图;有的可利用其意,如上、中、下、出口、入口等生字的插图。

第三,多媒体演示识字法。在信息技术不断发展的今天,有声有色、有静有动的教学课件使学生对课文学习产生极大的兴趣,很自然地步入积极思维的状态中。教师通过多媒体教学手段,教懂、教准、教活、教精,使学生乐学、善学、勤学、活学。使用计算机多媒体识字教学软件,学生可以通过这些软件观看生字的笔画、笔顺、部首、间架结构、正确读音,同时跟随教学软件进行听、

说、读、写及汉字录入的训练,通过人机交互进行自我学习、自我检查和自我提高。例如:教学生字"冰",计算机生动地演示水凝成冰,学生更易记住字形与字义。

第四,实物识字法。实物能直接刺激学生的感官,并作用于大脑,具有很强的直观性。用实物识字,可使学生对要认的字产生强烈、深刻的第一印象。如教学《菜园里》一课中有关蔬菜名字的汉字:豆角、辣椒、黄瓜、茄子、萝卜、南瓜、卷心菜等,可引导学生观看各种蔬菜实物,对照实物看标牌,通过看看、摸摸、读读、认认,甚至尝尝,调动多种感官认字记字。通过这样的教学,汉字和实物紧密地联系起来,汉字的表象就会清晰地贮进学生的头脑里,就会明显地提高识字效率。

第五,实验演示识字法。部分会意字的识字可以运用实验演示法。如学习"灭"字,教学时可以把一支蜡烛或一张纸放在烧杯里,点燃后问学生看到了什么?学生回答:"看到了火。"接着用块玻璃盖上,火就会灭了,然后出示"灭"字进行学习,字的音、形、义就会迎刃而解。再如:把一张纸从空中抛落,纸在风中飘,可以识记"飘"字;然后落入水盆中,漂在水面上,又可以帮助学生识记"漂"字。

此外,还有动作演示识字法、故事趣味识字法、猜谜语识字法、编顺口溜识字法、歌诀识字法、加加减减识字法、拆字合字识字法、形声字识字法,等等。有趣的识字方法远远不止这些,在识字教学中,科学、灵活运用多种识字方法,体现识字教学的多元化,并借此充分调动学生学习的积极性,在充满童趣的气氛中教给他们识字的方法,培养他们自主识字的能力,学生的语文兴趣才会得到增加,语文能力才会提高。

第三节 识字教学的实践

一、准确确定识字教学重点

识字教学贯穿于整个小学语文教学的各个学段。但学生的识字高峰主要集中在第一学段,所以,识字是低年级语文教学的重要任务。一年级的小学生从零起步,到二年级需要经历从汉语拼音教学,到边读文边识字,到集中识字,再到随课文分散识字的过程。汉语拼音教学,为解决字音、辅助独立识字打下了基础;而后,教学的重点主要集中在字形上。从教独体字到教合体字,传授汉字知识,培养独立分析字形的能力等,都是字形教学的主要任务。到中年级,逐步加重字义的教学,引导学生理解比较难懂的、抽象的词。在课内教学的基础上,鼓励学生主动扩大识字量,通过课外生活识字。到了高年级,识字任务有所减少,生字主要随文出现,学生通过学习课文识字。识字教学方式以学生自学、全班交流和教师选择重点指导为主。也鼓励学生通过扩大课外阅读扩充识字量。

识字教学重点的确定,要从学生的实际出发,从字的特点出发。一般地说,一年级学生在识字之前,口语的发展基本上能满足生活的需要,已经熟悉了一部分字的字音、字义;再加上汉字的字形较复杂,因此,要以字形教学为重点,着重建立音、形、义之间的联系。随着学生年级的升高,以及读写的需要,学生要学到音、形、义都不熟悉的字词,特别是意思抽象、难以理解的字词。由于学生已能熟练运用汉语拼音读准字音,已掌握了识记字形的方法,字义教学就成了教学的重点。但就每一个汉字来说,还要具体分析,字音难的,就要突出字音,如"塑料",学生口语中读

"suò liào",教"塑"字的时候,除了它复杂的字形之外,还要重点指导学生读准字音。而像"蹦"这样的结构复杂、部件比较多的字,就要以字形教学为重点。总之,音、形、义的教学并不是平均用力的,要根据识字教学的阶段性和所识汉字本身的特点、难点,确定教学的重点。

二、随课文进行识字教学

在识字教学中教师应充分考虑学生的认知规律、汉字本身的规律、学习语文的规律,选用适当的教学方式。一篇课文的识字教学一般有三种方式:一是边读课文边识字;二是先识字后读课文;三是两者结合,就是把一部分字先提出来学,讲读课文的过程中再学另一部分字。采取哪一种方式,这要根据生字的数量、特点以及课文的特点而定。

(一)边读课文边识字

一篇课文的生字不多,字词的意思又宜于结合语句来理解,就可以边识字边读书。在读课文的过程中,借汉语拼音读准字音,反复感知字形,结合课文里的语句理解字词意思。学生读课文之后,再用各种方式复习巩固生字,特别是对字形的分析记忆,使学生头脑中建立起鲜明的音、形、义的联系;最后指导学生书写。下面是《乌鸦喝水》第一自然段的教学片段。这一段只有一句话:"乌鸦口渴了,到处找水喝"。

师:小声读第一自然段,想想乌鸦为什么到处找水喝。

生读后回答:因为乌鸦口渴,就到处找水喝。

师:(板书"渴"),请读读这个字的字音,想想它为什么是"三点水旁"?

生:这个字念"kě"。

生:因为口渴要喝水,所以是"三点水"旁。

师:很好。渴了就想喝水,记住"渴"字是"三点水旁"。那从哪个词可以看出乌鸦非常渴?

生:我是从"找水喝"看出来的,它要不渴就不找水喝了。

师:说得对。谁还说说?

生:我是从"到处"看出来的。"到处"是说它去了很多地方,这是说它非常渴了。

师:他们俩说得很好。

师:谁能读读这一段,大家听听他读得怎么样。

生:(一生读后)他读得没语气。乌鸦非常渴,到处找水,它很着急的。我想读读。

师:读吧。(生读。)

师:他读得好一些了。听我读一遍好吗?(师范读)

师:大家再小声读一遍,注意读出语气。

……

学习课文之后,又重点指导了字形,并结合字音、字义,区别较了"渴—喝"、"找—我"两组字。

以上教学片段把阅读作为识字的途径,把识字、理解词句、朗读训练有机地结合起来。在理解词句的基础上有语气地朗读,在朗读中,学生多次与生字见面,并加深了对字词的理解。这体现了"字不离词,词不离句"的识字原则,在语言环境中识字,有利于字的音、形、义的结合。学生既学会了生字,也读懂了课文。

(二) 先学习生字,再讲读课文

一篇课文生字较多,课文又长,就可以先集中学习生字,再读课文。

一般来说,常识性课文,生字多含在科学术语之中,一般也宜于先学生字,初步理解科学术语的意思,再讲读课文。但出示和学习每个生字时,要结合课文中的词句,或由教师叙述课文,边叙述边出示生字;或出示生字后让学生找一找这个字出现在课文中哪个句子中,读读这个句子,做到识字和词句相联系,为掌握字的音、形、义创造条件。

下面是《数星星的孩子》一课的教学片段。这一课共有 12 个生字,以"勺、斗"两字为例。

师:(出示"勺"字),谁来读读字音?

生:(sh 读成了 s)。

生:他读得不对,(正确读音)。

师:要看清声母是什么,韵母是什么,就能能读准确了。大家再读一遍。(齐读)

师:(出示"斗"字)谁知道这个字念什么?

生:(正确读音)。(又齐读一遍。)

师:在课文中找找"勺"和"斗"两个字是在哪个句子中出现的,把这个句子读出来。

生读:"那七颗星,连起来像一把勺子,叫北斗星。"

师:好!勺子什么样,知道吧?你们天天用勺子吗?

生:我天天用勺子喝汤。

生:我天天用勺子吃饭,我不爱用筷子。

师:大家都知道什么是勺子了。"勺"字好记吗?怎么记?

生:"勺"字有三笔:撇、横折钩、点。

生:"勺"字就像一把勺子,撇像勺子的把,一点像是勺子里的东西。

师:说得好。用手指在桌面上写一遍。

师:(出示北斗星图)我们刚才学的"斗"字是北斗星的斗"。请看这张图,这七颗星就是北斗星。你们看,把这七颗星连起来像什么?(教师边说边画线连起来。)

生:像一把勺子。

师:对了。北斗星的"斗"字好记吗?

生:好记。"十"字加两点。

生:他没按笔顺说,容易写错。"斗"字,两个点加"十"字。

生:"斗"字的两点是一上一下的,在"十"字的左上方。

师:说得好。我们认识了"勺"和"斗"两个字,也知道了"勺子"和"北斗星"的意思了,我们再学下面的字。

以上教学片段是在学习课文之前,集中学习生字的例子。可以看出教师并没有孤立地教学,而是把字和词句紧密结合起来了。因此,它和边读课文边识字异曲同工,都能收到良好的教学效果。

(三) 一部分生字先学,另一部分生字随课文学

如果一篇课文中生字较多,有些字词在讲读课文之前集中学习,并不影响对词义的理解,就

可以先学;另一部分字词结合课文的语句学习,更容易理解,就可以边理解课文边学习。而且不会中断理解课文的思路。下面是一年级《荷叶圆圆》一课的教学。这是一首优美的散文诗,一共需要识记"荷"、"珠"、"摇"等12个生字,生字量比较大。

师:今天老师送给大家一件礼物,看,这是什么?(出示荷叶卡片)

生齐说"荷叶"。

师:今天谁发言精彩,老师就送给谁一片荷叶作为奖励。

老师出示生字卡片。

师:这就是荷叶的荷,你有什么好办法记住它?

生:我用数笔画的方法记住它。

生:我用加一加的方法,"荷"上面是个草字头,下面是个"何",何时、何地的"何"。

师:你说得真好。

师将"荷"的生字卡片贴于黑板,让学生和老师一起写一写这个"荷"字。

再出示"圆"字,让学生书写"圆"字。

然后让学生读课文,注意字的音、形,给课文标自然段。

……

之后在理解、朗读、讲解课文的过程中,再随文学习小水珠的"珠","摇"、"篮"两个字,亮晶晶的"晶",停机坪的"坪"等字。

以上教学片段是在学习课文之前,集中学习几个和课文主题相关的,但又可以脱离课文内容的生字,例如"荷"、"圆"等字。在集中学完这几个字后,再随文分散识记在具体语境下、结合词语学习的其他生字,避免了一味集中识字的枯燥和负担,同时便于教师结合课文内容运用丰富的教学手段,增强识字教学的趣味性。

三、多媒体在识字教学中的应用

多媒体技术在教学中的运用主要是指通过计算机技术,把文字、图形、图像、动画和声音等多媒体信息进行综合处理和管理,并运用于教学实践中。多媒体技术在识字教学中具有多方面的功能,它的运用是基于教育学、心理学、语言学的基础发展起来的。

首先,识字教学中运用多媒体,可以激发学生学习的兴趣,把抽象的教学内容具体形象化,使学生易于接受。例如在《小小的船》的课件一开始,在屏幕上展示动态画面:一艘船,在海面上行驶,立刻把学生的注意力从课间与同学闲聊或玩耍的状态调整过来,转移到课堂上,更快更好地进入学习状态中。而传统的板书则达不到这种效果。

其次,识字教学中运用多媒体,可以提高学生学习的注意力,提高识字教学的效率。从学生生理心理特征来看,低年级学生年龄小,注意力集中时间短,对长时间的枯燥乏味的识字教学缺乏兴趣。兴趣是求知的先导,它作为一种个性心理特征,在认知过程中,具有积极的促进作用。学生在计算机屏幕上看到汉字笔画、部首的动态显示、闪烁、重写等形象实体,并能通过键盘操作,显示出所写的字,就会产生饶有兴趣的感受,他们的注意力就会高度集中,思维就会活跃,记忆也就深刻。他们心理需求得到满足,求知欲也就大大激发出来。

再次,识字教学中运用多媒体,可以有利于学生及时反馈,教师及时调整教学过程和方法,收到事半功倍的效果。学生面对计算机实现双向交互式学习,通过操作演练达到理解、巩固知识的目的,这样,变被动学习为主动学习。

四、识字的巩固

识字教学要以完成课程标准提出的数量和质量的要求为目标。为了学生掌握常用汉字,并能对那些音同而形、义不同的同音字,形近而音、义不同的形近字分辨清楚,并在读写中正确运用,教师应做好以下几方面的工作。

(一)依据学生识字心理教识字

一年级学生知觉的特点是笼统、不精确。在教学中,教师注意培养他们仔细观察、认真分析的能力和习惯。在学生掌握一定数量的独体字和偏旁部首以后,主要是启发学生利用旧知识,自己分析字形。这样既调动了学生的学习积极性,又简化了思维过程,便于儿童记忆。

如教"数"时,乍一看笔画很多,字形复杂,教师引导学生仔细观察,认真分析,学生很快分析出:"数"是左右结构的字,左上是米,左下是女,右边是反文。像这样全是熟字组成的生字,再一笔一笔地教,不仅浪费时间,而且容易把学生的思维搞乱了,反而繁杂化了。

又如教"游"字,这个字笔画较多,结构复杂,引导学生分析后,学生很快就会说出:"游"字是左中右结构的字,左边是三点水,中间是方,右边上是卧人,右下是子,合起来就是个游泳的"游"。因为是大部件的分析字形,所以学生印象很深,记忆牢固。

对有些学生容易混淆的字,教师特别强调分析重点部分,如"寒"字要搞清楚上面是三横两竖,"扁"字下面是一横两竖,"舞"字中间是四竖,并要让学生亲自数一数,加深印象,避免识记不精确的毛病出现。学生升入中年级以后,书面作业中的错别字有所增多。据儿童字心理的研究,学生最常出现的错字与别字的现象,主要的类型有:减少笔画、增加笔画、左右颠倒、形近相混、同音相混、结构错乱、改变部分字形等情况。

错别字产生的原因是多方面的。汉字的特点,教材的编排,教法的使用,学生的学习态度、习惯等都是制约错别字产生的重要因素。从教学的角度来说,为防止错别字的产生,教师应从教每一个字做起,使每个字的音、形、义都给学生留下正确、清晰的第一印象,对常见的几种类型的错别字,要采取有效的预防措施。

(1)针对学生知觉不精细的特点,引导学生注意字的比较隐蔽的笔画或者容易混淆的部分。如"燕"字,就要让学生注意到上是"廿",不是"艹";"冰"字,左边是两点水,不是三点水等,以防止出现增减笔画和改变部分字形的错误。

(2)为防止熟字对生字学习的干扰,要特别指出熟的结构单位在生字中的新位置。要引导学生学会"加、减、换、合"的观察、分析、记忆字形的方法或思维模式。即把生字和熟字或熟字的偏旁联系起来观察、分析、记忆字形。看到一个字,知道它是什么加什么,或是什么减什么,或是某个字的什么部件换成什么,或是什么和什么合起来的。

在识字教学中,特别是低年级识字教学中,要尽快从笔画分析过渡到部件分析、结构分析,即尽量不要一笔一画地分析字形,而要尽量地用大的部件分析字形,这样可以简化识字的心理过程。

(3)调动学生思维的积极性,对形近字字形上的异同进行比较。要注意同音字、形近字、同义词、反义词等的观察和对比,发现易混字之间的细微差别,抓住字的特点,加深印象。如"周末"的"末",可与"树头花落未成阴"中的"未"进行比较;"软垫"的"垫"可与"热"比较,"免费"的"免"与"兔"比较等。

(4) 加强学生对同音字字义的理解。学生对字词意思模糊不清,似是而非,会导致同音代替的错误。如将"气球"写成"汽球","立即"写成"立既"。针对这种情况,应当引导学生准确把握词语的意思。如气球中有空气,而不是水;"即"表示"当时、立刻","既"意为"已经、动作做完了"等。因为对字义不理解,造成了用同音字混用的现象,如果能在识字教学中强调字义,并指导学生对同音字、形近字的字义进行辨析,就可以避免这一类的错误。

(二) 科学地组织复习

学习汉字是需要记忆的。"记忆是过去经历过的事物在人脑中的反映,它是以暂时联系的形成(识记)和留下痕迹(保持),以及这些联系的痕迹以后在脑中的恢复(再认和重现)为特点的。"[①]学生对所学的字留下深刻的第一印象有助于记忆,但不复习,不运用,头脑中留下的痕迹会逐渐模糊,甚至消失,也就是遗忘。所以说科学地安排复习是必要的。

有人认为汉字本身是有规律的,不需要死记硬背。这种说法有一定道理。因为汉字的造字方法确有独到之处,例如,象形字、会意字、形声字等,有助于学生掌握字的音、形、义。构字的基础知识,如笔画笔顺、偏旁、间架结构以及浅显的构字方法(特别是象形、指事、会意、形声这四法),应该适时地与学生归纳小结,这些规律性知识的掌握,有助于学生掌握字形、理解字义、读准字音。

汉字的发展已有几千年的历史,变化很大,原来的造字方法已不完全适用于今天的汉字,不完全适用于今天的识字教学。就拿形声字来说,声旁表音功能已十分有限。同一个声旁在不同字中读音往往并不相同。例如,"苔、抬、怠、冶、始"几个字都是形声字,"台"这个声旁只在"苔"、"抬"几个字中表音,在其余几个字中都不能表音,如果机械地念半边,就会读错字音,这在日常生活中屡见不鲜。至于形旁,有的也只能表示笼统的意思,如"苔",从草字头可以联想它可能和"草"有某种联系,但"苔"究竟为何物,还需另觅途径去理解。况且有些字的声旁、形旁的作用已完全消失。因此,对汉字的规律,应当辩证地应用,用其仍有生命力的部分,帮助学生识记和复习巩固生字。

复习是为了防止由于记忆痕迹逐渐消退而产生遗忘。根据德国心理学家艾宾浩斯的研究,遗忘的规律是先快后慢,复习应及时,且适当组织单元复习、阶段复习、期末总复习。也可以根据学生书面作业中出现的问题安排复习课、练习课等。

复习的方式方法也很重要。常常见到一些老师除了当堂复习所学的生字以外,第二天学习新内容之前先组织复习,这会使记忆得强化。但复习的方式只是拿出生字卡片,让学生认读上面的字和由这个字组成的词。这种复习方式只是复习了字音,在一定度上复习了字义,而没有特意复习字形,学生能读出字音,并不一定就掌握了字形。他们读出字音,往往是凭借字的大体轮廓,不一定记住字的细微之处。所以对字形复杂、书写易错的字,除认字卡片之外,还应当用分析比较、书写等形式复习、巩固。

复习的方式除了要服从复习的内容和目的,还要考虑学生的年龄特点,要有一定的趣味性。

---

① 朱智贤:《儿童心理学》,人民教育出版社1981年版,第302页。

那种天天抄写、日日默写的单一方式是不可取的。

（三）引导学生在读写中应用

识字是阅读和作文的基础,阅读和作文可以巩固识字。学生学字词以后,教师要创造条件,把学过的字词在阅读中经常出现,鼓励学生在作文中反复运用,把学与用结合起来,这是巩固识字并灵活运用的好办法。

例如,让学生反复朗读课文,从课文中找带有生字的词语、句子读写;复述课文时,有意识地让学生用学过的字词。有条件的要经常挑选一些内容和文字都适合学生水平的读物,指导学生阅读。这不仅可以提高学生的阅读能力,丰富知识,而且有助于巩固识字,并扩大识字量。在学生造句、写话、作文的过程中,要引导他们恰当运用学过的字词。

在引导学生运用字词的过程中,应当注意到:有些词语,学生不仅理解,而且能在口头或书面语言中运用,这些是积极词汇;有些词语,学生只是大致了解意思或者不很理解,更不会运用,这些是消极词汇。据研究,小学生消极词汇的量很大。他们在口头和书面表达中反映出来的词汇贫乏的现象,是因为积极词汇有限。如果把他们的消极词汇转化为积极词汇,他们的语言就会丰富得多,大体能够满足表情达意的需要。

老师在教学中应十分重视词语的理解和积累,尽可能地使学生学过的词转化成为积极词汇。要运用各种方法启发诱导,使学生在各种场合、各种机会运用学过的词语。例如,有老师在教《乌鸦喝水》一课时,很注意迁移、转化和运用。教"乌"字,除了关注"乌"和"鸟"的字形差异、结合乌鸦的图片理解"乌"的字义,还注意"乌"的组词运用。

师:同学们看"乌"是乌鸦的"乌",生活中还有什么时候用到"乌",你能用组一组的方法认识这个字吗?

学生组词:乌龟、乌贼、乌鸦、乌云。

学生组词后,教师出示词语和相应的图片,学生再读词语。

总之,启发引导学生将学过的词语恰当地应用于口头语言和书面语言之中,是识字教学不容忽视的重要方面。

第四节 写字教学的实践

写字是一项重要的语文基本功,对小学生来说尤为重要。写字可以巩固识字;字写得正确、端正、行款整齐,有一定速度,就能很好地完成各科作业,也为将来的学习、工作打下了基础;写字对文化素养也有重要作用,长期认认真真地写字,可以陶冶情操,受到美的感染,养成一丝不苟、爱好整洁等良好习惯,有益于提高文化素质。因此,上好写字课,对学生的写字习惯和写字技能进行科学有效的训练,是非常必要的。

一、激发学生写字的兴趣

（一）运用直观教学手段

直观性原则是指导学生写好字的一条重要原则。它能调动学生的多种感官,特别是视听感官的结合,使学生获得鲜明、生动、深刻的印象,因而最能激发学生的学习兴趣。教学中,教师可以经常通过板书或采用电脑多媒体分析各种基本笔画的运笔特点和字的构造特点、组合规律,使学生印象深、兴趣浓。

例如,教写"土"字,先通过多媒体指导学生观察横的特点:上横短,下横长;上横重,下横轻;上横平,下横斜(左低右高,微微向右仰)。再观察竖的特点:竖画处在正中,笔直,和横画相比则是横轻竖重。而"欣""弗"等字其竖画却是倾斜,曲度很明显。书法中所谓的"横平竖直",其真正含义是:横无平横,竖无直竖,只求字的整体结构正而已。

再如,分析左右结构的字:"相、物"等应写成"左高右低";"精、神"等应写成"左短右长";"勤、利"等应写成左大右小;"深、槛"应写成"左小右大"。讲解得越透彻,示范字在学生头脑中的印象就越深刻。

(二)更新写字内容

写字训练是一项长期性、艰巨性的劳动。古人云:"字无百日功"。它需要毫不松懈地坚持,需要有一个较长时间的严格训练。所以要想提高学生的书写技能,仅凭每周一节写字课是远远不够的,这也是现行课程标准在教学实施中建议低、中、高三个学段每天的语文课上要安排10分钟的随堂习字的原因。

但是,仅用课上是不够的,还要求学生在课余不断地刻苦练习。而写什么成为很重要的问题。写的内容简单、枯燥、重复,会令学生产生消极厌学的情绪,达不到习字的效果。

写什么呢?不妨让学生写他们所想的,写他们最喜欢的。如"我最喜欢的成语","我最喜欢的古诗","我最喜欢的课文""我最想说的一句话","我最感兴趣的一项运动"等等。布置这样的写字作业不但不会使学生产生厌倦情绪,反而让他们对写字保持一种新鲜感,远远胜过了抄课文、抄生字,起到了事半功倍的效果。

二、培养学生的写字能力

随着电脑的普及,现代人写字的机会越来越少,导致字越写越难看,甚至提笔忘字的现象。这种社会现象给语文教学带来了更加严峻的考验,特别是在小学阶段,应强调写字是小学生一项重要的基本功。

写字能力,是指学生能正确、美观地书写汉字,包括正确的写字姿势,正确的执笔和运笔,掌握笔画、笔顺和偏旁结构的书写规则与方法,能视动协调及理解地书写等。

(一)正确的写字姿势

写字有正确的姿势。身体坐正,两腿自然平放,头和上身稍向前倾,胸部离桌子一拳,两臂平放在桌面。一手执笔写字,另一手按纸,纸要放正。要给孩子配备高矮合适的桌椅。当孩子要写字时,首先提醒他注意姿势,然后再帮助他纠正错误姿势。很多教师在指导学生开始写字的时候都会提示《写字姿势儿歌》:

学写字,要牢记,头正肩平脚着地,三个"一"字要牢记。

眼离书本一尺远,胸离桌边有一拳,手离笔尖要一寸。

大指二指对齐捏,三指在下来托起,四指五指往里卷,笔杆离开虎口处,拳心要空腕用力,提笔就是来练字。

在了解正确姿势的同时,可向学生说明写字姿势不正确的危害性,如引起驼背、弓腰、斜眼、近视等。写字姿势的训练需要教师始终关注,也贯穿着学生习字的全过程,需要反复强调。

(二) 正确的执笔和运笔

写字主要靠手指和手腕用力。初学写字的小学生,指、腕关节和肌肉都不够发达,要想立刻掌握执笔和运笔的方法很难,随着手指、手腕关节和肌肉的发育,加上教师的正确示范和引导,可以逐步掌握正确的执笔和运笔方法。

执笔方法结合了软硬笔的特点、汉字的特点、人手生理结构和生物力学规律。硬笔执笔,手指自然弯曲,拇指在笔杆右面,食指在笔杆右面,中指在笔杆右下方,三指捏紧笔杆,无名指和小指支撑手腕。笔杆向右后方倾斜,靠在虎口上。软笔执笔,拇指和食指一左一右捏住笔杆,食指的位置高于拇指,中指辅助食指向内钩住笔杆,无名指向外抵住笔杆,小指紧靠无名指帮助用力,但不靠住笔杆。做到:指实、掌虚、腕平、笔直。

运笔指的是点画书写的过程。软笔和硬笔在运笔上也有很大的差异。

硬笔字的笔画平直,变化不大,运笔比较简单。一般在起笔、转折、作提、作钩时要稍慢,在撇、捺、提、钩的收笔时要稍轻、稍快。在一般的运笔过程中,用力要均匀,速度要适当。用力太重,铅笔芯容易折断;钢笔的笔尖有一定的弹性,用力过直,反写,不仅会划破纸,也容使笔尖破裂或折断。用钢笔还不能像铅笔那样一边写一边旋转笔杆。

软笔方面,在指导学生开笔、蘸墨、舔笔的基础上,教运笔方法。毛笔运笔一般分起笔、行笔、收笔三步。如"横",从左边开始写,为起笔;起笔后把笔向右边画过来的动作,叫行笔;把横写完,叫收笔。写每一种笔画都有这三步。运笔时,起笔要逆入;行笔要有轻、重、缓、急和顿、挫、提、按的变化,最忌一画而过;收笔时要稍作提。运笔时要用中锋,要把腕适当悬起。

(三) 笔画、笔顺和偏旁结构的书写规则与方法

笔画是构成字形的各种点和线。写字时,由起笔到抬笔(或收笔),叫做"一笔"或"一画"。笔画是汉字书写的最小单位。汉字的基本笔画有8种:点、横、竖、撇、捺、提、钩、折。

笔顺是书写汉字时笔画的书写顺序。汉字的书写笔顺有一定的规则。例如,先横后竖,如"十";先撇后捺,如"人";从上到下,如"言";从左到右,如"词";从外到内,如"问";从内到外,如"函";先里头后封口,如"国";先中间后两边,如"承"。

较复杂汉字的笔顺往往是这些规则的综合运用,如"赢"字就包含先上后下、先左后右、先外后内、先撇后捺、后写内部点等规则。

汉字是复杂的平面文字,每个字都有其独特的形体特征,掌握了这些规则并不一定就能正确书写全部汉字的笔顺。这就需要在书写过程中不断记忆、琢磨和钻研,特别是一些笔顺特殊、结构复杂的汉字,尤其要注意。只要不断地练习和实践,相信每个汉字的笔顺都不难掌握。

偏旁是由笔画组成的,比笔画高一级的构字单位。汉字按形体分,可分为独体字和合体字。独体字如"人"、"口"等,合体字如"学"、"知"等。一般情况下,独体字可构成偏旁,如人字旁、口字旁等。

合体字的偏旁各有一定的位置。偏旁相同,部位不同,有的可能就是形、音、义各不相同的汉

字。有一个汉字谜语是这样说的:"一木口中栽,非困又非呆,若是把杏念,趁早别来猜。"答案是"束缚"的"束"字。这个谜语就形象地反映了偏旁位置的改变而导致产生不同汉字的现象。

间架,指字的各部分的比例大小;结构,指汉字笔画的组合规律。汉字间架结构的基本形式有以下几种:

上下结构:尖、热

上中下结构:竟、裹

左右结构:钱、坤

左中右结构:鸿、衔

半包围结构:区、同

全包围结构:圆、国

品字形结构:森、晶

教师在教学过程中,特别是随文识字的过程中,应有意识地培养学生归纳一些结构相似的字,找到一类字的规律。例如,教师在执教《荷叶圆圆》一课时,讲到"小水珠躺在荷叶上,眨着亮晶晶的眼睛"一句时,结合了字的间架结构进行识字教学。

师:(出示字卡"亮晶晶")读"亮晶晶"。

生读。

师:你们有什么好办法可以记住"晶"字?

生:晶由三个日组成。

师:这是品字形结构的字,你们还认识哪些?

生:品

生:众

生:森

师:很好。在写"晶"字的时候要注意,上面的"日"大,在上面居中的位置;下面的两个"日"不是一样大,注意到了吗?

生:下面的两个"日",左边一个比右边一个要小。

师:你观察得非常仔细。

(四)视动协调及理解地书写

注意视觉、运动觉信息之间的联系及与其字义理解的结合,这是书写练习的基础。字形空间视觉表象是书写的最初支撑点,字形中的弱成分要适当强化。运笔的动觉反馈是协调视、动觉信息的重要环节,所以,在学生书写初期,在"田字格"、"米字格"上示范和练习,用红笔提示某些成分或揭示错误,都是很有作用的。还要注意字音听觉、字义理解视觉、运动觉的结合,培养学生有意识地、理解地书写。

学生升入中年级以后,要练习用毛笔写字。毛笔是软笔,小学生使用起来有一定难度,更需要教师的指导。要教学生各种笔画起笔、行笔和收笔的方法,按照描红、仿影、临帖的顺序,逐步培养学生用毛笔写字的能力。

三、培养学生写字的良好习惯

习惯是逐步形成的。写字的基本功,从一年级开始就应严格要求,严格训练。为了有效地培养学生的书写技能,教师要明确书写技能的要求,遵循规律,循序渐进。

由于学生的年龄特点,学生初学写字时,总是先实现某些要求,而违背另一些要求,得通过较长时间的练习,才能逐渐趋于完善,并达到自动化。由于纠正不正确的方法和习惯比一开始就掌握正确的方法和形成良好的习惯要花费多得多的时间,所以培养学生书写技能时,一开始必须要求写字姿势、笔顺、动作的正确,以及汉字本身写得正确,然后在此基础上要求写得端正,行款整齐,并有一定的速度。

写字练习必须坚持两条腿走路:一是写字课时练习写字;二是平时作业时练习写字。其实,小学生平时写字实践的时间还是很多的,如抄写生字、写日记、写各科作业,都涉及写。但是,很多学生急于赶作业,注意力不在练字上,往往缺乏训练意识,写字不认真。教师在引导学生的时候,要让学生确立起"提笔即练字"的意识,养成一种良好的习惯:不管在什么场合下写字,只要一提起笔来,就要一笔一画地写,认认真真地写,力求做到笔画清晰,间架合理,行款整齐。

总之,培养学生良好的写字习惯是一个长期的过程,渗透在学生日常的读写实践活动之中,但是要注意,无论是数量还是质量都不要急于求成,要踏踏实实地一步一个脚印方能达到效果。

本章小结

本章主要探讨识字和写字教学的理论与实践问题,包括四个大的问题。其一,识字教学的基本理论,包括识字教学的意义,识字教学的数量和质量要求,识字教学的基本原则,识字教学的主要形式等。其二,识字能力的结构及识字能力的培养。其三,识字教学的实践问题,包括教给学生识字的工具,培养学生掌握字的音、形、义,调动学生识字积极性,明确识字教学重点,运用多媒体辅助教学,识字的巩固等。其四,写字教学的实践问题,包括激发学生写字的兴趣,培养学生写字的能力,以及良好的写字习惯等。

思考题

1. 识字教学的意义是什么?各学段识字教学的任务有什么不同?
2. 确定小学识字数量的依据是什么?识字的质量标准有哪些?
3. 识字教学的原则有哪些?结合识字教学实例阐述识字教学基本原则的具体体现。
4. 什么是独立识字能力?如何培养学生的独立识字能力?
5. 写字能力包括哪些?如何培养学生良好的写字习惯?

第五章　小学阅读教学的理论与实践

本章学习目标
1. 了解阅读教学的基本理论。
2. 了解小学生的阅读能力结构和培养良好阅读习惯的方法。
3. 掌握设计和实施阅读教学的有效做法。
4. 理解课外阅读的重要性和指导措施。

阅读是一项重要的语文基本功。阅读教学是小学语文教学的中心环节,担负着培养学生阅读能力和良好阅读习惯的重要任务。阅读教学与识字教学、口语交际教学、作文教学有密切联系。了解阅读教学基本理论,大力提高阅读教学效率,是提高语文教学质量的关键。

第一节　小学阅读教学的基本理论

阅读在今天看来,是一个很宽泛的概念。从心理学的角度看,阅读是个体依靠头脑中的原有知识,积极主动地获取信息的过程,是从书面符号(包括文字、图画等)建构意义的过程。我国著名的语文教育学家张鸿苓先生认为:"阅读是读者借助视觉器官,运用自己已有的知识经验,去了解文字符号所表达的内容的一种心理活动。"[①]有了识字的基础,人们为了获得知识,最主要的渠道就是阅读。

阅读是人们生活中必须具备的一种重要能力。阅读的功能主要是:第一,吸收知识、信息。即使在信息传播方式迅速发展的现代和将来,阅读仍然有其不可替代的作用。阅读能力,是学习、吸收知识的必不可少的能力。第二,受到思想品德教育和和美的熏陶。好的读物是人生的教科书。阅读能够启迪人生,使人树立正确的人生观、价值观;好的读物展示自然美、社会美、人性美,使人崇尚真、善、美。第三,开发智力。读者通过阅读获取知识,为智力发展奠定基础。同时,阅读过程中伴随着思维等心智活动,是一种智力的锻炼和开发。第四,提高理解和运用语言文字的能力。

一、阅读教学的意义

小学阅读教学是重点培养小学生阅读能力的一系列的语文训练活动,是形成学生语文能力

---

① 张鸿苓:《语文教育学》,北京师范大学出版社1993年版,第176页。

的重要基础。

小学阅读教学是一个特殊的认识过程。首先,认识的主体是小学生,客体是阅读教材,主要是课文;其次,认识的任务是从课文中接受作者的知识、经验,学习作者的语言表达,从而获得新的认识,培养理解和表达能力;第三,认识的基础是阅读实践;第四,认识的条件离不开教师的指导。这些是阅读教学区别于一般认识过程的特点。

阅读教学的效果如何直接决定着整个语文教学的质量,关系到小学阶段语文教学的目标能否真正实现。

第一,阅读教学是识字的重要途径。多音字,只有在语言环境中,才能读准音;多义字,必须在阅读中联系上下文,才能准确地理解它的含义。在阅读中识字,有利于培养学生的识字能力。第二,阅读教学可以培养学生的阅读能力。阅读能力是语文能力的重要组成部分,也是适应未来生活、工作,个人发展完善的重要能力和有效途径。第三,阅读教学能够促进听话、说话和作文能力的提高。学生在阅读教学中有大量听、说练习的机会。在阅读中,他们积累语言,学习作者观察、分析事物的方法,了解作者是怎样运用语言文字进行表达的,这些对写好作文有积极的作用。第四,阅读教学可以使学生获得丰富知识,开阔眼界,活跃思维,受到科学思维方法的训练,促进智力的发展。第五,阅读教学能够使学生涵养品格,获得人文的教育,陶冶性情,丰富审美体验,陶冶爱美的情趣。

二、阅读教学是以学生的阅读为基础的认知过程

(一) 凭借教材的语言文字,理解思想内容,学习表达

通常,阅读一篇文章要经历从语言文字入手,到理解文章内容、主题的过程。学生在阅读教学中的阅读过程与普通人的阅读过程有所不同。阅读教学开始,学生初步接触语言文字,教师引导学生主动积极地思维,把书面语言和客观事物联系起来,理解课文所写的内容;再由具体到抽象,由感性到理性,概括出课文的中心思想;而后联系个人情感体验,体会课文的思想感情。这是凭借语言文字理解内容,提高认识,受到感染的阅读理解的过程,普通人的阅读到此即完成了任务。但是,阅读教学不能到此为止,还要指导学生学习作者是怎样运用语言文字表达思想内容的。这是从思想内容到语言表达的从读学写的过程。

例如,课文《一夜的工作》讲的是作者陪周恩来总理审阅一篇稿子,亲眼看到了周总理一夜的工作情况(这是课文的具体内容),说明周总理工作劳苦、生活简朴,表达了对周总理里无比敬爱的感情(这是课文的思想感情)。一位教师在指导学生读课文时,抓"极其简单"、"如此而已"等词语,以及"写字台上一尺来厚的文件……"、"花生米并不多,可以数得清颗数,好像并没有因为今夜多了一个人而增加了分量"等句子,先让学生理解这些词语和句子,再启发学生联系实际谈认识,使学生对周总理工作劳苦、生活简朴体会得真切,对总理敬佩爱戴之情油然而生。

这个例子给我们的启示是:第一,指导阅读,首先要让学生透过语言文字理解课文的主要内容。如果连课文内容都没有弄清楚,就急于让学生概括中心思想,体会主题深意,不符合从感性到理性的认识规律,即便他们能说出歌颂什么品质、表达什么感情之类的话来,也是概念化的、形式主义的,没有真切的体会和感受。第二,理解课文内容和体会思想感情,不是机械地截然分开的,而是互相联系的。比如,在理解周总理办公室陈设"极其简单"这一具体内容时,学生已经对

总理生活简朴这一点有了初步认识。后来概括中心思想,是这种认识的深化。第三,从理解课文内容到体会思想感情,始终凭借教材展开,没有脱离具体的语言环境。

至此,学生对课文中心意思已有了比较深刻的感受,但对作者是如何表达的,还缺乏具体的了解。于是,教师提出问题"文中哪些词句特别能表现周总理工作劳苦?"引导学生思考作者的语言表达,指导学生学习用语言文字表达思想内容和抒发感情。也就是从思想感情"返回"到语言文字的感悟。

(二)从初步感知到深入理解,再到指导实践

人的认识过程是由感性,到理性,再到实践运用的。这个认识过程在小学阅读教学中表现为:从初步感知到深入理解,再到指导实践和运用。这个过程较明显地体现在一组或一个单元阅读教材的学习上,也体现在一篇课文的教学之中。

先说说一组教材的教学。以人教版《义务教育课程标准实验教科书》为例,基本都是按照单元分组编排教材。每组包括导语、课例、语文园地三大部分。其中,课例部分的课文分为精读和略读两类。教材按专题编组,内涵丰富,贴近儿童生活,既富有教育价值与时代感,又突出学习语文的特点。

教学一组教材,要经历"感性认识——理性认识——实践运用"的过程。"导语"部分,粗略地介绍全组教材的内容、特点、教学要求。精读课文主要是教师指导学生阅读,使学生不仅对每篇课文的理解逐渐加深,而且对本组训练项目的认识,逐渐由有所领悟到有较深的理解。略读课文的教学可以当做是学生形成理性认识之后的初步实践。"语文园地"中的训练是对学生感性和理性认识的进一步提升。

再说说一篇课文的教学。从预习到初步阅读,是对课文的整体感知。接着,通过一部分一部分的阅读,深入理解,抓住课文的主要内容,进而概括中心思想,对课文由偏重内容的、感性的认识,上升为偏重思想的、理性的认识。最后,明确课文在表达上的特点,对课文有更加全面、深刻的认识。

(三)阅读教学必须以学生的阅读、思考为基础

阅读教学要以学生读书作为基本环节,让读书贯穿教学全程,落实到全体学生。从预习开始,就要对学生提出初读课文的要求,基本做到把课文读准、读通。在深入学习课文时,要紧密结合理解文章内容、体会作者思想感情,加强对朗读、默读的指导与训练,使学生通过边读边想,准确把握文章的主要内容及作者要表达的思想感情,并指导学生尝试带着与课文主旨相对应的情感练习朗读。把握文章中心之后,还可以指导学生继续读书,积累其中的好词好句,并开展有感情的朗读、表演、复述等语文实践活动。

读书是阅读教学的"本",思维是阅读教学的"魂",二者缺一不可,否则就不成其为阅读教学。因此,阅读教学自始至终都离不开学生的读书和思维。语文课堂上,除了有琅琅的读书声,也有大量时间需要学生静心默读、思考、分析、提炼,最后形成自己的观点和体会,并加以表达和交流。一味地强调多读,如"小和尚念经,有口无心",反而起不到很好的效果。

三、阅读教学与识字教学、口语交际教学和写作教学相结合

听、说、读、写相辅相成是小学语文教学的一项基本原则。阅读教学、写作教学、口语交际教学虽各有侧重，但都要兼顾其他，进行综合训练。其中，阅读教学是以培养阅读能力为重点的综合训练，需要与语文教学的其他领域有机结合。

（一）阅读教学和听话、说话教学相结合

在阅读教学中，学生听讲、质疑、回答、讨论，乃至朗读、复述等，都是在进行听和说的训练。问题的关键是，这些训练是有意识的，还是无意识的。在教学实践中，我们常常看到这样一些情景：教师提出问题，甚至是一连串的问题，要求学生马上回答；学生积极举手回答问题，却往往不知道问的是什么；听读不能发现错误，听讲抓不住要点……这足以说明教师在教学中没能有意识地进行听的训练。

教学中还常常看到这样一些现象：学生回答问题常说"半截话"，甚至只用一两个词来回答，不能用完整的语句清晰流利地表达；教师让学生回答问题，只注重回答的内容，甚至只关注学生的回答中有无教师板书需要的关键字词，而忽视了对学生语言表达完整性、规范性、生动性、流畅性的要求。

阅读与听话、说话的关系非常密切，要求教师在阅读教学中增强自觉进行听、说训练的意识，在教学的全过程都能积极主动地对学生进行听话和说话的训练。在教学中，不仅关心学生对课文理解得怎么样，对提出的问题回答得正确与否，还要关心学生听话、说话的质量以及培养良好的听话、说话习惯。

例如，一年级课文《小伙伴》，以小学生比较喜欢的春游活动为题材，写春游时玛莎丢失背包后，几个小伙伴对待这件事的不同态度，让学生通过阅读、比较、感悟，懂得要用实际行动给予别人最需要的帮助的道理。在教学中，教师可以让学生边阅读理解，边训练听话和说话能力。

导入环节。

师：你知道什么是伙伴吗？

生：就是好朋友。

师：你能用完整的话来说吗？伙伴就是……

生：伙伴就是好朋友。

师：非常好。那你有伙伴吗？你的伙伴是谁？

生：张扬。

师：请把话说完整。我的伙伴是……

生：我的伙伴是张扬。

师：对，这样就说得既完整又清楚啦。

师：下面，我们把第一段读一读，请大家流利地读，最好能读出人物的语气。

生读课文。

在阅读教学中，教师要对学生的听、说提出具体的要求。听的方面，要注意学生是否精力集中地听老师和同学说话，是否听清楚了、听懂了，及时地反馈和纠正。说的方面，要训练学生说普通话，用词恰当，语句完整通顺，没有语病，音量和语速中等，等等。

（二）阅读教学和写作教学相结合

阅读是为了吸收、积累，写作则是为了表达和交流。从阅读教学和写作教学的过程来看，两者是正好相反的，写作是从内容到形式，而阅读则是从形式到内容。教师指导学生阅读一篇课文，是一个与写文章相反的过程。首先，引导学生通过语言文字理解文章写了什么，再由具体到抽象，从现象到本质，领悟文章的中心思想，了解作者的写作目的，然后，了解作者是怎样围绕写作目的，运用语言文字表达内容的。如果阅读教学能较好地体现上述过程，就不仅指导学生读懂了课文，在写什么和为什么写上有收获，而且使学生了解了作者是怎么写的，为学生写作作铺垫、打基础，从而做到阅读教学和写作教学相结合。

在写作教学的入手阶段，为了降低写作难度，教师在阅读教学中可以渗透作文指导。根据课文特点，选择读写结合点，给学生提供有效借鉴的对象和创造的依据，及时让学生模仿和创造性运用、联系，因需而写，形式灵活。首先，指导运用新学词语、句式练习说话，写话。

例如，《趵突泉》这篇文章的最后一段，讲的小泉的不同形态。文章用"有的……好像……"这一句式，写出泉水的不同形态，并且写出了作者的联想。句式整齐，描写形象，接近学生生活，学生们非常喜欢读。有教师在教学中让学生们利用这个句式，展开想象。

师：趵突泉的小泉还有哪些形态？由这一形态，你又联想到什么？
生：泉水水泡一个接一个，好像捉迷藏的孩子。
生：水泡连在一起，好像一条笔直的线。
师：你们去过公园了吗？
生：去过了。
师：公园里花开了，他们姿态各异，你能用"有的……好像……"说一句话吗？
师：你们能说说那些花有什么形态吗？
生：花全开了，很大。
生：花还含苞待放。
师：你们观察得真仔细。大家想想，由全开了的花你联想到什么？
生：好像小朋友灿烂的笑脸。
师：多好的联想呀！还没完全开的花又好像什么呢？
生：好像少女在微笑。
生：含苞待放的花好像积攒力量的种子，好像吐丝的蚕。

最后老师让学生们用句式连起说。由于降低了难度，克服了畏难心理，说起来容易多了。在此基础上，老师又让学生创造性地运用例子，写写天上的云，石碑上刻的龙等。鼓励他们把这些句子写下来，并把这些句式运用到写作中。

这种读与写的训练，学生体会到了这种写法更具体更形象，从而喜欢运用到写作中去。

其次，挖掘教材中可写因素，展开想象，创造性训练写作。学了《倔强的小红军》后，教师让学生们把小红军和自己作对比，谈感想。在他们充分发言的基础上，教师让他们把刚才说的内容写下来。有的同学写道：我生活在这么优越的环境中，却从不知道珍惜，我真为自己的做法感到脸红。有的同学写道：小红军，你的血不会白流的，我们会更加珍惜今天的幸福生活，努力学习，争取为祖国建设做贡献。在学习了《落花生》、《丑菊》这两篇文章后，教师又鼓励学生们想生活中哪些事物特点也能说明一种道理,并且写一写。学生们有写蜡烛的,有写铅笔的,有写仙人球花的……都能从这种借物喻人的文章中学到一些好的写作方法。

阅读与写作相结合的方法还有很多。阅读教学中的读、写结合,首先是进行读的训练,完成阅读教学的任务,其次是引导学生从读学写。阅读教学和作文教学相结合,要防止几种偏向。第一,只管阅,忽视作文,读、写分家。第二,学生尚未读懂课文就引导其从读学写,让阅读为作文服务。第三,学习、借鉴只着眼在作文方法、技巧上。形式、方法是重要的,而对作文内容和写作目的的学习、借鉴也是重要的。

第二节 阅读能力与阅读习惯

阅读能力是读者运用自己的知识、经验和技能顺利地进行阅读的一种能力,是完成复杂阅读任务的心理特征的总和,是由多种因素构成的复杂系统。

一、小学生阅读能力结构

根据不同领域对于阅读能力结构的研究和课程标准对于小学生阅读能力发展的要求,阅读能力的结构主要包括:认读书面语言的能力;理解书面语言的能力;初步欣赏和评价书面语言的能力;记忆书面语言的能力;一定的阅读速度。

(一)认读书面语言的能力

认读书面语言的能力,指的是对阅读材料中的字、词、句的认知能力。它是阅读能力的基础,是阅读的起码要求,不具备认读书面语言的能力,就谈不上阅读能力。因为人们在阅读过程中首先必须识字,要能对字形认得清,对字音读得准。同时,还要能准确地认读由文字组成的词语和句子。

认读能力,即通过对文字符号的认读和词义的感知,来了解字词所包含的意义和表达内容的一种能力。就学习语文和学习写作的程序来说,也是从认字、识词、联句发端,然后进入写话、写作、创作阶段的。就一篇文章和一部作品而言,字是组成词的因素;词是组成句子的基本单位;句是组成段落的基本部分。因字组词,以词成句,合句成段,缀段成篇,形成有组织的书面语言——文章或作品。鉴于此,阅读中培养认读能力,这不仅是一个人语言文字修养的表现,而且也是阅读的基本功和写作的基本功所在。

培养认读能力必须进行认识性阅读的基本训练。这种阅读从字词入手,扫清阅读中有关字词的障碍;通过对文字符号的感知和词义的理解,能读懂读通一篇文章,从而积累语言的感性材料,掌握一定的语言知识。认识性阅读,着重字词能力的训练,是阅读的积累和感性阶段,是整个阅读的基础。认读能力可以说是第一学段训练的重点,它和识字、识词的能力是分不开的。

(二)理解书面语言的能力

理解书面语言的能力,是在认读的基础上,对阅读信息进行加工的能力。它是阅读能力的核心。衡量阅读能力的强弱,最主要的是看理解能力如何。可以说,理解能力低就谈不上阅读能力。

理解能力与思维能力密切相关。因为理解的过程就是一个思维的过程,离开了思维,理解就无法进行,例如我们在阅读一篇文章时,要理解文章的全部内容和精神实质,就必须把整体分解为局部,把集中的内容分散理解,这就是分析;然后又由部分到整体,由分散到集中,这就是综合;还要由个别到一般,从现象到本质,这就是概括;由此及彼,温故知新,这就是联想。分析、综合、概括、联想等,都是思维能力在阅读中的表现。所以,阅读中理解能力的培养,实际上就是阅读中对思维能力的训练。就以综合、分析而言,从分析到综合,既是阅读中对文章内容的理解消化过程,也是阅读中思维活动的整体性表现。通过分析与综合,我们才有可能达到对文章全部内容和精神实质的把握与理解。

具体来看,阅读理解能力包括以下几个方面:

第一,理解词语的能力。文章的思想内容是通过词语来表现的。词语是表达意思、情感的最基本的语言单位。因此,理解文章的思想内容,首先要具备理解词语的能力。要能正确地理解词语的本义,随着年级的升高,还能理解某些词语在具体语言环境里的喻义、引申义、深层含义及感情色彩。要能抓住那些与文章中心有密切关系的重点词语,借字、词典,结合上下文或联系生活经验,准确地理解它的意思和作用。例如,四年级课文《一只贝》中有这样一句话:"这是一只可怜的贝,也是一只可敬的贝。"通过引导分析,学生知道"可怜"的是这只普通的贝受尽了钻入壳内的沙子的折磨,壳上失去了光泽,像一团瓦砾似的,以至于被孩子们遗弃,甚至用脚踢飞;"可敬"的是这只贝用血和肉磨制成了一颗稀罕的大珍珠。这自然而然地使学生对这只平凡的贝产生了敬佩,也轻松地体会到——"伟大从平凡中来,在历经磨难后取得成功"的道理。

第二,理解句子的能力。能够通过理解词语把句子的意思读懂。对文章中能够突出中心思想的句子,结构比较复杂的句子,对表达思想情感有特殊作用的句子以及含义深刻的句子,能够抓得住,理解得对。例如六年级课文《我的伯父鲁迅先生》中,"你想,四周围黑洞洞的,还不容易碰壁吗?"一句,教师必须引导学生结合前后文和时代背景,知道这里的"黑"并非是夜黑,而是当时社会的黑暗,国民党反动派肆意屠杀进步人士,这样,"碰壁"便成了遭受迫害之意。加上鲁迅在这里用了反问,他对国民党反动派深恶痛绝的心情也就跃然纸上,他顽强的斗志和风趣幽默的语言也深深地打动了学生幼小的心灵。

第三,理解语言结构的能力。在理解词语、句子的基础上,要能了解句与句、句与段、段与段、段与篇之间的关系。只有如此,才能真切地了解文章讲了哪些具体内容,表达了怎样的思想感情,是按怎样的顺序叙述的,进而抓住重点,领悟作者的写作目的,学习作者的表达方法。

第四,理解文章表达方法的能力。对小学生来说,指能够理解一些初步的、简单的文章的表达方法,例如,怎样把内容写具体,怎样按一定的顺序写,怎样抓住事物的特点写,怎样表达自己的真情实感等。

(三)初步欣赏和评价书面语言的能力

欣赏书面语言的能力,简单地说,就是能从欣赏的角度进行阅读,并且具有初步的品评优美语句和写得准确、鲜明、生动的词、句、段的能力。涉及就一篇课文或阅读材料或内容、或语言、或写法作出评价;能欣赏文中的优美、精辟的语句;能欣赏文学作品中的形象和描写;能根据不同的文学体裁及特点阅读欣赏文学作品。

欣赏和评价能力是阅读的各种能力中较高的一种能力。欣赏和评价书面语言的能力以理解能力为基础,是理解能力的进一步发展。试想,假如对文章思想、情感、语言表达等都搞不清楚,或者理解得不准、不深,怎么能谈得上欣赏和评价呢?欣赏和评价往往带有个人主观认识和情感色彩,这就需要联系自己的生活经验、思想认识、情感体验。读了一篇文章,是喜爱是憎恶,是同情是还鄙夷,是赞成还是反对,应当有个人的感受,而且还应通过欣赏文章的语言、结构、写法等强化这种感受。

对小学生来说,欣赏书面语言的能力不宜要求过高。一般从中、高年级开始培养。中年级的小学生已经具有了一定的欣赏和评价意识,但还没有形成语文欣赏和评价能力。欣赏和评价能力的培养应着重从欣赏评价词语和句子入手,教会学生联系情境体会用词、词语比较和句子比较等方法,学练结合,不断提高。例如,在课文《鸟的天堂》中,巴金写道:

"那么多的绿叶,一簇堆在另一簇上面,不留一点缝隙,那翠绿的颜色,明亮地照耀着我们的眼睛,似乎每一片树叶都有一个新的生命在颤动,这美丽的南国的树。"

这段话非常生动,"堆"字用得特别传神,它描绘了一片挨一片的树叶,把层层叠叠的情景用一个字描绘出来了。"明亮"一词形象地描绘出树叶的色彩,明亮且富有光泽感,而"颤动"一词使静态的树叶富于动感。散文能培养学生的审美能力。生动的语言总是依靠优美的句式来表现的,有的讲究句式对称,有的讲究句式参差,有的讲究段落美。

再如,《桂林山水》一文不仅用词十分生动传神,而且句式精彩纷呈,恰到好处地运用了工整的排比句式、琅琅上口的语言,把水的"静、清、绿"和山的"奇、秀、险"特征描绘得如诗如画。教学中,教师要引导学生反复诵读、揣摩,使学生充分回味其优美韵味,在欣赏中得到美的洗礼,激发他们热爱祖国大好山河的情感。

在课堂教学过程中,要引导学生学习品评词语表达效果的方法,即要先用查词典等方法推想词语的原意,注意拟人、比喻等表达方法的运用,再用换词法或者联系文章的内容指出其表达效果;要引导学生学习联系情境体会用词的方法,即先读句子,抓住重点词语,再联系情境体会用词的好处;要引导学生学习品评句子表达效果的方法,即要在认真阅读的基础上,找出自己认为表达得准确的语句,抓住重点词,谈谈自己对这些句子的理解和体会等。教师可以在阅读教学中,让学生交流、讨论、朗读、品评和欣赏,还可以鼓励他们把好词佳句记录下来,逐步积累,并学习在口头和书面表达中运用。

(四)记忆书面语言的能力

记忆书面语言的能力,主要指识记、储存、提取书面语言的能力,是阅读能力的一个重要标志。阅读的目的,主要是在理解的基础上吸收、积累,而记忆是吸收、积累的前提。从阅读过程看,理解也好,吸收也好,都需要记忆的参与。我国传统的语文教育经验之一,就是熟记若干篇文章,终生受益。对记忆的要求有三点:一是识记准确,二是储存得牢,三是提取得快。要达到这些要求,必须有目的、有步骤地进行训练。

记忆的第一个环节是识记。我们知道,阅读首先接触到的是有具体意义的文字符号,通过思维,感知文字所反映的事物,进行识记。识记中,分为无意识记和有意识记。有意识记是一种有目的、讲效率的识记,需要方法和意志力。教师应做的工作,是指导学生尽可能地进行有意识记。

记忆的第二个环节是保持,或者说储存。保持就是把阅读中识记的语言文字长期地储存在大脑里。保持与读者阅读时的情绪、理解程度和阅读速度都有关系,而复读的次数与保持的关系尤为密切。教学时应做的工作,是要求学生通过重复阅读巩固记忆成果,对重要的课文或片断熟读成诵。

熟读成诵应当有一定的数量。古人似乎形成了这样的看法:为了培养学生最基本的读写能力,至少要让他们熟读背诵二百来篇文章。在学塾中广为流传的《古文观止》,就选了历来有定评的名文200多篇。有了这样一个基础,才能广泛涉猎,进一步深造。今天,在我们的语文课程标准中,对于学生阅读背诵、积累也提出了质和量的要求,附录部分选录了要求学生背诵的古今优秀诗文目录,包括中国古代、现当代和外国优秀诗文。

记忆的第三个环节是回忆,也就是提取信息。当有某种需要的时候,阅读中所识记、保持的有关内容能够迅速重现,使旧的与新的知识相联系,从而促进认识的深化。

培养记忆力,除了强调理解和反复之外,还可以采用多种方法。例如交谈记忆法,和学生一起讨论交谈最近记忆的知识,是最有效的记忆方法。谈话时,交谈知识的内容会使学生尚未扎根的记忆和没有自信的记忆,经过交谈变成确实的记忆,会更加牢固地印在脑海。还有列表记忆法,列表是把材料分别集中起来,放在表中适当的位置上。往往是一张表整理出来了,条理也清楚了,脑子也记住了。列表的类型多种多样,有一览表、系统表、比较表、统计表、关系表、网络图、示意图等。还有口诀记忆法、奇特联想记忆法,等等。教师要善于结合阅读的材料内容,以及学生记忆的特点采用适当的记忆方法,帮助学生实现阅读记忆能力的提高。

(五)一定的阅读速度

所谓阅读速度,就是在单位时间内阅读的字数。速度是阅读能力所不可缺少的。尤其是现代科学技术飞速发展,文字信息浩如烟海且增长的速度越来越快,阅读的内容急剧增加,必须有较快的阅读速度与之相适应。

当然,对于小学生不能提出过早、过高的要求。对他们来说,阅读教学的重点还是培养理解书面语言的能力,必须强调在理解的基础上提高阅读速度。否则,速度虽快,但读后不知所云,就失去阅读的意义。根据已有的调查统计及课程标准的要求,小学毕业生阅读程度适合的读物,速度要达到每分钟300个字左右。

以上讲了阅读能力结构的五个方面,显示出阅读能力的不同层次。阅读活动相当复杂,除了智力因素,还包含非智力因素。比如,阅读的兴趣、动机、情感、意志、习惯等,都对阅读能力有很大的影响。此外,阅读技能的重要因素,比如,运用工具书的技能,圈、勾、点、画的技能,朗读、默读的技能,摘记、写读书笔记的技能等,都直接关系到阅读能力的发展。

二、小学生的良好阅读习惯

习惯是指人在一定情境下自动化地去进行某种动作的需要或特殊倾向。所谓阅读习惯,指的是不需要别人强制,就能自然而然地去进行阅读的种种行为。小学是语文学习的奠基阶段,培养学生的良好读书习惯将使他们受益终身。

良好的阅读习惯,概括起来说,可以分为阅读态度和阅读方法两个方面。具体到小学生,应当培养的良好阅读习惯主要有以下几点。

（一）认真读书

这是最重要的一种好的阅读习惯。认真读书的习惯,首先表现在阅读的时候能够聚精会神,把注意力全部放在阅读的对象上,抱定不读懂不罢休的决心,字求其训,句索其旨。简言之,用心读书。这就要求教师培养学生抵制干扰的能力,形成专心读书的习惯。若能如此,心不在焉、囫囵吞枣等不良习惯就会被克服。认真读书的习惯愈巩固,阅读的效果会愈好。

（二）一边读一边想

"熟读精思""学而不思则罔""学起于思",是我国传统的经验。读书离不开动脑思考。没有思维的阅读,是低效的、甚至无效的阅读。因为从本质上说,阅读主要是靠思维接收文章的信息,思维是影响阅读效果的极为重要的条件。

阅读教学中,有经验的教师都会根据课文的特点和学生的实际,指导学生思维的路径和方法。然而,在阅读课堂上,常见到这种情况:有的学生虽然读了课文,却只是把无声语言变为有声语言,并不理解;有的学生坐在那里被动地等待教师提问,不会主动地想,更不会主动地读。课上很少见到学生在读书时停下来琢磨一下或读后掩卷而思。学生在几年之中读了几百篇课文,却没养成边读边想的阅读习惯,这种情况应该受到教师的重视,并加以引导。

（三）不动笔墨不读书

徐特立先生说:"不动笔墨不读书"这句话充分说明了读书动笔的重要性。读书动笔的要求包括"圈、点、勾、画、写"等。阅读时边思考边动笔,在书中勾画、圈点,有助于帮助抓住重点,深入理解;通过在文中批注或摘录文中的好词佳句,可以帮助学生积累知识,丰富学生的思想;对语文功底比较好的学生,还应当要求及时记下心得体会,写简短的读书笔记。这一习惯的培养一开始比较困难,学生会觉得麻烦,因此开始一定要严格要求,学生一旦尝试到了这种方法的好处,就会形成一种自觉,长此以往,读书动笔的习惯就会养成。当然,"动笔"的方法习惯因人而异,教师应该就如何记笔记用笔记对小学生进行定期个别指导。

（四）主动克服阅读困难

学生在阅读中往往会遇到种种困难。有的是属于语言文字方面,有的是属于自然知识、社会知识方面的。这就需要学生不怕困难,并想尽办法克服困难。如,翻查工具书或有关资料、调动自己知识储备,运用已经掌握的读书方法,解决阅读中的问题和困难。在这种自觉的阅读活动中,学生的意志得到磨砺,阅读的信心和意志得到增强,阅读的能力得到提高。

（五）使用工具书阅读

培养学生读书时使用工具书的习惯,实际上是培养学生自己解决问题,不依赖别人的习惯,对学生的人品,将来生存能力都是十分重要的。有的学生读书时遇到不认识的字、不理解的词语或者句子,要么会问老师或其他人,要么置之不理,长期这样,学生阅读的质量和收获就会大打折扣,以至于同一个字、同一个词,学生见过几次也不知其音不明其意。

因此,教师要从小学一年级开始着手培养小学生带工具书阅读的习惯。小学生在学完汉语拼音后,能够而且有时需要利用工具书进行阅读,教师适当地加以指导,多创造机会让学生感受带工具书阅读的好处。这种习惯一旦养成并利用手中的工具书解决阅读中的困难,会增强学生的成就感,感觉会利用工具书是一件惬意的事。

(六) 预习

预习是训练学生"自能读书"的一条重要途径。开始阶段,教师要提出明确要求,教给预习的方法。在学生预习的过程中或检查预习时,还要对预习的方法进行点拨和有针对性的指导,逐渐帮助掌握方法,养成习惯。如果学生在学习一篇课文之前,不待老师布置,便能按预习的要求、自觉主动地预习,就初步有了预习的习惯。

(七) 自觉读书

培养自觉读书的习惯就是要求学生把阅读习惯化、生活化,养成每天阅读的习惯。这种习惯的培养必须做到以下几点:一是要有明确的要求,一开始要作为学生每天必完成的作业一样对待,如要求学生做到每天挤出一点时间读书,每次读一点,每天读一些,习惯也就成自然了;二是要考虑阅读材料尽可能是学生喜欢的;三是要求家长配合,共同完成。从一年级就开始做起,先在家长的帮助下进行阅读,有不认识的字也没关系,可以家长念,学生听,逐渐形成在家庭自觉读书的生活习惯。自觉读书的习惯贵在坚持,在这当中,教师和家长要充分考虑到孩子的兴趣、个性,要给孩子自由选择阅读材料的空间,循序渐进,慢慢进入正轨。

(八) 温故而知新

"温故而知新"是前人积累的读书经验。它既能克服遗忘,又是学习新知识的需要。学生在阅读新内容遇到新问题时候,如果善于联系旧知识和已经掌握的学习方法,问题往往会迎刃而解。这就需要养成复习的习惯。有的学校提倡"读回头书"。这样做对于加深理解和增加积累十分有益。学生有了丰富的语言储备,有利于包括语文素质在内的全面素质的提高。

第三节　阅读教学的实践

要提高阅读教学效率,明确教学目标是前提,培养学生独立阅读能力是核心,优化阅读教学结构是关键,培养良好阅读习惯、加强课外阅读指导是保证。

一、明确阅读教学的目标

教学目标是教学活动所要达到的目的,对教学活动起着重要的导向性作用。教学目标明确,才能积极地引导学生展开教学活动,一步一步完成各项教学任务,取得预期的效果。

(一) 明确阅读教学目标的重要性

明确教学目标,对于小学阅读教学来说,显得尤其重要。这是因为,阅读教学涉及的内容非常丰富,可以进行的语文基本功训练繁多。师生面对的一篇篇课文,其中既包括自然、社会的种种知识,又包含着文字、语法、修辞、逻辑、文学、文化等方面的知识。既包含着字、词、句、段、篇的训练,听、说、读、写的训练,又包含着观察、分析、记忆、联想、比较等思维的训练以及学习方法的指导和学习习惯的培养。进行任何一篇课文的教学,首先要明确回答的一个问题就是,在如此纷繁的教学内容中,怎样科学地选择出小学生应该学习的内容;在如此复杂的语文训练中,怎样确定训练的重点;在如此丰富的思维活动中,到底重点训练哪一方面或哪几方面的思维能力。

例如,五年级课文《临死前的严监生》,根据课文的特点,教学目标可以定位在很多方面,如学习课文的生字新词;抓住重点词句体会作者通过动作、神态、语言描写来塑造人物形象的表达方式;有感情地朗读课文,体会思想感情;感受严监生吝啬鬼的鲜活形象,等等。其中,前两项是语文基本功训练目标,后两项是人文素养训练目标,体现了阅读教学既要使学生"得言",又要使学生"得法",还要使学生"得能"的价值取向。具体教学时需要根据学生的实际情况确立重点目标,并依照目标要求设计教学过程。

(二)阅读教学目标的拟定

确定阅读教学目标的依据是什么?最主要的依据是语文课程标准,再就是语文教材,还有学生的实际水平和需要。这是确定教学目标必须考虑的三个重要因素。在实际教学工作中,准确、科学、合理地提出教学目标,是一项需要深思熟虑的工作。

专栏 5-1

《义务教育语文课程标准(2011年版)》各学段"阅读教学目标和内容"

第一学段(1—2年级)

1. 喜欢阅读,感受阅读的乐趣。养成爱护图书的习惯。
2. 学习用普通话正确、流利、有感情地朗读课文。学习默读。
3. 结合上下文和生活实际了解课文中词句的意思,在阅读中积累词语。借助读物中的图画阅读。
4. 阅读浅近的童话、寓言、故事,向往美好的情境,关心自然和生命,对感兴趣的人物和事件有自己的感受和想法,并乐于与人交流。
5. 诵读儿歌、儿童诗和浅近的古诗,展开想象,获得初步的情感体验,感受语言的优美。
6. 认识课文中出现的常用标点符号。在阅读中体会句号、问号、感叹号所表达的不同语气。
7. 积累自己喜欢的成语和格言警句。背诵优秀诗文50篇(段)。课外阅读总量不少于5万字。

第二学段(3—4年级)

1. 用普通话正确、流利、有感情地朗读课文。
2. 初步学会默读,做到不出声,不诵读。学习略读,粗知文章大意。
3. 能联系上下文,理解词句的意思,体会课文中关键词句表达情意的作用。能借助字典、词典和生活积累,理解生词的意义。
4. 能初步把握文章的主要内容,体会文章表达的思想感情。能对课文中不理解的地方提出疑问。

5. 能复述叙事性作品的大意,初步感受作品中生动的形象和优美的语言,关心作品中人物的命运和喜怒哀乐,与他人交流自己的阅读感受。

6. 诵读优秀诗文,注意在诵读过程中体验情感,展开想象,领悟诗文大意。

7. 在理解语句的过程中,体会句号与逗号的不同用法,了解冒号、引号的一般用法。

8. 积累课文中的优美词语、精彩句段,以及在课外阅读和生活中获得的语言材料。背诵优秀诗文50篇(段)。

9. 养成读书看报的习惯,收藏图书资料,乐于与同学交流。课外阅读总量不少于40万字。

第三学段(5—6年级)

1. 能用普通话正确、流利、有感情地朗读课文。

2. 默读有一定的速度,默读一般读物每分钟不少于300字。学习浏览,扩大知识面,根据需要搜集信息。

3. 能联系上下文和自己的积累,推想课文中有关词句的意思,辨别词语的感情色彩,体会其表达效果。

4. 在阅读中了解文章的表达顺序,体会作者的思想感情,初步领悟文章的基本表达方法。在交流和讨论中,敢于提出看法,作出自己的判断。

5. 阅读叙事性作品,了解事件梗概,能简单描述自己印象最深的场景、人物、细节,说出自己的喜爱、憎恶、崇敬、向往、同情等感受。阅读诗歌,大体把握诗意,想象诗歌描述的情境,体会作品的情感。受到优秀作品的感染和激励,向往和追求美好的理想。阅读说明性文章,能抓住要点,了解文章的基本说明方法。阅读简单的非连续性文本,能从图文等组合材料中找出有价值的信息。

6. 在理解课文的过程中,体会顿号与逗号、分号与句号的不同用法。

7. 诵读优秀诗文,注意通过语调、韵律、节奏等体味作品的内容和情感。背诵优秀诗文60篇(段)。

8. 扩展阅读面。课外阅读总量不少于100万字。

1. 根据各学段特点确立阅读教学目标

低年级学生处于学习语文的起始阶段,首先要建立起对书本的喜爱、对阅读的兴趣,养成良好的阅读习惯;其次,学会朗读,进而默读;再次,在上下文的语境和实际的语言交际中理解词句、积累词语。这个年龄阶段儿童认知的特点在于正从图画阅读向文字阅读的过渡,因此应当指导学生借助插图等形象化的手段来辅助理解课文内容。在阅读韵文类的作品,包括浅近的古诗方面,学生要学习从诗句中感悟语言的声音美、画面美和意境美。学会在阅读中体会不同标点符号的含义,注重积累和课外阅读,等等。

中年级学生在低年级识字、积累的基础上,随着认知和心理的发展,语文学习开始进入过渡阶段。这个阶段,需要继续重视培养学生对阅读的兴趣。在阅读能力上,进一步对朗读提出要求,同时初步学会默读,并开始学习略读。学生慢慢要意识到不同阅读材料在阅读方式上的差异。中年级学生要能够借助字典、词典和在生活中积累理解生词,逐步形成独立理解生字词的能力。中年级学生已经开始从具体形象思维向抽象思维过渡,因此要注重培养学生的阅读领悟能力和表达交流的能力,关注学生从阅读输入到阅读输出的全过程。在这个动态的过程中,全面培养学生的阅读能力。

五、六年级的学生,随着识字量的不断增加,认知水平的不断提高和知识面、阅历的丰富,语文综合能力也在不断提升。这一阶段的阅读教学就应重视课文中的人文因素对于学生健全人格和丰富思想的作用。这个阶段对学生的默读能力提出了更高的要求,要由中年级的初学默读上升到对默读速度的明确要求,每分钟不少于300个字。除了学会略读,高年级还要学会浏览,根据需要、快速地搜集信息。除了具有独立的字词能力外,还要能辨别词语的感情色彩。这个阶段阅读材料的种类更加丰富,除了叙事性的作品外,还包括诗歌、说明性文章,甚至是简单的议论文和非连续性文本,具备图文综合阅读的能力。高年级进一步加强阅读积累,强调阅读交流和分享,要使学生能做出自己的判断。

在阅读教学实践中,时常会出现对教学的阶段性把握不准的情况,而且大多是超前教学,拔高要求;比如,有的低年级的阅读教学执行的是中年级的教学要求,有的中年级的阅读教学执行的是高年级的教学要求。又比如有的中年级,过早地要求学生体会文章的思想感情,却忽视了中年教学重点——字、词、句、段的训练。有时还出现要求偏低的情况。比如到了高年级,还停留在理解文章的内容上,没有按要求指导学生从理解内容到体会思想、领悟中心。例如教学《少年闰土》这一课,重点应放在理解内容的基础上,体会思想感情、领悟中心思想。有的老师把大量的时间和精力用在理解闰土给"我"讲的几件事上:第一件是什么,第二件是什么……怎样捕鸟,怎样看瓜刺,怎样看跳鱼儿,反反复复地理解。其中反映了作者怎样的思想感情,却很少下工夫指导学生好好体会。这样的教学目标和训练重点的设定就是不适合的。

语文教师要心中装着大目标,课堂要落实小目标,在教学的实施过程中要以目标为导向,分析学生语文能力的准确起点,突出阶段目标重点的有效落实。当学生某一些方面能力出现缺失或不足时,教师要及时采取补漏措施;对课标中提出的要求,课堂上是通过什么样的手段促成目标的有效达成的,教师要做到心中有数(见表5-1)。

表5-1 阅读理解和默读能力培养的阶段目标

学段	阅读理解教学重点	默读教学重点
第一学段	了解意思,积累词语	按要求学习和练习默读
第二学段	理解意思,体会感情	默读思考并学会质疑
第三学段	准确理解意思,辨别感情色彩,推想词句内涵体会表达效果	快速默读并能把握文章要义

以默读和理解的目标落实为例,中年级段默读教学的重点是让学生默读思考并学会质疑,教师就要把这一要求贯穿于中年级段阅读教学的始终,想方设法培养学生的问题意识和质疑能力,让每位学生的都在读书、思考、发问的实践演练中养成边读边思考的习惯和质疑问难的良好学习品质。对于连贯性的教学目标,在很多情况下不能在课时目标制定中呈现出来,有时可在阅读理解的具体要求中体现,有时可在教学语言的承转过渡中渗透,还可在教学回顾总结环节中明确,让每个教学细节都折射出老师"教在今天,想到明天"的发展观。

2. 根据阅读材料的特点确定教学重点

语文教学目标的多元性需要教师对不同课文类型(如精读和略读)和不同体裁的课文目标进行合理的取舍。教材精选的文质兼美的文章往往有很多训练点,如果不能把握课文特点确定教学目标,就有可能出现要么目标定得太多,不能实现预期;要么目标确定偏差,完不成教学任务。

通常情况下,诗歌、散文、故事往往侧重于情感目标,在读中感悟文字中的价值取向,接受审美熏陶;而说明性、科技介绍文章更在乎其理性的把握,侧重于过程与方法目标,引导学生学会思维,形成科学精神。作为显性目标的语文基础知识就应当作为每一课时的硬任务给予有效落实;而语文学习习惯的养成和热爱祖国语言文字的思想感情等隐性目标则需要长期地抓落实。

不同文体、不同类型课文在教学重点上有所差异。对于情感性较强的文章,可采用多种读的方式激发学生对朗读的兴趣;而对于说明文,则引导学生在查阅资料和展示交流的过程中获得学习成功的愉悦感。

精读课文应以"读"为本,在对学生进行"正确价值观"和"积极人生态度"的熏陶的同时,丰富其语言积累,发展其思维能力。对于略读课文,在教学中要充分发挥学生学习的主观能动性,以学法巩固为主,特别是引导学生按照一定的学习提示自主学习课文,教师要给予学生充分的信任和适当的点拨。

一些语文教材按照阅读教学的训练项目安排了一组一组的教学单元。阅读教学要充分利用教材组的编排特点,系统地组织阅读教学。一般一个训练组(单元)编排有讲读课文(或称精读课文)、阅读课文(或称略读课文)、读写例话(或称知识短文)、基础训练(或称综合练习)等几个部分,在一定程度上体现了从感性到理性再到运用的学习过程。

教师按这种思路进行教学,比较容易使学生一步步掌握基本的阅读方法,学会怎样读书。例如人教版六年级上册第七组,训练学生用较快的速度阅读课文,注意体会课文表达的感情,揣摩作者是如何把人与动物、动物与动物之间的感情写真实、写具体的。围绕着这两个训练目的,包括两篇讲读课文《老人与海鸥》、《最后一头战象》,两篇选读课文《跑进家来的松鼠》和《金色的脚印》。口语交际·习作七中也都是涉及人与动物和谐共处的主题。"交流平台"栏目更是将学生过去学过的一些描写动物的课文,如丰子恺的《白鹅》、老舍的《猫》、布封的《松鼠》和本组的课文在内容和写法上进行对比,找到它们之间的相同和不同之处。

3. 目标表述要具体

下面是教师对《秋天的雨》一课制定的细化课时目标,以及与教师用书中的教学目标的比照(见表5-2)。

与教参提供的教学目标相比,细化分解后的目标更具有可操作性和可测性。如生字词语教学作为知识目标有定量要求,12个会写,8个会认,能正确读写生字组成的词语。用"学习、积累、背诵、了解"等行为动词描述知识与技能目标,用"在诵读感悟过程中、借助生活积累、联系生活实际体会、边读边想、引导发现"等行为情境表述过程与方法目标,用"热爱、喜爱"等目标性词语落实情感态度与价值观目标。三维目标不是机械分开,而是交融统一于教学目标之中。因此,教师在深度研读文本的基础上准确定位教学目标,既可强化教师的目标意识,又可防止教学行为与教学目标相脱节的现象,切实增强教学的有效性。

表 5-2　《秋天的雨》按"教参"设定目标细化分解的课时目标①

教参目标	细化分解目标
1. 会认 8 个生字,会写 12 个生字。正确读写"清凉、留意、扇子、炎热、柿子、仙子、菠萝、气味、香甜、粮食、加紧、油亮亮、杨树、丰收"等词语 2. 准确、流利、有感情地朗读课文,读出对秋天的喜爱和赞美之情,背诵自己喜爱的部分 3. 读懂课文内容,感受秋天的美好 4. 积累好词佳句	第一课时: 1. 引导学生通过自主识字掌握本课生字,会认 8 个生字,会写 12 个生字,能正确读写"凉爽、留意、扇子、炎热、柿子、仙子、菠萝、气味、香甜、粮食、加紧、油亮亮、杨树、丰收"等生字组成的词语 2. 在朗读的过程中,了解课文是从哪几个方面写秋天的雨的 3. 准确流利地朗读课文 第二课时: 1. 引导学生边读边思考,学习初步把握课文的主要内容 2. 借助字典词典和生活积累理解词语"留意、炎热、凉爽、频频点头、五彩缤纷"的意思 3. 帮助学生在诵读感悟的过程中积累课文中优美的词句,感受秋天的美好,激发学生热爱大自然的思想感情 4. 有感情地朗读课文,背诵自己喜爱的部分 5. 联系生活实际思考体会课后第 3 题中两个比喻句的准确性与形象 6. 引导学生发现文章中总—分的构段特点并仿照课文的构段方式写一写自己眼中的秋天

二、培养学生独立阅读的能力

培养学生独立阅读能力是语文阅读教学的重要目标,也是学生阅读活动的共性要求。尽管人们对于培养学生独立阅读能力的重要性已有共识,但关于培养阅读能力的方式方法,还需要在阅读教学实践中继续探索。当前,阅读教学普遍存在的问题是,忽视对本文的整体把握,更多在老师引领下对文章进行肢解性解读;对文本的解读存在一元化倾向,强调同一性思维,不注重学生对文章的自主感受。这些从根本上无益于学生独立阅读能力的培养。要培养学生独立阅读能力,必须尊重学生的主体地位,从学生的全面发展和终身发展的角度出发,尊重本文解读的多元性。

(一)独立阅读能力的内涵

独立阅读能力包含两个层面的要求。一是阅读能力的基础性要求,一是阅读能力的深层次要求。两者相辅相成,前者是独立阅读能力的基础,后者是在前者基础上的进一步提高,重点体现阅读的独立性。缺乏阅读的基本能力,独立阅读也就无从谈起;而仅停留在基础性阅读上,就不能真正领悟阅读鉴赏的精髓。

阅读能力的基础性要求,强调从整体上把握文本内容,理清思路,概括要点,理解文本所表达的思想、观点和情感。这一能力要求体现出阅读中"综合——分析——综合"的基本思路,也是传统语文阅读教学的基本内容。阅读必须以整体把握文本的内容为前提,对文章的基本内容、情

---

① 胡红芳:《浅谈小学语文阅读教学目标的制定与实施》,载《教育实践与研究》,2007 年第 7 期,第 27-29 页。

感和立意方面有初步的、综合的印象,在这个前提之下,再让学生来理清作者的思路,概括文章的特点,理解作者的思路、观点和感情,实现在对文章感性体验基础上的理性把握。独立阅读能力的培养不能脱离这一思路,同时还需要从传统语文教学中重分析、轻综合的陈旧套路中走出来,引领学生整体把握文本,并努力达到独立阅读能力的基础性要求。

独立阅读能力的深层次要求,是在尊重文本的基础上,在对文章的整体把握的基础上,引导学生在阅读过程中发现问题,提出问题,能对文本作出自己的分析判断,从不同的角度和层面进行阐发、评价和质疑。阅读教学不是教师单方面的传授,对文本的解读最终还要由学生自己来完成。

(二)阅读理解能力的培养

早在1964年,叶圣陶先生就说过,"语文教学之一个目的为使学生练成读书之本领。此种本领不能凭空练,故令阅读课本而练之。课本必须善读,一也,因善读课本而自能读其他书籍报刊,二也;二者皆能做到,乃为达到目的,教学成功"。[①] 对于课本与独立阅读能力之间的关系,他还多次讲过类似的话,例如,"语文教材无非是例子,凭这个例子要使学生能够举一而反三,练成阅读和作文的熟练技能"。[②] "语文教本不是个终点……目的却在阅读种种的书"。[③] 对这些论述,可以概括地理解为:指导学生理解课文,目的在于培养其独立阅读的能力。

叶圣陶所说的"课本必须善读",包含两点意思。第一,在阅读教学中,学生应当把课文读懂;第二,这种读懂是通过"善读"达到的,而不是单靠听教师的讲解达到的。凡是教材选编的课文,学生应当做到学一篇懂一篇。这是对阅读教学的起码要求,或者说是阅读教学必须实现的一个目的。然而它只是近期目的,不是阅读教学的最终目的,也不是阅读教学的唯一目的。

教材中的课文无非是例子,教学时要凭借这些课文训练学生学会举一反三。教师教"一"的时候,不能只管这个"一",同时还要想到"三",要指导学生学会"反三"。教师要明确,学生在学习某些课文时,识一些字,学一些词,学一些不同内容和形式的句子,给课文分段,归纳段落大意,概括中心思想,了解表达方法等等,究竟是为了什么?仅仅是为了增长一些知识,把它们在记忆里储存起来吗?不是,重要的是在于"运用"。学生要能把已经学过的知识技能用于阅读实践,能够触类旁通地独立阅读、理解教材以外的书籍报刊。这才是阅读教学要达到的最终目的——使学生具有独立阅读的能力,这才是阅读教学的目的。

培养学生的独立阅读能力,要使他们"善读课本"。这是培养独立阅读能力的基本途径。教师要结合阅读一篇篇课文,指导学生一点一点探索读书的门径,领悟读书的方法。

1. 理解词语

在阅读教学中,理解词语是理解课文的前提。语文课程标准对于三个学段的理解词语能力是呈不断上升的趋势。例如,第一学段要求"结合上下文和生活实际了解课文中词句的意思,在阅读中积累词语",第二学段要求"能联系上下文,理解词句的意思,体会课文中关键词句表达情意的作用。能借助字典、词典和生活积累,理解生词的意义",在第一学段的基础上,第二学段特

---

① 刘国正主编:《叶圣陶教育文集》第3卷,人民教育出版社1994年版,第502页。
② 刘国正主编:《叶圣陶教育文集》第3卷,人民教育出版社1994年版,第204页。
③ 叶圣陶:《叶圣陶语文教育论集》,1版,教育科学出版社1980年版,第183页。

别强调了对关键词语的理解,以及独立理解词语的能力。第三学段要求"能联系上下文和自己的积累,推想课文中有关词句的意思,辨别词语的感情色彩,体会其表达效果",在词语的感情色彩方面、修辞方面,提出了更高的要求。

2. 理解句子

理解句子是理解课文的基础。但并不是说课文中的每一句话都要深入理解,要抓住重点。特别要抓这样几类句子:一是对于表现中心思想有较大作用的句子;二是含义深刻的句子;三是跟学生生活距离较远的句子;四是结构比较复杂的句子。例如,有一位老师在执教人教版六年级上册《老人与海鸥》一课时,重点指导了这样几个句子:

句子1:老人每月308元的退休工资有一半以上都用来给海鸥买吃的。老人唯一的奢侈品是2毛钱一包的金沙江牌香烟,却毫不吝惜地给海鸥买4块5一斤的饼干。

句子2:老人把饼干丁很小心地放在湖边的围栏上,退开一步,撮起嘴向海鸥呼唤。立刻便有一群海鸥应声而来,几下就扫得干干净净。老人顺着栏杆边走边放,海鸥依着他的节奏起起落落,排成一片翻起的白色,飞成一篇有声有色的乐谱。

句子3:海鸥们急速扇动翅膀,轮流飞到老人遗像前的空中,像是前来瞻仰仪容的亲属。

句子4:过了一会儿,海鸥纷纷落地,竟在老人遗像前后站成了两行。它们肃立不动,像是为老人守灵的白翼天使。

句子5:海鸥们像炸了营似的朝遗像扑过来。它们大声鸣叫着,翅膀扑得那样近,我们好不容易才从这片飞动的白色漩涡中脱出身来。

这篇课文讲述的是一位老人和海鸥之间的深厚感情的故事。教师抓住了老人是如何照顾呵护海鸥的句子,海鸥和老人之间和谐共处、心灵相通的句子,老人去世后海鸥前来吊唁、体现对老人依依不舍深情的句子等等。加深对这些句子的理解,有助于体会课文的思想和情感,同时还能帮助学生揣摩作者是如何把老人和海鸥之间的感情写得具体感人的。

3. 理解自然段

理解自然段是理解句子的发展,又是理解篇章的重要基础。理解自然段包括三项内容:一是从形式上认识自然段;二是在理解句意的基础上,知道句与句在内容上是怎样连起来的;三是知道整个自然段主要讲的是什么,能够归纳自然段的段意。

当然,对句与句的关系的理解,主要是让学生了解句子之间的内容上的联系,同时关注作者这样写的角度和思路。遇到自然段包含的句子比较多、内容比较复杂的情况,要指导学生通过分层来归纳段意。

例如,人教版六年级下册有一篇议论文《真理诞生于一百个问号之后》,是第五单元中的课文。课文题目"真理诞生于一百个问号之后",就是它的主要观点。课文主要用三个事例论述了只要善于观察、不断发问、不断解决疑问,锲而不舍地追根求源,就能在现实生活中发现真理。选编这篇课文的意图,一是让学生了解科学发现的一般规律——真理诞生于一百个问号之后,从而感受、领悟到见微知著、独立思考、锲而不舍、不断探索的科学精神;二是学习课文用具体事例说明观点的写作方法。

其中三个科学家发现真理的事例是重要段落,需要重点学习。比如其中的一段介绍了美国科学家谢皮罗教授发现真理的事例:

"就拿洗澡来说,这是一件非常普通的事情。然而,美国麻省理工学院机械工程系的系主任谢皮罗教授,却敏锐地注意到:每次放掉洗澡水时,水的漩涡总是朝逆时针方向旋转的。这是为什么呢?谢皮罗紧紧抓住这个问号不放,进行了反复的实验和研究。1962年他发表了论文,认为这种漩涡与地球的自转有关,如果地球停止旋转就不会产生这种漩涡,由于地球不停地自西向东旋转,而美国处于北半球,便使洗澡水朝逆时针方向旋转,北半球的台风也是朝逆时针方向旋转,其道理与洗澡水的漩涡是一样的。他还断言,如果在南半球,洗澡水的漩涡将向顺时针方向旋转,在赤道,则不会形成漩涡。他的这种见解,引起各国科学家的极大兴趣,他们纷纷在各地进行实验,结果证明谢皮罗的结论完全正确。"

这一自然段一共有七句话,在教学中教师可以引导学生注意七句话之间的层次关系。首先第一句,是一个引子,引起读者的注意,这个故事是和洗澡有关系的,但是"非常普通"几个字预示了后面要讲的内容其实并不普通。接下来第二句说的是谢皮罗教授在洗澡中的发现。第三句很简单"这是为什么呢",不但是谢皮罗教授的疑问,也激发了读者进一步探究的欲望。第四句讲的是谢皮罗由发现问题转而进行反复实验和研究,也就是由问题转化为行动。第五句比较长,介绍了谢皮罗经过反复研究后发现的规律,得出的结论。第六句是进而他推断出真理。第七句是他的结论被确证。

学生通过这种对自然段中句子层次关系的分析,既可以理解段落的主要内容,又可以学习课文这种层层推进的写作手法,同时也给学生呈现了一个思维的过程,有助于学生思维的发展。

4. 理解篇章

理解篇章是一种综合的阅读能力,要在理解词、句、自然段的基础上进行。理解篇章包括五项内容:一是了解自然段之间的联系,给课文分层次;二是归纳各层次的大意;三是概括课文的主要内容;四是概括课文的中心思想;五是体会课文如何表达思想情感。这五个方面紧密联系,环环相扣,逐步提高。理解篇章,目的于加深对课文的理解,学习表达的方法,逐渐培养读懂课文的能力。因此,要防止死记课文的段意、主要内容、中心思想,要把功夫下在启发独立思考、培养分析概括能力上。还以《真理诞生于一百个问号之后》为例,教师在指导学生理解课文大意之后,需要在第二课时理清课文层次,学习课文的写作手法。有教师做了如下设计:

1. 如果说三个事例作者是按先发现问题,再研究问题,最后解决问题的层次,清清楚楚地给我们写出来,那么从全文来看,作者又先写什么?再写什么?最后写了什么呢?请大家认真默读,仔细思考,给全文分段。

2. 全班交流:作者先写什么?再写什么?最后写了什么?

3. 课文课分为三部分:先开门见山地提出观点;再用三个事例证明观点,最后总结全文,重申观点。这是议论文的基本形式,尤其是用三个具体典型的事例说明观点的写作方法,既清楚又明了,很值得我们学习。请同学们再浏览课文,想想你还能用哪些事例说明课文中的观点呢?

4. 这种用具体事例说明观点的写法有什么好处呢?

当学生通过对比阅读,进一步明白了三个事例的作用后,教师及时引导他们理出全文的层次,点出全文的写法,顺理成章、水到渠成地教给了他们写作方法。

阅读教学除了以上四个方面的内容之外,还有朗读、默读、复述、背诵等几种阅读技能;这些对于学会怎样读书都很重要,都需要下工夫进行训练。

（三）常用阅读方法的指导

根据阅读的类型的不同，可以将阅读分为精读、略读和浏览；根据阅读方式的不同，可以将阅读分为默读、朗读、复述和背诵。这些方法上的要求，在语文课程标准中都有具体的反映。不同的阅读类型、阅读方式，针对不同的阅读材料和对象，运用的阅读方法是不同的。

1. 常用的阅读方法

就精读一篇课文来看，大致可以采用如下方法。

（1）边读边思考

读和思考相结合，是提高阅读能力的基本方法。古人云："学而不思则罔，思而不学则殆。"说明边读边思考，读思结合，是被实践证明的行之有效的阅读方法。对小学生来说，边读边思考是阅读主动性、积极性的表现，是培养和提高阅读能力的基本方法。在阅读过程中想什么、怎样想，是首先要明确的问题。想什么，凡是课文中所包含的词句段篇等方面的内容，都属于阅读时思考的范围。例如，不懂的字词、一些科技名词术语；难理解的句，像《鸟的天堂》里的"……似乎每一片绿叶上都有一个新的生命在颤动"、《触摸春天》中"睁着眼睛的蝴蝶被这个盲女孩神奇的灵性抓住了"这样的句子。另外，不懂的或值得怀疑的问题，也应当列入思考的范围之中。至于怎样想，要多问几个为什么，还要学会用联系的方法进行思考。

在阅读一篇课文的过程中，在阅读的不同阶段，想什么，可以有所侧重。如，初读课文，尝试理解不懂的词语，提出不懂的或想理解的问题；深入理解课文，要学习抓住重点词、句思考理解，进而理解全文主要讲了什么，说明了什么，给自己哪些启发、教育；还要想想学了这篇课文，在读书方法上有什么收获，今后作文时可以从中学到什么。总之，一边读一边想，所想的问题，随着阅读的深入应当由易到难，由小到大，由简单到综合，有梯度、分层次。例如，低年级学生读《狐假虎威》一课时，原来课文里有这样一句话："大大小小的野兽都吓得撒腿就跑。"有的学生说："老师，这句话不对。"他认为森林里有大象，有狮子，它们不一定怕老虎。所以不能说大大小小的野兽"都"吓得撒腿就跑。后来课本就把"都"字删去了。

这个例子说明学生的学习潜力在阅读思考中可以得到激发，如果把学习的主动权交给学生，使他们的思维活跃起来，使他们不但能发现、解决阅读中的一些问题，还能使其创造性有一定的发挥，而不至于局限在死记教师的讲解的内容，从而推动学生独立阅读能力的逐步提高。

（2）联系上下文

课文中有相当多的词语、句子，如果就词解词，就句析句，往往难以理解。如果把它们放在具体的语境里，联系上下文琢磨，就能确切地理解。

例如，《我的伯父鲁迅先生》的第一段有一句话："那时候我有点惊异了，为什么伯父得到这么多人的爱戴？"其中对"爱戴"这个词，一般理解为："爱"是热爱、敬爱；"戴"是拥戴、拥护。"爱戴"是敬爱拥护的意思。而这种理解是肤浅的、表面的。

教师必须指导学生把"爱戴"放在课文的语言环境中，才能理解它的含义。

第一步，启发学生读这一段，把上下文联系起来思考，就会发现：来追悼的有"许多人"，"有工人，有学生，各色各样的人都有"；挽联"数不清"，"挂满了墙壁"；花圈"大大小小"，"堆满了整间屋子"。把这些词句联系起来思考，对"伯父得到这么多人的爱戴"，就有具体真切的感受了，对作者为什么"惊异"也就容易理解了。

第二步,在读了课文中的四个故事之后,把全文讲的四件事和这一段联系起来,不但对"爱戴"、"惊异"会有更深的体会,而且对鲁迅先生关心别人的高尚品质,对他与广大群众的密切关系会有更深的感受。此时,学生对鲁迅的敬仰、爱戴之情油然而生。

(3)联系生活实际

语文课本内容十分丰富。许多课文所描写的事物、所运用的语言,与小学生的生活距离较远,学生理解起来比较困难。遇到这种情况,就需要启发学生从自己的生活实际中去寻找、发现与课文描写的事物相通的经验,把二者联系起来,帮助学生理解课文的语言文字。

例如,人教版五年级上册课文《鲸》,第二课时,教师指导学生学习作者是怎样具体介绍鲸的特点的。

作者先拿鲸和人们熟悉的象作比较,使我们形象地了解了鲸比大象还要"大得多"。又用具体数字来说明鲸的体重,由重量来说明鲸大。然后又以我国捕获的一条鲸为例,从它的体重、身长、舌头及口腔的宽大等四方面更具体生动地证明鲸的确很大。接着通过数字说明这头鲸只有4万公斤重,还不是最大的,最大的有16万公斤重。

指导学生联系生活实际想象我国捕获的这头重4万公斤的鲸有多大,再想象比它还要重12万公斤的鲸有多大。这样抽象的数字就与学生的实际生活发生了联系,易于学生的接受和理解。

(4)联系自身情感体验

体会课文的思想情感是对小学生阅读能力比较高的要求,例如在语文课程标准中对中年级学生要求"关心作品中人物的命运和喜怒哀乐"、高年级的"说出自己的喜爱、憎恶、崇敬、向往、同情等感受"、"受到优秀作品的感染和激励,向往和追求美好的理想"等。语文课本里有相当数量的课文,涉及各个时期从事各种工作的人物,写了他们的不同经历、不同行为、不同事迹,表达了人物丰富的思想感情。对此,小学生在阅读中体会起来有一定的难度。但是许多情感体验,如满意、愉快、喜悦、赞叹、痛苦、悲哀、恐惧、忧愁等,是人们所共有的,学生虽年纪小,但也一样可以体会。如果学生能联系自身的情感体验体会课文中人物的思想情感,他们就能和作者产生共鸣,就能体会作者的思想情感。

(5)圈画批注

学生读书需要学会眼到、口到、心到、手到。其中"心到"是核心,"手到"与"心到"有密切的联系,"不动笔墨不读书"这一传统的读书经验说明边读边想与圈画批注可以互相促进。一方面圈画批注把阅读思考的结果记下来,便于进一步地阅读;另一方面,动手又能促使学生进一步动脑;必须用心读书,否则圈画批注不到点子上。因此,教给学生圈画批注的方法,培养他们的独立阅读能力有着不可忽视的作用。

小学生练习圈画批注的主要内容是:课文中的重点词语;含义深刻的句子;自己感受深、受感动、受启发的地方;不理解、读不懂的地方,等等。有时候对课文中的某一内容有怀疑、有不同的看法,也应当记下来。

一般地说,圈画批注可以在中高年级进行,开始可以只要求圈画,逐渐提高要求。总的来说只是初步练习,但又不要限制学生。其目的在于掌握一点读书方法,逐渐养成良好的阅读习惯。在目前的教学实践中,指导学生学习、运用圈画批注的方法进行阅读,已经开始受到重视,并在课堂实践中采用。

以上介绍了种种常用的阅读方法,小学生应该学习并掌握。在阅读中,各种方法往往结合在一起使用。这样做能有效地提高阅读能力。

2. 在学生理解课文的过程中渗透阅读方法的指导

根据小学生的年龄特点,种种阅读方法都不宜作为知识向他们讲授。那样做,他们不容易理解接受,即使勉强地死记硬背一些方法,到阅读实践中也不会用,无益于阅读能力的提高。因此,指导学生掌握阅读方法,主要靠教师有意识地把方法渗透在学生理解课文的过程之中,使他们经过一次次的阅读实践,一点一滴地逐渐领会方法,并且反复地练习运用。这样才能慢慢形成阅读能力。

一般地说,小学生由于受年龄、经验的限制,他们在阅读之前往往不会想到用什么方法;在阅读过程之中,往往不会意识到自己是在使用什么方法;当读懂一篇课文之后,也未必能认识到是用什么方法读懂的。如果这种情况不改变,不能自觉运用科学的方法去阅读,就很难形成独立阅读的能力。

解决这个问题,要求教师增强教给阅读方法、培养阅读能力的意识;在备课的时候,把指导阅读方法作为一项重要的教学目标写进教案,并且设计出实施的步骤和方法。在上课的时候,要把阅读方法渗透在教学过程之中。一般的做法是:读课文前提出要求,读中相机指导,读后引导学生回想刚刚经历的学习过程,小结阅读的方法。如果学生能够说出一句话、一段话是怎样读懂的,段落是怎样划分的,段意是怎样概括的……就初步学到了某一阅读方法。

一位教师讲授人教版三年级上册《富饶的西沙群岛》一课时,在教案的"学习方法、习惯的培养"一项中,提出的教学目标有"指导学生学习读懂自然段的方法:在理解词语的基础上,读懂每一句话;了解句与句是怎样连起来的"。

在讲授第三自然段的时候,教师先让学生读课文并想一想每句话主要说的是什么。学生依次说出:第一句主要讲的是"珊瑚多",第二句是说"海参多",第三句是说"龙虾多"。这时候教师便有意地启发学生说说这几句话是怎么读懂的。

学生回顾了自己的学习过程,说道:第一句是从"各种各样"读出珊瑚多的;第二句是从"到处都是"知道海参多的;第三句虽然没有表示多的词语,但是从"划来划去"可以看出大龙虾很多。在这个基础上,教师请同学们想一想,这三句话合起来讲了一个什么意思,学生从"珊瑚多、海参多、龙虾多"得出了"海底物产多"的认识。教师告诉学生这就是这个自然段的主要意思。这时,教师引导学生回过头来想一想,自己是怎样读懂这个自然段的。通过讨论,学生领悟到:读懂自然段的方法是,先读懂每句话,再想想这几句话合起来讲的是什么意思。随后,学生在教师的指导下,用这个方法阅读第四、五、六自然段,取得了比较好的教学效果。

(四)让学生在阅读实践中形成阅读能力

阅读教学培养学生独立阅读能力,关键在"独立",舍此便谈不上"能力"。前文所讲的阅读过程中的思考、探索、领悟、获取、掌握等等,哪一个词都不含"被动"的意思;语文工具和阅读方法的运用,以及举一反三、触类旁通等等,都是学生自身的事,不能由别人代替。总之,要使学生达到"自能读书"的理想境界,用老师讲、学生听的办法,显然行不通;而指望无师自通,对小学生来讲也是不可能的。

1. 注重引导学生自主阅读

教师在课堂上不要用自己的讲解代替了学生的独立阅读和思考,应给予学生充分的读书、思考的时间。学生读不懂的可提出来,师生共同交流和讨论;读懂了的可列出来,以供大家互相学习;经过全班讨论还理解不准、不深的,教师再引导学生深入读书、思考、讨论,并辅以必要的讲解。在阅读教学中,教师确立学生是学习主体的意识,充分尊重学生的主体地位。在学生自主学习的基础上,针对学生的问题和训练的重点,加以引导、指导,使学生学得更好,并在学的过程中逐渐领悟学的方法。例如,一位老师教《春蚕》,先让学生读书,谈读后印象最深的是什么,再引入第一自然段的讲读。学生虽然不一定能讲到点子上,不一定符合教师的心意,但确确实实是自己印象深、受感动的地方,是学生真实的感受。教师就给予充分的时间让学生谈阅读后的感受。

依据教材的特点和学生的实际,精心设计阅读训练,对于学生阅读自主性的提高也有非常大的帮助。语文教师应该重视课堂练习的设计,充分发挥学生主动做作业的积极性,创设高效的课堂。例如苏教版二年级下册《台湾的蝴蝶谷》一课,其中第一个教学目标就是"学会本课生字、词语;积累一些描写色彩的词语"。围绕着这个教学目标,教师设计了以下课堂练习:

同学们,蝴蝶谷里的蝴蝶又多又美,老师相信你们都有一双发现的眼睛。现在就请大家再细读课文2—3节,你是从哪些词、句中感受到蝴蝶的多和美的?用"_"勾画出来。

在学生充分自学、交流、汇报的基础上,教师引导学生抓住"色彩斑斓"、"金光闪闪"、"五彩缤纷"、"五颜六色"等词语感受蝴蝶谷的迷人景象。然后小结出这些词都是描写色彩的词。最后再出示蝴蝶谷的图片,让学生观察后及时动手在本子上写几个描写色彩的词。

教师把学习的主动权交给学生,他们的积极性被调动起来,思维活跃起来,对于课文里的语言文字、思想内容,必然会有不同的理解。他们在课堂上会有些什么想法,虽然教师可以在课前作出分析估计,但是往往会出现教师很难预料到的情况。教师要对学生提出的问题,发表的不同意见持欢迎的态度,对他们这种克服从众心理、敢于发表创见的精神予以充分肯定,并在教学的过程中因势利导,使提出的问题妥善解决,使不同意见得以发表,只要有道理,就要给以肯定和鼓励。

2. 加强学生间的交流与合作

学生阅读能力的培养与提高,除了学生个体学习态度和学习方法等因素起作用之外,与学生群体也有密切关系。课堂上不仅要有师生之间的交流,而且要有学生之间的交流,要充分认识和发挥学生群体在推动阅读教学上的作用。

在课堂上时常可以见到这样一种情况,40分钟里只有为数不多的学生在不断地读课文、回答问题,而多数学生处于"被遗忘的角落"。天长日久,这些学生的学习积极性便被消磨殆尽。这种对学习的冷漠,是十分可怕的。要改变这种情形,教师应面向全体学生,每堂课上,都要使全体学生受到切实的、充分的训练。教师要善于营造愉悦的、宽松的、开放的学习气氛,使每个学生乐于投入其中,把读书、讨论视为一种快乐的事。教师还要善于利用学生个体,展开互助学习。分组教学是一种比较好的形式。大凡比较重要的问题,都可以在独立思考的基础上,展开分组讨论;让每个学生畅所欲言,甚至展开争论,在讨论、争论中取得共识,提高理解能力和说话能力。

分组讨论、合作学习是一种非常好的教学尝试。分组可以采取异质分组的办法,这样做的目的是让优秀生带动中等生、后进生,让中等生、后进生有一个向优秀生学习的机会,同时培养学生的合作意识、团队精神。

在讨论中,对于学生提出的不成熟的问题或错误的意见,教师要以平常心对待,不讥笑,不讽刺,要给予合理的解释,帮助学生把各种意见综合,从而得出合理的见解和结论。

当学生能够积极主动地读书、思考、表达的时候,教师就会发现,他们会提出各种各样的问题,发表各种各样的意见,有时候甚至会提出难以解决的问题。教师应当把问题交给大家,依靠学生群体的优势求得妥善的解决。例如,在教学人教版三年级上册《蜜蜂》一课时,学生提出"另外三只蜜蜂到哪里去了?",教师并没有急于回答,而是立刻组织学生分组讨论。结果,学生得出的结论五花八门:有的说:"可能是这三只蜜蜂能力差一些,在回家的路上,经不起暴风雨,死去了";有的说:"可能是蜜蜂在路途中结识了新朋友,和朋友一起采蜜去了";还有的说"可能在路途中遇到了人的侵犯,因为蜇人而丧失了生命"。等等。

学生们在小组中讨论,把自己的观点、想法告诉其他的同学,并倾听其他同学的发言,加强了交流。

三、优化阅读教学的结构

把小学语文的教学目标、教学内容、教学方法、教学手段与师生互动等要素,按照一定的顺序和规则进行排列和组合,构成一个比较完整的综合系统,我们把这个系统叫做课堂教学结构。

阅读教学的过程,是学生在教师指导下,凭借阅读教材,主动进行阅读基本功训练,从不会读到会读,掌握阅读方法,培养阅读能力,发展智力,陶冶思想情感的过程。这是一个由多种因素组成、动态的发展的过程。各种因素的联系、组合,形成了不同的教学结构。

(一)优化阅读教学结构的要求

课堂教学是实施素质教育的主渠道。要想彻底改变目前阅读教学的少、慢、差现象,提高阅读教学效率,关键要优化教学过程,改革课堂教学结构。要在阅读教学中突出学生的主体地位,体现学生自主学习、自悟自得、主动发展的过程;做到省时高效、减轻负担;要避免教学环节的支离破碎,繁锁地串讲、串问;要在对课文的整体感知的基础上、在了解整体的背景前提下讲读课文。

1. 教学结构要反映阅读教学的特点

重视读书、思考,强调训练,是阅读教学的突出特点。优化阅读教学结构的实质就是使阅读教学成为在教师指导下学生自己读书、思考和探索,自己理解、运用和发展的过程,也可以说,阅读教学的结构是否达到了优化,标准就在于教学活动中学生是否在真学,是否在真练。优化教学结构,要反映阅读教学的这个特点。

阅读教学的另一个特点是以培养阅读能力为重点的综合性训练。在阅读教学中,字、词、句、篇、听、说、读、写,理解、表达、观察、思维等各项基本功的训练,是综合在一起进行的。语文基本功项目可以重点训练,但不能孤立进行。这个特点应当在课堂教学结构中体现出来。例如识字,有些字可以单独认识,有些字就要放在课文的具体语言环境中让学生认识,识字结合理解词句进行,这就涉及如何优化课堂教学结构,使之符合训练的特点。再如读和写,二者是互相渗透、互相促进的关系。优化课堂教学结构,必然涉及读写结合的问题。在阅读教学中,既不能只管理解,不管语言文字是如何表达思想内容的;也不能放弃阅读教学的基本任务,只让阅读为作文服务,以作文为中心来设计阅读教学结构。

阅读教学还有一个特点,就是分阶段、循序渐进地进行训练。低、中、高年级的阅读教学各有不同的训练重点。在进行某项基本功训练时,要联系已经学过的基本功加以运用。在新旧联系进行训练的过程中,新的基本功学得顺利、练得扎实,已有的基本功在运用中得以巩固、提高。这样,各项基本功相互配合,协调发展,就会逐渐形成综合性的阅读能力。课堂教学结构应当反映阶段性和联系发展的特点。

2. 教学结构应当具备以下几个条件

优化阅读教学结构的目的是提高阅读教学的效率与质量,通过优化结构达到较好、较快地培养学生阅读能力和阅读习惯的目的。教学结构可以多种多样。好的教学结构一般具有以下特点。

(1)教学目标明确。要着眼于学生全面素质的培养。做到一要全面,在语文基本功训练、思想教育、一般发展上均要提出明确要求;二要重点突出,主要指阅读训练的要求要十分明确,不能面面俱到,要结合教材实际和学生实际确定训练的重点。

(2)教学思路清晰。根据教学目标安排教学顺序,引导学生一步一步地朝着既定目标前进。要循着课文的思路、学生认知的思路来设计教学思路。

(3)教学环节简单、实用。要克服形式主义和繁琐哲学,具有可操作性。

(4)体现学生的自主学习。训练要贯穿于教学的全过程,做到读、思、议、练相结合;训练面要广,密度要大,效率要高。

(5)有鲜明的特点。教学结构能清楚地反映出年级、教材、课型等不同的情况,而不是千篇一律的一种模式。

(二)阅读教学的基本结构

阅读教学结构,是阅读教学的多种要素之间的组织形式。由于这些要素的丰富性、复杂性,教学结构是灵活多样的,不是一成不变的。虽然如此,教学结构仍然有一般的共同的规律可以遵循。

1. 阅读教学的一般规律

(1)从语言文字到思想内容,再从思想内容到语言文字

学生读课文,首先接触的是语言文字,通过对字、词、句、篇的理解,读懂课文内容,领会中心思想。而后,在此基础上,看作者为了达到写作目的,是怎样围绕中心选择、组织材料的,是怎样遣词造句的,在表达上有什么突出的特点。至此,阅读教学过程是完整的,既完成了理解课文的任务,又体现了从读学写,读写结合。

(2)从整体到部分再到整体

一般地说,学生要先读一读课文,从整体上有个感性的认识后进一步读课文,一部分一部分地深入理解。一要抓住重点词、句、段揣摩、理解,二要了解部分与部分、部分与整篇的联系,深化对全文的理解。在这个基础上,再回到整体,对课文、表达的思想感情以及写作特点有深一层的认识。并通过有感情的朗读、复述、背诵等,表达自己的理解和感受。

2. 阅读教学的基本过程

教学实践中,针对某一篇课文的教学基本可以包括以下过程。

首先是预习,初读课文。主要是学生自己读书,查字典自学字词,质疑问难,了解课文大意。

第二,深入学习阅读教学重点内容。根据此次阅读教学的重点目标和内容,可以逐段分析,也可以选择重点段落分析,还可以联系其他课文或阅读材料进行分析和讨论。分析的内容可以

是文章的主要内容和思想感情,也可以是文章的写作方法和表达方式,还可以是某种阅读策略的具体运用。这一过程常常会根据课文特点穿插进行词语教学和朗读指导。

第三,总结学习收获和布置作业。

(三) 阅读教学结构的多样性

阅读教学结构中包含的各种要素丰富而复杂。教学结构不应当是固定不变的,不能千篇一律、千课一面。应当随着学生的年龄阶段、教材类型、教学重点,设计不同的教学结构。以下是广大小学语文教师在教学实践中探索和总结的几种阅读教学结构的示例。

1. "读读、说说、议议、写写"

这一课堂教学结构力戒形式主义、繁琐哲学,力求让学生多读、多说、多议、多写,把读、思、说、写落到实处。"读读",即指导学生通过多种读的形式和独立思考(教师可以设计提示性的题),使学生熟读课文,熟悉课文内容。"说说",即指学生或围绕提示的问题或结合自己的阅读实际,谈感受,谈体会,可以各抒己见,也可以展开讨论,还可以提出不懂的问题。"议议",即指教师在学生初步理解课文的基础上,提出少量的、关键的,有思考价值的问题,引导学生深入理解课文内容和作者的表达方法。例如,人教版六年级下册《匆匆》一文,向我们提出了时间的问题,整篇文章全是提问,而没有作答。这时,教师就可以提出这样的问题:

作者的写作意图是什么?

作者的答案在哪里?

学生们众说纷纭,不讲自明,理解得更透彻,从此也会更加珍惜时间。

"写写",即练笔。可以抄写、听写好词佳句,补写情节,续写片断,写读后感等。

2. "揣摩、引导、讨论、点拨"

这一课堂教学结构从培养学生的自学能力的需要出发,学生通过"揣摩""讨论"的学习实践进行自主学习;教师通过"引导""点拨"发挥主导作用,教与学的活动互相促进,使学生的阅读能力逐步提高。

"揣摩"是教学的基点。教师在学生揣摩之前要予以指导,这就是"引导"的环节。教师引导是否得当,决定了学生揣摩质量的高低。学生读书后能生疑,提出有价值的问题,表明揣摩已有一定的深度。"讨论"在揣摩的基础上进行,可以实行分组讨论,也可以进行全班交流。讨论围绕着教材的重点、难点和大多数同学感兴趣的问题进行。教师的"点拨"贯穿于讨论的全过程:学生的理解停留在表面时,教师要引向深入;学生的理解恰到好处或有独到之处时,要予以肯定,加以强化;学生理解错了时,教师要启发诱导,帮助订正;学生不理解时,教师要提出辅助性的问题或进行必要的讲解。"点拨"除了指理解内容方面,还包括指导学法方面。这样,以学生读书、揣摩、讨论为主,以教师引导、点拨为辅,学生可以最大限度地做到自悟自得,自学能力也将不断提高。

3. "一篇带多篇,精读与略读结合"

这一课堂教学结构建立在相信学生蕴藏着极大学习潜力的基础上,强调在教要得法的前提下,学生要读得好,读得快,读得多。

以一篇带多篇,就是教师合理地组织课文,把联系紧密或有相同之处的教材组织成一组文章集中教学。有的精讲,有的让学生自读。辅导学生学会阅读同类文章,从而达到提高教学效率的目的。霍懋征老师在此方面有一个教学案例。她教学《找骆驼》一课,为了培养学生观察和分析问题的能力,又选了《沙漠之舟》和《蜜蜂引路》两篇文章。教学时她先让学生认识骆驼,看骆驼的模型,听《沙漠之舟》的录音,自读课文,复述骆驼的外形特点。然后正式学习《找骆驼》一文,审题后,她先要求学生读课文,在读中理清文章的思路:丢骆驼——找骆驼——找到骆驼;在读中悟出课文的重点是"找骆驼";在读中体会课文中老人从看到的情况推想出走失骆驼的样子。她把"看"和"想"两个词写在黑板上,辅导学生把"看"和"想"换一种表达方法表示,他们说出:"看就是观察,想就是分析","老人会观察又会分析","老人善于观察又善于分析","老人既会观察也会分析","老人既善于观察又善于分析"。有的学生说:"我们要像老人那样既会观察又会分析。"有学生说出:"正是因为老人既善于观察又善于分析,所以商人才找到了骆驼。"这样,学生在大量的阅读中,自己总结出了文章的主题和中心思想。接着,霍懋征老师带领学生学习《蜜蜂引路》。她先提出问题:"列宁为什么能自己找到养蜂的人?"然后,学生通过反复读课文了解到,因为列宁善于观察,善于分析,跟着蜜蜂走,找到了养蜂人。就这样,两课时学完了三课书,而且做了大量的练习。这样教的结果,不仅加快了教学速度,而且学生读得多,开阔了眼界,极大地提高了学生读书的兴趣。

这种教学结构强调每组课文的教学目标重点要突出。同组课文都是一个阅读整体,讲读课文教学环节的安排,内容的取舍,重点段落的确定等都紧紧围绕单元教学目的进行。每一篇阅读课文都是讲读课文的配合和补充,又有"讲读"为例,学生独立阅读时并不觉得很难。但要通过"多篇"达到培养学生独立阅读的兴趣和认真阅读的习惯,阅读前还必须有明确、具体的要求。比如,按怎样的步骤读,用什么方法读,要用多长的时间(或读多少遍),阅读过程中要完成什么作业(如归纳中心、划分段落、回答问题、复述内容、背诵句、段等)都要明确规定。在学生阅读过程中,教师对一些共同性的问题还要适当提示、点拨,对个别性的问题要个别辅导。

4. 导读—扶读—自读

这是一种体现围绕学法设计教法,学中明法、以法导学的阅读教学结构。它适合用于教给某一读书方法的课型,尤其适合用于几个部分结构、写法基本相同的课文。如《美丽的小兴安岭》,课文的主体部分是按春、夏、秋、冬四季的顺序写的,且每个部分写法大体相同。《再见了,亲人》的主体部分,分别写了大娘、小金花和大嫂为志愿军付出了血的代价,每部分的写法也大体相同。教学这类课文就可以采用"导读—扶读—自读"的教学结构。

"导读",即在教师指导下阅读。如《再见了,亲人》,可以导读描写大娘的部分,之后,引导学生回忆是怎样读懂的,小结学习方法。"扶读",即尝试利用上述方法进行阅读,教师相机帮扶,在读中进一步掌握学法。

"自读",即运用学法自学课文,在自己读书、思考的基础上讨论、交流。这种教学结构有助于学生理解学习过程,积累学习方法,不断运用于阅读实践。

5. "变序阅读"

这是一种要么为了引起学生阅读的兴趣,要么为了突出理解的重点,而改变课文的叙述顺序进行设计的课堂结构。

例如教学《我的伯父鲁迅先生》,教师先指导学生学习"谈水浒""说碰壁""救助车夫""关心女佣"这四个部分,再回过头来阅读鲁迅去世后受到人们的爱戴一开头部分。这样设计的好处是,直奔重点部分,理解鲁迅做的事,通过这些事体会鲁迅是怎样的人,激发学生敬爱鲁迅的情感,读鲁迅去世人们纷纷前去吊唁的情景,势必动心动情,取得很好的教学效果。

四、课外阅读与阅读习惯培养

(一)课外阅读的意义

1. 课外阅读是小学语文教学的有机组成部分,是课内阅读的延续

学生在课内所读的课文只是例子,学生凭借它习得种种基本的读书方法,有了初步的阅读能力。只有经过大量的阅读实践,阅读才能内化为较强的阅读能力和良好的阅读习惯。所以,课内阅读是培养阅读能力的主体,课外阅读是补充;课内阅读是基础,课外阅读是继续;课内阅读学方法,课外阅读重应用。课内和课外缺一不可。从大语文教育观来看,如果只注重课内,忽略、放弃课外,便是不完整的阅读教学。

2. 课外阅读有助于开阔学生的视野,丰富知识储备

少年儿童时期,正是一个求知欲汹涌勃发的年龄,一本有趣的读物,就能点燃对书籍的强烈好奇。书是什么?是历史、自然、人的灵魂的记载。读书,不仅能开阔视野,增添知识信息,了解和认识世界,还能满足儿童天然具有的好奇心和求知欲。小学生的记忆力强,大量的阅读后,丰富的知识就会储存在大脑中。当他们长大或工作时,就能将童年储备的知识和能源调用出来,从而终身使用。

3. 课外阅读有利于提高学生的认识,陶冶情操

小学生处于身心迅速发展的时期。他们不但生理变化大,而且认知、性格、情感等也正在发展中。因此,迫切需要提供足够的有益的读物,来满足他们身心发展的需要。课外阅读能够帮助他们学习怎样观察自然,认识社会,学习科学的思维方法,提高认识能力。阅读好的读物,特别是优秀的儿童文学的读物,还有利于培养学生优良的品德,高尚的情操,坚强的意志和良好的习惯。

4. 课外阅读有利于培养高尚情操和健全人格

英国的威·沃克曾说过:"只要读书用心,人的举止自然会一点点优雅起来。"要使我们的学生有着宽广的胸襟,有着真善美的高尚情操和健全的人格,就要从读书做起,从文化的教育做起。课外阅读不单是学生求知、开智的便捷手段,而且是提高学生素养、培养人格精神的有效途径,在一个人成长过程与精神品格形成过程中的功能是巨大的。

总之,课外阅读是全面提高学生素质的重要途径之一,应当引起足够的重视,并采取积极措施,加强指导,促进课外阅读的开展。

(二)课外阅读的指导

在具体的教学实践中,很多教师都认识到课外阅读的重要价值,在指导学生开展课外阅读方面进行了积极有益的探索,总结了丰富的经验。

1. 指导学生端正读书态度

教师要引导学生认识到读书的价值和意义。高尔基曾说:"书是人类进步的阶梯。"的确,看一本好书就像在和一个高尚的人谈话,书在每个地方,每个时代都有着重要的地位,包含着无穷无尽的知识。英国作家约翰生也说:"一个家庭没有书,就等于一间房子没有窗子。"可想而知书在日常生活中的重要性,不仅可以提高我们的生活情趣,而且,可以使生活变得更加丰富多彩,有

声有色。通过读书可以丰富知识,增长见识,得到情感的陶冶和精神的享受,让生活过得更充实,更有意义。

2. 激发浓厚的课外阅读兴趣

培养兴趣在学生课外阅读中有着特殊的重要意义。学生有了浓厚的阅读兴趣才能主动、自觉地阅读课外书籍,在阅读中品尝读书的乐趣,明白读书的意义,真正发挥课外阅读的效用。具体方法有:

(1) 推荐有趣的读物

小学生性情纯真,课余时间充裕,读什么样的书和怎样读书,对孩子的成长影响巨大,也直接影响着一个民族的整体素质和未来发展。教师指导学生选择读物要注意兼顾各种文体、各个国家、各种体裁。不仅要读童话、寓言,也要读诗歌、散文、历史故事、成语故事;要读现代,也要读古代作品;要读趣味性强的作品,也要读哲理性强的作品;要读纸介质的作品,有条件的还要通过网络阅读。从而扩大学生的阅读面,培养广泛的阅读兴趣。

可以结合教材内容推荐读物,如学习了《珍珠鸟》引导学生阅读《冯骥才散文选》;学习了《卖火柴的小女孩》引导学生阅读《安徒生童话》……将课内学习与课外阅读有机结合,激发学生阅读兴趣,拓展学生的知识领域。

可以从学生的好奇心入手推荐读物,如祖国的"神五"、"神六"成功发射,极大地激发了学生们对天地宇宙、大自然的好奇心和求知欲望,有教师就抓住时机推荐《十万个为什么》、《少年百科全书》、《五千年未解之谜》和《蓝猫淘气三千问》等科普类书籍给学生阅读。

从学生的兴趣爱好入手推荐读物,如现在的小学生喜欢"脑筋急转弯""漫画"这类型的书,有的教师就推荐《老夫子》、《阿凡提的故事》等书给学生,让他们感受书中妙趣横生的画面和人物的机智、勇敢,陶冶了学生的性情,提升了学生审美情趣。

(2) 开展丰富多彩的课外阅读活动

小学生活泼好动、喜欢游戏活动,教师可以结合学生的生理心理特点和阅读能力水平,组织学生开展丰富多彩的课外阅读活动,以活动促阅读,让学生在实践中学会阅读,提高阅读能力,开阔视野,增长知识。

如组织学生阅读、背诵《古诗80首》后,开展"古诗诵读会"活动,学生们在会上争先恐后地吟诵名诗佳作,气氛热烈;组织学生阅读了《安徒生童话》、《格林童话》等童话故事后,开展"每天一个童话"活动,让学生利用早上十分钟时间讲童话故事,依据单元目标要求写童话;还可以开展"我最喜欢的课外书"、"手抄报"等一系列的读书竞赛活动,为学生们提供展示舞台,让他们看到自己的阅读成果,品尝在书的海洋遨游的乐趣。

3. 营造适宜的课外阅读氛围

一个喜欢阅读的老师更容易带出一批喜欢阅读的孩子,一个喜欢阅读的家庭更容易培养出一个喜欢阅读的孩子。从这个意义上说,无论在学校还是家庭,教师和家长都要为孩子们营造一个良好的课外阅读氛围。

例如,班级阅读,先引导孩子用一段时间去读一本教师或同学推荐的好书,然后用一个集中的时间由同学和老师以及家长共同对作品进行自由的讨论,也可展出一些孩子的读后感或其他作品。再如,影视阅读,利用影视作品营造阅读氛围。现在已经有很多学生们喜欢的动画片、名著被搬上银幕或荧屏了,比如《大闹天宫》、《宝莲灯》、《汤姆叔叔的小屋》、《尼尔斯骑鹅旅行记》,可以通过看电影、电视激发学生阅读的兴趣,进行对比阅读、同步阅读、评价阅读,等等。

(三) 培养良好的阅读习惯

阅读教学的任务主要是培养学生的阅读能力和良好的阅读习惯。小学生精力旺盛,求知欲强,养成良好的读书习惯,不仅有利于学生开阔视野,丰富知识,也有助于养成良好的行为习惯,形成正确的世界观。良好的阅读习惯,成为个人的宝贵财富,会让人终身受益。

语文课程标准提出:"要重视培养学生广泛的阅读兴趣,扩大阅读面,增加阅读量,提高阅读品位。提倡少做题,多读书,好读书,读好书,读整本的书。"良好的阅读习惯的培养,不仅仅局限于阅读课堂教学,它贯穿于阅读教学的全过程,也体现在各种阅读活动中,更需要严格训练,持之以恒。

1. 在阅读教学的全过程中培养

这里讲的阅读教学全过程,指的是从课前预习、上课,到复习。在这个过程中,学生时刻都在教师的指导下,进行着种种阅读实践,而阅读实践正是培养良好阅读习惯的重要途径。无论课前预习、上课,还是课后复习,教师都要提出培养习惯方面的要求指导学生怎样做,为什么这样做;发现问题,提醒他们改正。学生有了良好的愿望并开始行动,并不等于养成了习惯,还要通过加强实践,做到知行统一。

这种"强制",在良好阅读习惯尚未形成的时候,是必要的,从两个方面努力:一是教师提出明确要求并在学生阅读过程中行监督;二是学生"强制"自己要有好的阅读习惯,直到习惯成自然。

2. 在各种阅读活动中培养

培养良好的阅读习惯,需要多次训练,进行不懈的努力。因此,不仅在阅读课上,而且在课外阅读活动中,随时随地都要注意良好阅读习惯的培养。教师要诲人不倦,多方诱导。

阅读的习惯可以有很多,简单说就是乐意阅读、有效阅读、享受阅读。要让孩子形成这样的阅读习惯,教师可以坚持为学生们大声朗读,最好是朗读虚构的、有故事情节的、有一定厚度和深度的文学作品。例如有教师就利用午间孩子们饭后休息的时间,每天讲 10 分钟故事,命名为"午间书香时间",坚持两年,已经给学生们累计读完了《艾莉丝漫游奇境记》、《长袜子皮皮》、《爱的教育》等文学名著。也可以组织孩子进行持续默读,简单地讲就是在一段持续的时间内,一般为 10 至 15 分钟,让孩子们选择自己喜欢的书或报纸独立默读。通过这样的活动,学生不仅积累了阅读经验,而且可以增长课外知识,开阔眼界。

3. 严格训练,持之以恒

要根据学生年级的不同,提出不同的要求,由易到难,循序渐进。一旦提出某项要求,就要坚持不懈,一抓到底,严格要求,丝毫不能放松。对于做得好的和有进步的学生,要加以鼓励,因为每一次"成功"都会促进良好阅读习惯的形成。

本章小结

本章重点讨论了阅读教学的基本理论和实践,第一节详细阐述阅读教学是以学生的阅读为基础的认知过程以及阅读教学要与识字教学、口语交际教学和写作教学相结合等理论观点。第二节重点分析阅读能力的结构和良好阅读习惯的构成。第三节针对阅读教学的实践,提出明确阅读教学目标、培养学生独立阅读能力、优化阅读教学的结构、课外阅读指导和良好阅读习惯的培养等。

思考题

1. 怎样理解阅读教学是以学生的阅读实践为基础的认识过程?
2. 什么是独立阅读能力?怎么在阅读教学中培养学生的独立阅读能力?
3. 运用有关阅读教学目标、教学结构、教学方法的知识,从现行小学语文教科书中自选一篇课文尝试进行教学设计。
4. 小学生要培养哪些良好的阅读习惯?调查学生阅读习惯的现状,提出切实培养良好阅读习惯的应对策略。
5. 为什么要加强学生课外阅读的指导?联系实际,谈谈如何开展课外阅读指导。

第六章 小学写作教学的理论与实践

本章学习目标
1. 理解小学写作教学的基本规律。
2. 了解语文写作的一般能力和专门能力。
3. 掌握小学写作教学的方式方法。

写作教学就是人们常说的作文教学,在整个小学语文教学中具有十分重要的地位,其教学效果对于学生今后的学习生活以至整个一生都有重大的影响。写作是运用语言文字进行书面表达和交流的重要方式,人们通过写作传递信息、表达情感、进行创造。写作能力是学生认识水平和语言文字表达能力的综合体现。自 2001 年课程改革以来,小学阶段的写作教学目标和内容与中学有了明确的区分,第一学段即一二年级为"写话",第二、三学段即三到六年级为"习作"。进行这种区分是为了降低学生写作起始阶段的难度,重在培养学生的写作兴趣和自信心。尤其在低年级,最重要的是让学生敢于写。不必过于强调口头表达与书面表达的差异,而应鼓励学生把心中所想、口中要说的话用文字写下来。

第一节 小学写作教学的基本理论

写作教学的规律要从作文与生活、写作与阅读、内容与形式等方面的关系来进行研究。

一、写作教学与学生的生活实际

叶圣陶先生说:"生活如泉源,文章如溪水,泉源丰富而不枯竭,溪水自然活泼地流个不歇。"[①]那么,该如何积极开发并合理利用源泉呢?"问渠哪得清如许,为有源头活水来",写作教学应该把学生的目光引向自然生活、学校生活、家庭生活、社会生活,指导他们做积累素材的有心人,让多彩的生活成为学生习作的源泉。

(一)生活是作文的源泉

任何文章都是社会生活在作者头脑里反映的产物。它包括主观和客观两个方面。客观方面指文章的生活素材,也就是社会生活中的人物、场景、事件等;主观方面指作者的思想感情,而思

---

① 叶圣陶:《文章例话》,湖南教育出版社 2008 年版。

想感情也要建立在社会生活经验基础上。

"写文章不是生活的点缀和装饰,而就是生活的本身。"①这是叶圣陶先生在《文章例话》中所表明的观点。其实,这正是语文教师写作教学的方向灯。多彩生活是取之不尽的源泉,将学生写作引向广阔的生活领域,寻找写作与生活的最佳结合点,让写作走进生活,让写作内容源于对生活的真实体验,具有浓厚的生活气息和生活情趣,真正让写作成为学生生命活动的过程,让他们在生活的广阔天地里,充分地动脑、动口、动手,在愉快的心境下写下自己的所见、所感、所想。

生活实践是学生积累典型习作素材的有效途径之一。学生在参与实践活动的过程中就在不知不觉地积累写作的素材。因此,写作教学要及时引导学生对其已有的生活经验和实践活动经历进行回顾、整理、归纳、概括,使学生意识到写作与社会生活的联系;同时,学校要创造条件,组织多种多样的活动,扩展学生视野,丰富学生的知识经验,这样才能保证学生有话可写,有事可叙,不会在写作时感觉"无米下锅"。如,春天写春游记闻,大雪之后指导学生写在雪地里玩耍的景象,运动会后写激烈而精彩的比赛场景,等等。让学生把自己生活里发生的、亲眼所见和感受到的写下来,拉近写作与生活的距离,这样的写作才会充满童真、童趣。

(二)记实作文要写真实的生活

真实是指文章同它反映的生活相符合。这里的生活包括所见所闻、所作所为、所思所感等。写作教学,特别是小学写作教学,要引导学生写真实的生活。写真实的生活不仅有助于引导学生在生活实践中留心观察和积累素材,而且对培养学生实事求是的态度和老老实实做人的品德也有积极作用。

为了引导学生写真实的生活,写作教学的选题必须考虑学生的经验和兴趣倾向,多选取一些学生熟悉的事物作为写作内容。例如,为了进行景物描写的训练,教师指导学生写社区附近的公园的四季景色,每个季节抓住主要景物进行描写:春季可以写绿树鲜花、假山、小草等,夏季可以写喷泉、人们的活动,秋季可以写枫叶、桂花,冬季则写公园的雪景……学生对公园环境非常熟悉,因而能轻松愉快地完成作文。其中还有一些精彩的语句:"街心公园旁边是一条小河,河水碧绿碧绿的,像一条长长的翡翠,水面平静,像一面大镜子铺在水面上。一阵微风吹过,河面波光粼粼,在阳光的照耀下格外的闪亮"。"到了夏天,公园绿树成荫,其中有棵高大的杏树,小扇形的绿叶显得格外好看,我时常在它的绿荫下乘凉,十分凉爽。树旁的草丛中常停留着美丽的蜻蜓、蝴蝶,树上的小鸟叽叽喳喳叫个不停,格外的热闹。我和小朋友们常在公园里玩耍,公园里留下我们的欢歌笑语,感觉真的很好"。

写真实的生活并不排斥合理的想象和虚构。当然,这种想象和虚构应当是"有中生无",要建立在丰富多样的原始材料的基础上,符合一定的生活逻辑,不能弄虚作假、胡编乱造。小学写作教学还需要指导学生对写实性的写作和虚构性的写作进行区分,识别事实与观点、想象的差别。

(三)作文要表达真情实感

写作要写实事,要抒真情。情感是习作的灵魂。没有真情实感的习作,就像没有灵魂的人一

---

① 叶圣陶:《文章例话》,湖南教育出版社 2008 年版。

样,如行尸走肉,没有生气,生命暗淡无光,文章读起来就有枯燥乏味之感,何谈唤起情感的共鸣呢?教师,就是要成为学生情感的唤起者,让学生的情感尽情抒发,尽情表现。

学生有了生活,并不等于他们在习作中都会获取和选择恰当、典型的材料,他们有时还会感到"没啥写"。叶圣陶先生曾说:"心有所思,情有所感,而后有所撰作……"①有些学生有一定的生活阅历,通过观察,认识,了解某些事,但是思想贫乏、空洞。写作教学应引导学生积极地感悟生活。

例如,一位学生在日记里写到:"今天我放学回家,在路上看到许多人围在一起,我挤进去一看,原来是一个小婴儿被遗弃在地上,这个婴儿被花布包裹着,很可怜,而周围的人都说这小孩的父母真是狠心。"这只能算是初步感知生活中的事物表面。后来教师启发这位学生继续思考:你看到这一幕时,你是否有自己的想法,当时你联想到什么,如果你加入自己的感想和思考,那么你将会把这件事写得更完整,更有深度。这位同学经过思考之后对日记进行了补充,写道:"这是我第一次遇到这样的事,我惊呆了,这是一个多么无辜而可怜的小家伙儿,她是那么的天真无邪,可是命运却将她丢弃在路旁,她的父母为什么这么狠心呢?难道她不是他们身上掉下的肉吗?回想起来,我要比她幸运多了,同样是女孩,我的爸妈是那么疼爱我,关心我……"这样的习作既有感知又有感悟,学生思维得到了发展,情感也得到了尽情抒发。

小学生因其生活阅历少,认知发展不够成熟,对事物的认识理解难免出现片面或肤浅,他们在作文中流露出一些不成熟的思想感情也是非常自然的。对此教师需要持一种接纳和宽容的态度,不要对学生作文的思想水平提出过高要求,轻易地否定和批评学生的感受和观点。

二、从读学写,读写结合

写作和阅读有各自不同的任务和特点,但它们又有许多相通之处,可以互相促进。阅读和写作分别对应吸收和表达,一个是进,从外到内,一个是出,从内到外。教学中只有以读带写、以写促读、读写结合,才能使读写相得益彰、共同发展、共同提高。

(一)阅读和写作相互促进

阅读和写作都是就书面语言而言的。阅读是对书面语言的理解,写作是用书面语言来表达。阅读是写作的基础之一,会读书,读得多,能促进写;会写文章,写得多,同样也能促进读。阅读和写作是相互促进的关系。所以,读写结合,多读多写,既是提高阅读能力的基本途径,也是提高写作能力的基本途径。

文章是思想、内容、文字的综合体。阅读一篇文章,能从思想、内容、文字诸方面有所收益;要能写好文章,也需要思想、内容、文字诸方面的积累。阅读对写作的促进作用是多方面的,不能仅仅理解为阅读中学习词句和写作方法。只有理解得全面,才能更充分地发挥读对写的促进作用。

1. 阅读是写作的重要来源之一

我们说生活是写作的源头,这是从根本上说的。一个人的知识,既有直接经验,又有间接经验。人不能事事都来自直接经验,事实上多数知识都是间接经验。间接经验的主要来源是阅读书面的资料。从阅读中获得的许多知识,常常可以成为写作的内容。学生阅读了文章,消化了,

---

① 刘国正主编:《叶圣陶教育文集》第3卷,人民教育出版社1994年版,第287页。

吸收了，在写作中就能成为自己的经验表达出来了。当前，小学生作文不知道写什么，内容不够丰富，表达不够清楚，除了生活不充实外，读书太少也是一个原因。

2．学生从阅读中可以学习语言和表达方法

读和写的关系不仅表现在"写什么"上，而且表现在"怎样写"上。可以说，阅读是获得作文范例的基本途径。学生阅读不仅仅是理解文意，而且可以积累好词好句，并感受文章的结构和表达方法。这些经验可以转而运用于学生自己的写作中。

3．阅读可以使学生受到多方面的教育

学生通过阅读可以受到感情的熏陶，扩大生活视野，加深对生活的理解；可以增加知识积累和提高文化素养，这些对于作文都有积极的影响。

（二）读写结合的基本途径

读写结合有许多方法。例如，给学生提供一些书面材料，让学生撰写文章；对一篇文章进行续写、改写、扩写、缩写，如学完《穷人》后写《桑拿拉开了帐子之后》；学了《凡卡》写《凡卡今后的生活》；学完《小珊迪》后写《小珊迪的弟弟长大了》；此外，还可以写读书报告或读后感；读书时摘录精彩句段，等等。

读写结合的基本途径是抓住读和写的共同点进行训练，也就是围绕语言文字、文章内容、作者思想感情等组织相应的学习活动。例如，读的时候理解词句意思，把握事物的细节特点，体会作者的思想感情；写的时候把词句用恰当，把事物写具体写生动，把思想感情表达清楚。

以读带写，关键是善读，重心是摹写。以《地震中的父与子》一文为例，教师可引导学生抓住描写父亲神情的词句去体会父亲的内心活动；抓住作者描写时间的句子，去体会父亲挖废墟的艰辛和父亲心中坚定的信念及浓浓的父爱；通过对描写父亲外貌的语句的感悟，去体会父亲的坚强和伟大。进而让学生领悟到描写人物的特点可以通过外貌、语言和动作来体现这一写作方法。课后再让学生根据本课学到的描写人物特点的方法，写一个人，练一次笔，自然会取得事半功倍的效果。

再如《落花生》一课，这是一篇借物喻人的文章，作者许地山从落花生与苹果、石榴的特点进行对比，领悟到了做人的道理。学习完这篇课文后，可以引导学生谈谈，从身边的事物中领悟到了什么，然后选择一种熟悉的事物写写。这样练习，可以让学生把在阅读中学到的相关知识用到实际的写作之中去。

唐代大诗人杜甫说过"读书破万卷，下笔如有神"。上述几个例子就是在课堂教学中，采取读写结合的方法，重视了语言文字训练，既培养了阅读能力，积累了语言，注重读写结合，又让学生学到了一些写作的方法，并锻炼了写作能力。

在语文课堂教学中，读与写必须有效衔接在一起。在读与写的有效衔接的教学中，如果强调写而忽视了读，写就会陷入盲目性，写者会江郎才尽；但如果强调读而忽视了写，只注重在阅读中学习写作方法而不注意学生的写作实践，则学生难以将阅读所学迁移运用到写作中。正如学习游泳，不仅要看别人怎样游，学习了解游泳的动作要领，更要下水实践。

（三）从读学写重在积累

说阅读是学生获得作文范例的基本途径，学生可以从读中学习怎样写，这是从广义上说的。

如果狭义地理解读写结合,认为学任何一篇文章都要立即让学生"依葫芦画瓢",这种理解是片面的,不利于学生阅读和写作能力的提高。要想让学生从阅读中受到多方面的教育,必须在日积月累上下工夫。一方面,读写结合要以大量阅读为基础。这样,当学生写作时,那些与作文有关的自然知识和社会知识,那些适合于表达内容的写作手法,那些用在这里恰到好处的词语和句子,都会在学生脑子里跳出来。另一方面,阅读教学和写作教学要选取恰当的学习材料,有目的地进行一些读写规律的指导,帮助学生将阅读中积累的语言和学会的方法运用到自己的写作中。

三、指导写作从内容入手

文章有内容有形式,是内容和形式的统一体。文章的内容是指它所反映的社会生活和作者的思想感情,文章的形式是指它的结构、语言、体裁等。小学写作教学要处理好内容和形式的关系。

(一)内容决定形式,形式为内容服务

关于文章内容和形式的辩证关系,叶圣陶先生发表过许多精辟见解,"内容决定形式,而形式是内容的定型"①是具有代表性的警句之一。

这句话的含义极为深刻。首先,它揭示了内容和形式相辅相成、不可分割的关系。叶老曾经多次说过,文章的内容就是人的认识和经验。而认识和经验藏在头脑里,别人无从知道。要让人家知道,必须把它拿出来。可是藏在头脑里的认识和经验不像藏在口袋里的烟卷,如果不形成一个定型是拿不出来的。要拿出来就得说出来,或是写出来。这说出来的话,写出来的文章,就是形式,就是头脑里的认识和经验的定型。由此可见,如果根本没有内容可以拿出来,纯粹的形式不可能存在;同样如果没有形式,赤裸裸的内容也无法拿出来。

这句话还揭示了文章内容对形式的决定作用以及形式对内容的反作用。首先,作者头脑中有什么样的认识和经验,说出来的话和写出来的文章中,就只会有这样的认识和经验,不会有其他。其次,定型是否合适,又对内容的表达有反作用。如果定型完美,一不走样,二不凌乱,三不啰唆,就能把自己的认识和经验准确明白地告诉别人;如果定型不合适,可能会使内容走样,也可能使别人完全弄不清内容是什么。所以,对文章的形式应该讲究,不能忽视。而讲究形式的目的,正是为了更好地表达内容;讲究形式的标准,主要看是否有利于内容的表达。

(二)从内容入手指导写作

指导学生写作要从内容入手,这是长期以来广大语文教师进行写作教学改革实践经验的科学总结,它揭示了写作教学的基本规律,为提高小学写作教学的效率指引了正确的路子。

1. 丰富生活,积累写作素材

老师必须有意识地丰富学生的生活,帮助学生从丰富多彩的生活中获取写作材料。为丰富学生的生活,老师可根据写作的训练要求,结合学校的专题教育,利用班队会、课外活动时间,有意识地开展一些活动,并努力使思想教育和写作训练同步。当学生对某些题材缺乏细致了解时,可指导学生到实地去参观访问。

---

① 《叶圣陶语文教育论集》,教育科学出版社1980年版,第538页。

指导学生观察和分析事物,包括在观察中发现事物的新特点,及时记录新发现并加以合理想象和加工整理,转化为写作材料;还包括指导学生养成留心观察的习惯,做生活的有心人。教师可以组织多种形式的练笔和写作活动,引导学生随时将生活中的点滴体验和感受记录下来,例如给老师写信谈心,写读书笔记、学习日志、观后感、观察日记、周记等。这些形式多样的写作活动与学生的生活实际、思想实际有紧密联系,能让学生有话可说、有事可写,既保护学生的写作兴趣和写作信心,也可以通过多写多练提高学生的语言表达能力。

除了丰富和积累关于生活的直接经验外,教师还要鼓励学生阅读书报,收听广播,观看影视,从关于社会生活、自然生活的报道与介绍中增长见识,拓宽视野,丰富生活经验,进而形成写作材料。

在作文指导课上,教师也可以围绕写作主题创设情境,让学生观察录像、幻灯片,听录音或动手演示,也可进行拼图剪贴,观察图片,或小实验、小制作等,让学生动手演示,用眼观察,动脑思考,用口描述,拿笔记载。

2. 在交流中理清思路

习作指导中可以安排交流和讨论的环节,让学生围绕写作主题,回顾、讲述、议论已有的生活经验。这样可以使学生相互补充相关的写作素材和语言表达,加深学生对写作主题的理解,丰富学生的语言表达;同时,学生的讲述和议论可算是一种口头创作的过程,能够帮助学生澄清自己的想法,理清表达顺序,为随后的写作打好基础。

在组织学生交流时,教师要抓住典型事例,引导学生关注各自经验和观点的异同。遇到观点不一致时,不急于统一意见、下结论,而是引导学生继续搜集资料,通过分析比较,逐步得出自己的认识。在交流时,老师还应有意识地对学生的语言表达进行指导。引导学生逐步做到围绕中心、突出重点、有条理地、具体地讲述。

第二节　写作能力的培养

写作能力是多种因素的综合表现,主要包括两方面的能力,即一般能力和写作专门能力。一般能力如观察力、思考力、想象力等,写作专门能力如搜集素材能力、选材立意能力、构思组材能力、语言表达能力、修改文章能力等。

一、作文的一般能力

写作文首先要有内容。观察、思维、想象是打开作文内容宝库的金钥匙。没有观察事物和分析事物的能力,就不可能有写作的能力。

(一) 观察能力

观察是有目的、有计划的知觉过程。儿童靠观察去认识周围的世界,积累思维和想象的表象,提炼写作的材料。对小学生而言,观察能力表现为留心观察、仔细感知、恰当运用基本观察方法等,简单说就是要多听多看,多记多写。

首先,观察要有明确的方向和一定的选择性。学生要明确观察的目的、任务,做到有意识地去看去听,把注意力集中在需要观察的对象上。小学生在观察过程中,情绪性比较明显。他们在观察时常常易被他们最感兴趣的事物所吸引,容易离开观察目的,分散注意力,因此,在观察前一定要指导学生明确观察目的,定好观察对象,引起学生对观察对象的兴趣。以到郊外寻找"春天的脚步"为例。郊外有青山,有绿水,有高楼,有小院,有树林,有花草,有农田,有草畦,有过路的行人,有耕田的农民……这么多的东西,如果老师不把观察目的交代明确,学生就可能跑到河边去捡贝壳、捉小虾,忘记多听多看。因此,教师在观察前需要引导学生明确观察的任务,抓住能表现春天到来的事物进行观察,如地上的小草、河边的嫩柳、枝头的新芽、飞翔的燕子、迎春的花朵……对早春特点表现得不明显的事物,就可以少花些工夫。

其次,观察要有一定的顺序,如由远及近或由近及远,从左到右或从右到左,从里到外或从外到里,从上到下或从下到上,从整体到部分或从部分到整体等。观察有顺序,写作才会有条理,写作内容也才能清楚、全面。如果观察的角度任意变化,忽东忽西,则写作内容会显得颠三倒四,即使文字很长,也会让读者不知所云。例如,一个学生观察小猫后,写了这样一段话[①]:

"这只小猫有长长的胡子,浑身长着白白的毛。圆圆的眼睛乌黑发亮,弯弯的小尾巴一翘一翘的。红红的小嘴,雪白的牙齿,像是在对人笑。在阳光的照耀下,眼睛眯成一条缝,身上闪着银光。"

短短的一段话,如果能按照头、身、尾这样的顺序来写,则小猫的形态特点会跃然纸上,让读者仿佛亲眼看到这只小猫一样。

再次,观察要综合运用多种感官,多方感知,把握细节。要使观察深入,不仅要用眼看,还要耳、鼻、舌、身、脑并用,调动各种感觉器官,用眼仔细看看,用耳仔细听听,用鼻仔细闻闻,用手仔细摸摸,用脑仔细想想。对事物的感知应全面而细致,了解事物的细节、全貌、变化过程。例如,一位教师在写作教学中演示了一个"水下火山"的科学小实验,要求学生将观察到的实验过程写出来。一位学生由于看得不全不细,写得十分简单:

"只见从墨水瓶里升起一股水柱,渐渐布满整个广口瓶。那景象就如火山爆发一样。红墨水从墨水瓶里升起,直到布满整个广口瓶。"

后来,老师把实验重做一遍,做之前对学生观察提出了具体要求。之后,该同学对之前完成的"小练笔"进行了认真修改,形成了下面的文字:

"老师把盛有红墨水的小瓶放入广口瓶的水中,奇迹发生了。只见一缕缕红色水柱从墨水瓶口升起,颜色由浓变淡,形状由细变粗,真像火山喷吐着炙热的岩浆。接着,'岩浆'又沿着水面向四周蔓延,那景象犹如夏日傍晚满天的红霞。后来,'岩浆'又沿着瓶壁渐渐向下扩散,不一会儿,整个广口瓶里的水都被染成淡红色了"[②]。

修改后的这段文字不但写出了水柱冲向水面,瓶里的水被全部染红的实验全过程,而且细致地写出了水柱的形状和颜色变化,给人以具体、真切的印象。

(二) 想象力

想象与写作犹如树与根、水与源,彼此有密不可分的关系。想象,是一种艺术的思维能力,生活中看来平淡无奇的面貌会因想象而充满了绚丽的色彩,事物的看来千篇一律的形状会因为想

[①②] 米仁顺:《例谈习作教学中观察能力的培养》,人教社小语网 http://www.pep.com.cn/xiaoyu/book/xy_dsyz/sw4/xyjxyxxyj/201008/t20100820_683438.htm

象而显得变幻莫测。缺乏想象的大脑,是干涸的大脑,没有想象的写作,是枯涩的作品。在小学写作教学中培育学生想象力的重要策略有:

1. 表象导入

表象是想象的原料。在习作教学中,教师要导引学生从丰富的表象入手,由此及彼,举一反三。如按照事物的相似性进行想象,在黑板上画一滴水,让学生据"水滴"展开想象,纽扣、球等物体向下坠的形态……皆可成为描写对象。还可根据学生的爱好,启发大胆想象,如爱好美术的同学,可让他们围绕色彩、几何图形等进行想象;爱好音乐的同学,可让他们听琴声、虫声、风声、水声……展开想象。在教师的循循善诱下,变求同思维为发散思维,学生就能触类旁通。

2. 想象性写作

写作题材不同,对想象的要求也不同。小学的写作教学可以多选取想象性的话题,激发学生的想象欲望。具体题材包括按现实逻辑进行跨越时空的想象,如《2015年的我》、《100年前的今天》、《月球上的度假村》等;对假设情形下的事物进行想象和描绘,如《沙漠历险记》、《如果我在野外迷了路》、《多功能书包》等;通过天马行空的幻想,描绘各种各样的童话世界,等等。

(三)思维能力

思维是人脑借助于语言对客观事物的间接的、概括的反映。小学写作训练就是在教师引导儿童对阅读和观察到的事物进行思考,并将思维的成果运用语言文字再现出来。在这个过程中,思维起着很重要的作用。

儿童在写作中的思维活动要经过这样一个过程:首先要准备材料,就是通过形象思维获得与习作有关的感性表象和典型形象;接着,有了材料后,要依靠分析、综合、比较、抽象和概括等抽象思维活动决定材料的取舍和顺序安排;然后,选择适当的语言把思考的过程和结果具体清楚地呈现出来。可以说,写文章的过程就是一个思维的过程,指导写作也就是在训练思维。写作教学要引导学生在观察中多问多想,透过丰富的表象抓住事物的本质和规律,把握事物的相互联系;逐步学会按照一定的条理和顺序记忆和再现事物。

在小学写作教学中培养学生思维能力,还要注意选取有思维价值的写作题目。思维是由问题而产生的,并以问题的解决而结束。在作文课上,小学生表达的愿望和意向,一般同写作的题目密切相关。切合学生实际,对学生写作思路有一定启发的题目就是一种"诱因",能帮助学生打开记忆的大门,激发他们表达的愿望。

二、命题、立意、选材、组材能力

命题、立意、选材、组材,这是写作的基本过程,主要涉及写作内容的选择和组织。命题、立意就是拟定文章题目,确定文章的中心意思;选材、组材主要是围绕文章的表达意图,对从生活实际中积累的素材进行选择和编排,对文章内容进行布局谋篇。这些能力与思维能力的关系非常密切。立意的能力反映了学生对生活的认识和感受;拟定题目的能力体现了学生对观点的概括和提炼;选材、组材是学生整理自己思路的过程。审题要准确,立意要新颖,选材要恰当,写作要有条理,这都要以思维的准确性、深刻性、独创性、逻辑性为前提。

(一) 作文选材的能力

文章是准备给人家看的,每一篇文章都有一个中心,否则就没有写的必要。

选择写作材料必须围绕中心,服从中心。无论是记人还是叙事,都必须符合主题的要求。同主题有关的材料就选取,同主题无关的就不采用。拿《董存瑞舍身炸暗堡》一文来说,董存瑞是个英雄,他一生留下的动人的能教育人的英雄事迹必然是很多的,如果都写出来,可以写成一本书。但现在要写一篇短文向学生介绍董存瑞,那就要根据此文的中心——歌颂董存瑞为了人民的解放事业壮烈牺牲的革命精神,选取他奋不顾身炸暗堡这一件最感动人、最能使人受到教育的材料来写。学生读了此文,董存瑞的英雄形象好像就在眼前,因而受到教育。这就是围绕中心选材的效果。再如写"我的奶奶"。有的学生确定这样的中心——反映奶奶俭朴的生活,赞美奶奶艰苦朴素的好作风。那么选取材料就应当围绕"俭朴"二字来进行,如衣服补了又补,袜子总是由她自己织成的,至于热心集体工作等材料就可以不选取了。

目前小学生在作文中常犯的毛病是面面俱到,中心不明确,重点不突出。以"一个爱劳动的同学"为题写出的文章,可能几句话表扬他爱劳动,几句话说他热心帮助同学,再几句话赞赏他不自满。一篇文章有几个中心,让读者看后感到模模糊糊,不清楚文章究竟想说明什么。对这样的情况,教师应当结合范文给以针对性的指导,使学生明白,写文章一般要有一定的目的,提倡什么,反对什么;赞扬什么,批评什么,观点要鲜明集中。要求学生在动笔之前,对自己要表达什么有基本的观点或明确的意图,这就是确定中心。中心明确了,就可以围绕中心选择材料。要从头到尾一条线,所有材料紧紧围绕一个中心,扣在一个点子上,表达出一个明确的意思。

(二) 布局谋篇的能力

写文章除了把有关中心的话写进去外,还要对材料和语言排列得当,使中心能够得以显现。那些漫无限制的随意话,像藤蔓一样爬开去的枝节话,都该剔除干净,不让它们浪费笔墨。一篇文章必须把要紧的话都写进去,此外没有一句啰唆的话。叙述一件事情得注意详略。对于事情的经过不能作同等分量的叙述,那些要让读者详细明白的部分应当不惜笔墨,那些不必让读者详细明白的部分就要一笔带过。转述别人的话也要注意选择,不能照单全收。

写文章就好比建造房子,先要绘图、计划,考虑整个结构,做到合理布局,这就叫"布局谋篇"。如果一篇文章布局合理,结构严谨,那么写出来之后,不仅思想正确,内容具体,而且会详略得当,有条有理,脉络分明,所以进行布局谋篇的训练就显得特别重要。

进行这种训练,要注意培养学生逻辑思维的能力,使学生思路清楚,有条有理。这就要求教师一方面在阅读教学中,要引导学生理清每篇课文作者的思路,分析段落层次,概括段落大意,弄清课文的结构。同时,要学生抓住主要内容,归纳课文的中心思想。另一方面,在习作教学中,要指导学生首先对题目进行周密思考,开始写什么,接着写什么,最后写什么,写作的思路要清楚。这样写出的文章,才会有条有理,层次分明。

写作教学还要指导学生安排文章的结构。如果把一件事从头到尾,原原本本,平铺直叙地写下来,虽然不能说文章怎么坏,但是显得平淡无奇,读来会索然无味。假如动一动脑筋,在结构上下一番工夫,先从事情的中间写起,然后再补叙事情的原因,引出事情的结果;或者从事情的结果写起,接着倒叙事情的原因和经过,最后再回到事情的结果上来。这样文章就会显得曲折动人,引人入胜,与平铺直叙的叙述,效果是大不相同的。小学高年级的写作教学可以适当进行这方面的指导,使学生能够根据文章的内容,安排好文章的结构。要让学生懂得写文章不能千篇一律,一个套套,一种模式。光是确定中心思想,选择好材料还不够,还要把材料组织好,安排好。如写作之前,要考虑好怎样开头,怎样结尾,怎样过渡,怎样照应,哪些详写,哪些略写。要把这些都想好了,安排好了,才能动笔写作。

为了做好选材和组材,可以学习编写作文提纲。具体说,就是想想用哪些素材来表达中心思想,再想想先写什么,后写什么,哪些材料分开写,哪些材料合起来写,什么地方多写一些,什么地方少写一些,怎样开头,怎样结尾,等等。所有这些都进行比较周密的考虑之后,文章的骨架就基本搭起来了。这个骨架如果用简单的文字写下来,就是作文提纲。有了骨架,再加上语言文字等"血肉",一篇文章就成了。养成编写作文提纲的能力和习惯对写好文章有一定的积极作用。为了进行这方面的训练,教师可根据儿童的生活实际,结合已经学过的课文出一批题目,只要求儿童定中心,拟提纲,谈构思,不一定每篇都写成文章。然后让学生互相讨论,看看中心是否定得对,提纲是否拟得好,思路是否清楚。教师专就"中心"和"提纲"进行评讲。这种训练的次数多了,学生拿到一个习作题,就知道应该怎样去思考,怎样去布局谋篇。

三、遣词造句能力

准确地遣词造句是最基本的表达能力。如果把作文比作造房子,造房子需要砖、木、钢筋、水泥,而文章要用词语和句子组织起来。好的文章需要用词准确、合乎规范,句子通顺、符合语言习惯。准确运用词语意味着选择和运用表达意思最准确的词,并按规范对词语进行合理搭配。词语按照语法规则组织起来就成为句子。只有把每个词都用恰当了,每个句子都写顺当了,再加上篇章组织得有条有理,整篇文章才可能写通顺。

培养遣词造句的能力,要让学生积累大量的词语和句子示例。语文教师要采取灵活多样的方法,如抄写、背诵、分类、改错、填空、比较、听写等,引导学生感知和记忆词语和句子,分析和掌握词句的结构和搭配规律,并在多种语言表达实践活动中尝试运用这些词句,努力把句子写得通顺、具体、生动。

词句的理解和积累要与阅读教学相结合。在阅读教学中引导学生理解词语的含义、用法、搭配规律。特别是对同义词、反义词、多义词,要结合具体语句引导分析、比较;对虚词,要引导学生明确它们在句子结构上的作用;对形容词、比喻句等要指导学生感悟和体会它们的修饰作用和表达效果。

培养遣词造句能力,还可以组织多种形式的造句练习,一方面可使学生深刻地理解词义,另一方面可使学生掌握用词构句的方法。用词造句的方式方法很多,例如仿照范例说词语或句子;按固定句式完成句子;将零散排列的词语整理成句或将打乱顺序的句子重新排序,组成一段话;直接用词造句,等等。

第三节 写话和习作教学的实践

写作是学生运用祖国语言文字,展现自己对客观世界的认识和理解,表达自己的思想感情的过程。新中国成立以来,广大的小学语文教师积极从事写作教学改革,有很多新的创造和尝试,在小学写作教学方面积累了丰富的经验。

一、明确教学目标

写作教学的目标是全面提高学生的作文素养,明确这一目标并切实按照这样的目标来组织教学,才能保证写作教学有成效。

(一)全面认识写作教学的目标

长期以来,写作教学的现状不能令人满意,这与写作教学目标的认识不够明确有一定关系。写作教学目标不明确主要有两方面表现。

一个表现是对写作教学的目标理解得比较狭隘。认为写作教学只要指导学生学习语言和写作技巧就行了,对学生认识事物的能力缺少关注。事实上,能不能写好作文,既取决于运用语言文字的能力,又取决于对客观事物的认识。例如,学生作文语句不通顺,可能有遣词造句能力的原因,但也可能是因为学生观察不够仔细,对所描绘的事物认识不够清楚,认识上的含糊造成了语句上的不通。又如,学生作文条理不清往往是思路不清的反映。

写作的问题主要是思想而不是技巧问题。我国著名的美学家朱光潜先生说过,"就我自己的经验说,我作文常修改,每次修改,都发现有话没有说清楚时,原因都在思想混乱。把思想条理弄清楚了,话自然就会清楚。"[①]从这里不难看出,写作教学必须把训练思维和训练语言统一起来,把提高认识事物的能力与提高语言文字的表达能力统一起来。

另一个表现是从应试的角度窄化写作教学目标,仅仅关注让学生在考试中取得好分数,而不关注培养学生认识事物和语言表达的能力。有的教师花很多力气猜题押宝,主要围绕考试可能涉及的作文主题或所谓的"考点"对学生进行作文训练,甚至要求学生背熟范文,以便在考试时套用。叶圣陶先生在数十年前就指出,为了应付考试而学习,所得是虚而所失是实。现在背上几篇好文章去应付考试,即使碰对了,所得到的也只是骗人骗己的高分数,所失去的不仅仅是扎实的语文基本功,还是去了严谨的学习态度和诚实的做人本色。坚持教书育人的教师应该坚决摒弃这种做法。

全面认识和落实写作教学的目标,需要建立科学的写作教学质量评价体系,发挥质量评价对教学的积极导向和促进作用。很多学校已经改变了一次作文定高低的做法,注重平时每一次作文的考查。有的教师评价学生作文注重看发展和进步,引导学生自己和自己比,鼓励学生一次比一次写得好。

(二)明确各学段写作教学要求

提高认识事物和语言表达的能力需要一个发展过程。写作教学应遵循学生发展规律,扎扎实实地进行训练。

1. 第一学段的写话教学要求

一二年级学生的思维以具体形象思维为主要形式,语言表达方面一般只能表达对事物的表面的、感性的认识。书面表达方面尚属初步萌发阶段,写作教学的训练形式主要是写话。写话与

---

① 朱光潜:《朱光潜美学文集》第2卷,上海文艺出版社1982年版,第88页。

作文的最大区别是不要求写出完整的篇章,不必拘泥于写文章的种种规矩,也不必考虑书面表达的连贯性和书面用语的规范性,只要意思不错,都可以根据自己的想法放手去写。

写话训练的内容主要是学生的所见所闻、所感所想。最初的写话活动往往需要一些辅助手段,例如看图写话,为学生提供一幅或多幅反映其生活实践的图画,引导学生观察图画的人物,想象人物的经历和相互关系,在口头交流之后再写出几句话;再如剪贴作文,鼓励学生根据自己的兴趣和表达愿望,将废旧报纸杂志上的图片或文字剪裁下来,加上树叶、花瓣、自己剪出的彩色纸片等,贴在作文本上,写上相应的语句;还可以让学生先把想法画出来,然后再写上相应的词句。最初可能只有一两个词,逐渐会扩展到一句话或几句话。

刚开始写话时,学生可能会引识字量有限而遇到有话不知道该怎样写的情况,此时可以鼓励学生用汉语拼音替代,或者用一些示意图来表示想写而不会写的字的意思。这样有利于保护学生的写作欲望。一般到二年级,学生已有一定的识字基础,有可能随时记录身边发生的趣事,写下自己心里想的话,此时可以尝试写简单的周记或日记。

2. 第二学段的习作教学要求

三四年级学生的思维发展处于过渡或者说是飞跃时期,即从以具体形象成分为主要形式转变为以抽象逻辑成分为主要形式。这是学生书面语言发展的关键时期,正式开始学习用书面语进行写作。这一阶段写作教学的重点是帮助学生顺利完成从写话到独立完成一篇习作,感受书面表达的意义和基本要求。对学生的写作指导要与阅读教学紧密联系,使学生感知和体会书面表达的多种形式及其与表达意图和内容的对应关系,进而将阅读所获迁移运用到自己的书面表达中,尝试用多种形式表达思想,与人交流。

书面表达与口头表达的一个重要区别是,前者要求意思完整、语句连贯。根据我国小学语文教学实践的经验,中年级写作教学可以多采用写片段的训练形式,要求学生围绕一个意思,如一个人物的外貌、一种小动物的习性、某事件的经过等,写一段文字,做到语句通顺连贯,按照一定的顺序进行有条理的表达。一般在写之前,可以先让学生说一说要写的具体内容,然后再落到笔头上。做到先说后写、说写结合。

3. 第三学段的习作教学要求

五六年级学生的思维基本是抽象逻辑思维,能够对所见所闻的感性材料进行抽象概括,提炼出中心思想。写作教学的重点是指导学生围绕一个中心意思分几个段落完成一篇完整的文章,做到内容具体,感情真实。习作指导中可以结合学生的作文实例,就一些书面表达的规律性知识进行学习和讨论,提升学生对书面表达的理性认识,如适当地对记实作文和想象作文进行区分,对比文章开头或结尾的不同形式及其表达效果,分析和评价文章重点内容是否具体、生动,等等。

专栏 6-1

义务教育语文课程标准2011年版小学各学段写作教学目标和内容

第一学段(1—2年级)

1. 对写话有兴趣,留心周围事物,写自己想说的话,写想象中的事物。
2. 在写话中乐于运用阅读和生活中学到的词语。
3. 根据表达的需要,学习使用逗号、句号、问号、感叹号。

> 第二学段(3—4年级)
> 1. 乐于书面表达,增强习作的自信心。愿意与他人分享习作的快乐。
> 2. 观察周围世界,能不拘形式地写下自己的见闻、感受和想象,注意把自己觉得新奇有趣或印象最深、最受感动的内容写清楚。
> 3. 能用简短的书信、便条进行交流。
> 4. 尝试在习作中运用自己平时积累的语言材料,特别是有新鲜感的词句。
> 5. 学习修改习作中有明显错误的词句。根据表达的需要,正确使用冒号、引号等标点符号。
> 6. 课内习作每学年16次左右。
>
> 第三学段(5—6年级)
> 1. 懂得写作是为了自我表达和与人交流。
> 2. 养成留心观察周围事物的习惯,有意识地丰富自己的见闻,珍视个人的独特感受,积累习作素材。
> 3. 能写简单的记实作文和想象作文,内容具体,感情真实。能根据内容表达的需要,分段表述。学写读书笔记,学写常见应用文。
> 4. 修改自己的习作,并主动与他人交换修改,做到语句通顺,行款正确,书写规范、整洁。根据表达需要,正确使用常用的标点符号。
> 5. 习作要有一定的速度。课内习作每学年16次左右。

二、指导学生表达自己的意思

小学的写话和习作教学大多以班级授课的形式进行,但学生写的过程主要表现为独立操作。学生写作时,对同一个活动、同一件事、同一个人,看法会不同,认识的深浅也不同;即使看法和认识相同,写文章的顺序和词句的运用也会不同。教师面对几十个学生进行写作教学,必须要尊重学生的个性差异,充分发挥学生各自的创造性。

在写话和习作教学实践中,存在着对学生限制过多,练习内容和形式过于统一的现象,这不利于发挥学生的创造性,也不利于提高学生的写作能力。教学必须坚持要学生表达自己的意思,让每一次的写作实践都成为学生表达自己意思的尝试。

(一)帮助学生认识写话和习作与自己生活实践的联系

指导学生表达自己的意思,除了丰富其生活经验,使他们形成可以叙说的意思感情外,还要让学生认识到自己的经验和想法值得书写。当前,有不少学生对写作文感到头痛,觉得没什么东西可写,其主要原因是没有体会到写作与自己生活实践的密切联系。

与大中学生相比,小学生的生活经历比较有限,但可以在写作中进行表达的生活阅历还是有一些的。从家庭、学校到社会、世界,其中发生的许多事情可以引起他们的关注。除了耳闻目睹的亲身经历外,他们还可以从图书、报刊、电视、网络、手机等多种媒介获得各种信息。他们有强烈的求知欲和辨别是非的要求,有自己的喜怒哀乐、爱恨好恶。这些种种经验和感悟都可以作为写作的素材。

平时孩子们在一起,叽叽喳喳,有说不完的话,但是提起笔来就觉得没什么可以写。产生这种情况的一个原因是学生对作文有神秘感,认为写作是一种非同一般的事情。因此,写作教学首先要帮助学生消除这种错误的理解,让学生懂得,写作不一定要华丽的辞藻,也不一定要搜求或编造重大或离奇的事件;写作不过是用笔来说话,用明白的语言向别人叙说自己熟悉的事情和真实的思想感情。

写作教学还要引导学生重视各自的经验和想法,不要轻易地判断某种经历"好"或"不好",并据此简单地将某些经历排除在写作素材之外。例如,一位教师让学生写"书店见闻"。有个学生对一段经历很有感触:他去买书时,售货员只顾聊天,对顾客爱理不理,以致他没能找到他想买的书。但是,他觉得这个事件"不好",不能写到作文里去,因而难以下笔。教师了解他的想法后,结合一些范文,对写作选材进行了一些指导,使学生认识到生活中不仅有真善美,而且有假丑恶,写作不仅仅要弘扬真善美,也需要鞭笞假丑恶。于是,这位同学在作文里记叙了整个事件,并在作文里表示,自己要以售货员为镜子,将来认真工作,待人热情。

再如,学写信时,一位同学想给表姐写封信,告诉她一件令自己惭愧的事:她是班级图书管理员,有同学来借一本她自己非常喜欢的图书时,她谎称该书已被借走。事后她很后悔。但是,她觉得这种表现自己缺点的事写进作文里不太好,所以很犹豫。在教师引导下,这位同学以信件方式如实地写了这件事,并且说明自己为什么后悔。可见,适宜的写作教学需要消除学生对于作文的片面理解,使学生生活中的各种见闻感受能够源源不断地涌进他们的作文中。

对于学生在作文里呈现的与众不同的经验和感受,教师要给以充分的肯定,这不仅是在鼓励学生个性化和创造性的写作,而且表现出对学生独特经验的尊重。例如,有一次学校组织去恐龙园春游,回来后学生都写了日记,抒发自己愉悦的心情。其中有个孩子由于在春游时走神,和班级失散了一段时间,后来很快找到了队伍。由于他的这段特殊经历,他在作文中着重写的不是恐龙园的美景,而是他发现自己已经和班级走散后的无比恐惧、彷徨,以及找到班级之后那种欣喜若狂的激动之情,小作者的心理刻画十分逼真。尤其是在文章的结尾处,他写道:"唉,今年的春游对我来说,留下的不是美好的回忆,而是无穷的后悔和懊恼,不知我何时再能领略恐龙园的美妙风光呢?"谁说春游非得表达愉快之情?这才是真实的经历,真实的感受呢!正是由于小作者写出了自己的真情实感,所以文章特别感人肺腑。

(二)引导学生积累写作素材

写作教学要引导学生做生活的有心人。作文课的时间应尽可能多地让学生进行写作实践。有的教师会在作文课上花费很多时间创设情境,如写家里请客,就在课堂上模拟送请柬、买菜、迎接客人……再让学生叙述这个过程,然后再写作。这样的活动偶尔一试是可以的,但不宜作为写作教学的常规形式。写作教学应该引导学生看到生活中有很多值得一写的内容,例如听课时产生新的想法,有了新的发现;课间与同学开展有趣的娱乐活动;读名人传记、看传奇小说,受了感动,有了体会;在科学课或综合实践活动课上做实验;参加或者观看运动会、文艺表演,等等。通过教师提问、呈现范文、同学相互交流等途径,学生逐渐能够从看似平凡的日常经历中发现和提炼出很多的写作素材。

捕捉机会,适当引导学生即兴创作,也是指导他们积累写作素材的好办法。写作教学不必拘泥于语文课本所要求的写作内容,可以结合近期国际、国内,乃至社区发生的大事件,引导学生进行写作实践。例如,奥运会期间可以读奥运新闻,写奥运赛事报道;宇宙飞船顺利升空后,写一写自己看到这则新闻时的感想,等等。即便是学生身边发生的"小插曲",如教室里飞进小虫子、同学之间的辩论、小组讨论中产生的奇思妙想等,也可以成为学生即兴作文的机会。例如,冬季的第一场雪来临时,学生坐在教室里,心却飞向了操场。教师考虑到学生对雪花飘飘的场景很有兴致,感觉这是一个比较难得的即兴作文的机会,于是组织学生来到操场上,观察雪片纷纷飘舞的形态,对比雪花的多种样式,感受玩雪的快乐;教师还提醒学生注意周围的环境和人物,记住自己的感觉和想法。待回班后再进行作文小练笔。这样的即兴创作因为学生有切身经历,往往会写得比较真实具体、形象生动。

(三) 作文命题要鼓励学生表达个性化的经验

命题作文是小学中高年级及中学写作训练的一种常见方式。其优点是可以使写作教学有计划、有系统地进行,便于教师对学生进行统一的指导和讲评。但是仅仅依靠命题作文进行写作教学是不恰当的,因为教师或教科书出的题目,学生不一定有内容可写,也不一定有表达的愿望。因此,写作教学要让学生表达自己的意思,就必须对命题作文进行改革。

首先,作文命题要从学生的生活实际出发。教师要了解学生的生活,知道他们近期常开展什么活动,有哪些见闻,对哪些事物感兴趣;能够设身处地地想象学生的真情实感,然后选定学生愿意写和能够写的题目组织写作教学。这样的题目尽管是由教师提出,但考虑到了学生的经验和表达愿望,题目是在学生平时积蓄的范围之内的,学生有相应的真情实感,可以唤醒学生作文的动机。

其次,命题方式要多样。比如教师提出一个范围,由学生自拟题目,如写一件民间工艺品,"我第一次……","……,请听我说";教师出几个题目,由学生选作;师生共同讨论,确定作文的范围和题目,等等。

再有,淡化对学生的审题要求。学生根据命题来写作,必须要审题,也就是要揣摩出题目的人希望写什么,希望怎么写,揣摩怎样使自己的文章对上出题目的人的意图。如果过于强调审题,学生所考虑的就不是自己最想说什么,最急于表达什么,这是与学生表达自己的意思的要求背道而驰的。

进一步讲,审题能力对学生今后的学习、工作、生活的作用是有限的。著名语文教育家张志公先生对此曾做过精辟的论述:

"试想,我们的学生毕业之后,哪里还会有什么题目让他去'审'?他在工作和生活中要写东西的时候,不是写别人出给他的题目,而是写他自己知道的事情或者自己的思想感情,等写好以后,由自己给文章安个题目。那么,为什么要花很大力气去教他一套终生用不着的'审题'的本领,而不用这份精力教给他终生要用的'怎么写'的本领呢?"[①]

有人担心,淡化审题,学生作文会走题。其实,这很简单,如果学生写的文章有中心、内容具体,那么根据文章内容重新换个题目就可以了。成年人写文章也常常有这种情况,先设定了题目,写着写着,发现原定的题目不合适,就按照已写成的文章重新拟定题目。根据写作的实际,指

---

① 张志公:《张志公语文教育论集》,人民教育出版社1994年版,第334页。

导学生作文应该淡化审题的要求,注重培养学生终生要用的表达自己意思的能力,其中也包括拟定文章题目的能力。

(四)指导学生对范文进行创造性的模仿

小学生学习书面语言的表达,是从接受成人的外部语言和阅读书面语言开始的。范文能具体形象地告诉学生应该怎样写,不应该怎样写。引导和鼓励学生认真阅读范文,从读学写,这是提高写作能力的必由之路。

小学生的模仿性很强,喜欢根据自己的兴趣,模仿读物中的语言和表达方法。教师需要加以积极的引导。模仿有两种,一种是机械模仿,就是照搬或套用范文的结构或语言,甚至事件经过,只是简单替换某些人物或场景;另一种是创造性模仿,就是运用从范文中学到的语言和写作方法来表达自己的意思。例如,五年级学习写一个人,教师结合所学课文,提示学生:

"本组课文让学生们结识了不少作家笔下的人物:有顾全大局的蔺相如,足智多谋的诸葛亮,在咆哮的洪水中舍小家顾大家的党支部书记……这些人物形象鲜明,特点突出,人物背后的故事生动、感人。相信同学们在生活中也会遇到特点鲜明,给你留下深刻印象的人吧。今天我们就通过这次习作写一写这样一个人。他可以是你身边熟悉的人,也可以是偶然见到的陌生人。抓住他们的音容笑貌、举手投足,以及内心的活动,运用课文中学到的一些写人的方法,写出他某一方面的特点。写完之后可以和同学互相评一评,改一改,让人物特点更加突出。"①

从写作教学的实际情况看,如果对模仿指导不当,很容易造成机械模仿。有的教师为学生提供范文后,要求学生在作文中依样画葫芦地照着写,这不大符合写作的规律。学生写作文,应该是表达自己要说的意思。各人要表达的意思、情感不可能完全相同,也无从模仿;每个学生都有自己的思想、自己的语言,不宜模仿成人的腔调,学说"大人话"。如果一切都模仿人家的,结果葫芦可能画像了,却难以表达出自己的真情实感。针对人们对从读学写的片面理解,叶圣陶先生很早就提出要借鉴而不要模仿。他说:"借鉴就是自己处于主动的地位,活用人家的方法而不为人家的方法所拘";他还提出了区分借鉴与模仿的基本标准,"有一个尺度在这里,用它一衡量,模仿与否将不辨而自明,这个尺度就是'这文字里的表白与感兴是否确实是作者自己的?'"②

三、加强写话和习作的实际应用性

作文不能仅仅看成是语言文字的练习,也不仅仅在课堂内、学校内进行。作文训练应该和生活实践紧密结合起来。虽然小学生尚处于学习写作的阶段,写作活动侧重学习而不是实际应用,这与成年人为实际运用而写作是不同的性质,但写话、习作与实际应用之间并没有一条截然分割的鸿沟,写作教学应该把练习和应用联系起来。

(一)创设应用性的写作情境

小学生写话和习作,本来都是练习,不是真正的应用。例如,学习写信,往往虚拟情景,写好了不必寄出去。虽说这种练习的目的是为了将来学习、工作、生活中能应用自如,但学生对此不

---

① 王慧旻主编:《小学语文》,北京师范大学出版社 2010 年版,第 94 页
② 杜草甬编:《叶圣陶论语文教育》,河南教育出版社 1986 年版,第 164 页。

一定了解,因而写作的时候常常会缺少表达的动机,至多是为了取得一个好分数和赢得教师的赞扬。为了提高写作教学的质量,应当把练习和运用适当地联系起来,这就如同部队实战演习、演员带妆彩排一样。还是以写信为例,有的老师把这项教学活动变成了学生与家长沟通的活动,不仅让学生写了信,而且装进信封、贴上邮票寄给家长,随后还请家长给学生寄回信。甚至低年级写话,也可以让学生在节假日为朋友或家人制作贺卡,写上些祝福的话语。

除了在习作指导中增强应用性外,还可以通过多种形式的课外写作活动对学生的写作能力进行培养,比如学生轮流写班级日志、举办文学社、自办手抄报、当小记者、社会调查等。以自办手抄报为例,这需要多种语文能力的综合运用。每办一期手抄报,学生都要根据确定的主题广泛搜集材料,进行大量的阅读、摘抄、分析、筛选,然后还有编辑、设计、抄写、绘制插图,有时还要写小评论、编后记等。一张小小的手抄报,为读写能力的运用创造了十分广阔的天地,也为学生展现自己的才能提供了舞台。再如小记者采访活动,采访前要调查了解被采访对象的情况,拟定采访提纲;采访时要根据交谈的实际提出问题或发表意见,并进行必要的记录;采访后要分析整理材料,写出文章。

(二) 使写作有假想的读者

要体现写作的应用性,可以引导学生每一次写作时都想象作文所指向的读者。如果写了作文却不知道给谁看或只是为了交给老师,对象不明确,就容易形成为作文而作文的态度和习惯。朱自清曾说,学生写文章"知道写了是要给教师读的,实际也许只有教师读,或再加上一些同学和自己的父兄。但如果每回写作真是为了这几个人,那么写作确是没有多大趣味。……学生写作的实际的读者虽然常是这几个人,假想的读者却可以很多"。"写作练习可以没有教师,可不能没有假想的读者"[①]。张志公先生也举过许多使作文有假想读者的例子。如,

有一个没到过北京(或其他地方)的亲戚最近要来北京,并且要到学校来看你。写一段文章,告诉他下了火车之后怎样找到你的学校。注意把学校所在街道和学校门口的情况写清楚,使他根据你的说明很容易找到地方。

写一篇文章向学校的墙报投稿,介绍西郊动物园(或者你最近去过的其他公园)近来有些什么新的景色,劝同学们在星期天去游览。

弟弟(或者妹妹,或者邻居家的孩子)爱淘气,不用功。写一个你所认识的刻苦努力、品质和学习都好的学生,作为榜样,劝你弟弟向他学习。

张志公先生认为,这样出题,目的明确,有趣味,是在确实训练学生把语言文字和写作当做生活、学习和工作的工具来掌握、运用。他说,"适当的采用这种方式,可以破除学生怕作文的心理和为作文而作文,硬'做'文章的习惯"[②]。

(三) 让学生的作品有读者和听众

写作教学还可以让学生的作文真正有读者,有听众。前面提到的写信和写贺卡等活动就具有这样的特点。其他主题的习作可以在学生完成作文后组织多种形式的展示和交流活动,使学

[①] 朱自清:《国文教学》,开明书店1945年版,第148-149页。
[②] 张志公:《张志公语文教育论集》,人民教育出版社1994年版,第335~336页。

生的作文有读者或听众。展示和交流的方式可以是在墙报里张贴学生作品,将学生作文编辑成册相互传阅,同学分组互相朗读作文并围绕所写内容、文章结构或语言表达展开互评或讨论,等等。一些应用类文章的写作可以直接用于社会,比如倡议书、建议信、表扬稿等,写好后可以递交给相关的单位部门。例如,有小学以"一份建议书"为题让学生学习写作。有同学写了《愿书包早日健美——给校长的一封建议书》,迫切要求解决书包太重太"胖"的问题,并分析了导致这一问题的原因,如作业布置太多、各种资料和练习册太多等,这不仅增加家长开支,也妨害学生健康。建议书提议校长让班主任老师在教师黑板边上留出一块地方,请各科老师把当天作业都写在这里,以便统一掌握一天的作业量。这个建议递交给校长,真被校长采纳了。还有的学生针对教科书中的文字不当之处,给教科书的编者和出版机构写建议书。这样的活动不仅有助于激发学生对写作的兴趣,还可以培养他们观察、分析、认识事物的能力,促使他们学会做生活的小主人。

当然,加强写作的实际应用性必须"适度",要根据每一次写话和习作的具体情况,不宜把所有写作练习都搞成应用性的。

四、重视写话和习作的评改

写作教学不但要教给学生写作文的方法和技能,而且要教会学生改作文的方法和技能。修改作文本来就是写作的一个组成部分,只会写不会改,至多说作文才学了一半。既会写又会改,写作的本领才全面。

长期以来,写作教学存在着一定的少慢差费的现象,这同作文修改工作没有引起足够重视有关。最常见的写作教学流程是教师指导——学生写作——教师批改——学生修改和誊抄。学生往往只是参考教师的批改进行,真正动脑筋对作文进行评价的是教师而不是学生。对作文的评改环节应该从以教师评改为主转变为以学生的评价和修改为主。

(一)教给学生修改作文的方法

学生要形成修改作文的能力,需要学习修改作文的方法,并通过反复练习掌握这些方法。而在这之前,学生还需要了解作文应该写成怎么样,也就是修改需要达到怎样的预期目标。学生平时阅读的文章大多是文质兼美的精品佳作,而他们基于自己的生活经验和语言发展程度所写成的文章,与这些经典之间必然会有很大的距离,很难以这些经典为参照来设立修改作文的目标。因此,小学的写作教学应该依据学生的实际情况,对学生的作文要写成什么样提出明确的要求,使学生很清楚怎样写、怎样改才能算是达成了目标。

在学生最初学习作文修改时,教师要提供一些范例,使学生明白作文修改针对哪些方面进行,怎样修改,有哪些修改符号,等等。例如,教师可以通过修改作文的实例提示学生,作文修改既可以针对内容,比如在意思不清楚的地方补充细节信息,对前后重复的内容做适当删减等;也可以针对错别字、词句运用、标点符号,甚至版面安排等。

图6-1选自人民教育出版社九年义务课程标准实验教科书四年级上册。是1963年叶圣陶先生给当代作家,当时还是初中三年级学生的肖复兴修改的作文《一张画像》的片段。

肖复兴于1992年写了一篇回忆文章,其中谈及自己对叶老修改作文的体会。

回到家,我仔细看了几遍叶老先生对我作文的修改。题目《一张画像》改成《一幅画像》,我

一幅画像

开学了。第一节课是几何。**教室**站在门口手里拿着大三角板和大圆规的王老师，就是我们的新班主任。他那魁梧的身材，黧黑的脸，粗粗的眉毛，叫人简直看不出他是教几何的，我越看他倒越像《新儿女英雄传》里的"黑老蔡"。

上课铃一响，他走进教室，挺直腰板望了望大家，然后鞠躬让大家坐下，满都是军人的风度。说不定真是个复员军人呢。看样子，他一定挺厉害。

管他厉害不厉害，反正我的"小癣好"谁也干涉不了。不瞒你说，我上课的时候"小癣好"就是爱涂涂抹抹点儿什么，画画的差不多教过我们的老师都在我的本子上"留了影"。今天见到"黑老蔡"，我的手早痒痒了，就拿起铅笔便马上在几何课本的包书纸上画起来。

半堂多课，"黑老蔡"讲的什么，我一点也没听见，可画了一幅满有风趣的画像——"黑老蔡"骑在大战马上，手里挥舞着大三角板和圆规，口里还从吐出来几个字大："冲啊，向几何进军！"

图 6-1　叶老修改作文节选

立刻感到用字的准确性。类似这样的地方修改得很多，长句子断成短句的地方也不少。有一处，我记得十分清楚："怎么你把包几何课本的书皮去掉了呢？"叶老先生改成："怎么你把几何课本的包书纸去掉了呢？"删掉原句中"包"这个动词，使句子干净了也规范了。而"书皮"改成了"包书纸"更确切，因为书皮可以认为是书的封面。我真的从中受益匪浅，隔岸观火和身临其境毕竟不一样。这不仅使我看到自己作文的种种毛病，也使我认识到文学事业的艰巨：不下大力气，不一丝不苟,是难成大气候的。我虽然未见叶老先生的面,却从他的批改中感受到他的认真、平和以及温暖,如春风拂面。

肖复兴写回忆的时候,距离当初看文章已过去30年,但他对当时叶圣陶先生是怎么修改的仍然记忆犹新,可见印象之深刻,影响之久远。这是因为叶圣陶先生确实改得好,而肖复兴当时也确实花费了一番揣摩研究的工夫。教师对学生的作文,不可能也不必篇篇都这样精批细改,但每次可以有计划对几位同学的文章进行精批细改,充分发挥教师批改对每个学生的示范和带动作用。

(二) 组织多种形式的作文评改活动

学生修改作文的能力,有一个训练的过程。开始时,他们不大会发现作文中的毛病,发现了毛病也不知道怎样修改。教师要先"扶"着他们走。例如,在需要修改之处标上符号,让学生参照符号自己修改。这些符号可以提示学生:这个词用错了,这个句子不太通顺,这儿意思不大清楚,这儿前后衔接不上……写作教学可以组织作文交流活动,学生分组相互阅读和评议彼此的作文,然后再根据同学的意见进行修改。对学生作文中存在的个别性问题,可以采用"面批"的方法,即教师与学生围绕其作文面对面地交流,使学生受到鼓励和启发,知道该怎样修改。这些指导可以使学生逐渐增强推敲词句的敏感,增强对文章优劣的辨析能力。随着学生修改作文能力的提高,教师要逐步放手,让学生独立修改自己的作文。学生自改之后教师应该检查并对修改情况提出反馈。经过这样由扶到放的训练,使学生形成自我修改作文的能力。

作文评改活动通常有集体评改、小组评改和个人评改三种方式。

集体评改是教师组织全班学生一起参与批改。这种方式目标清楚,要求明确,能充分发挥教师的主导作用。教师可以用自己写的文章或学生的代表性作品为样本,先呈现评改的主要项目和基本标准,调动学生积极性,共同商讨、评议,找出文章的优点和需要修改的地方,最后由教师或启发学生总结此次修改的要点及本次活动可以学到的作文修改技法。

小组评改是在教师的指导下,以小组为单位进行作文修改。学生小组以3~5人为宜。人数太多则学生发言机会太少,不利于发挥学生的积极性,也无法保证每个学生都得到作文评改的锻炼。相对于集体批改,小组活动时学生的参与面比较广,更容易畅所欲言,使大部分同学能获得训练。至于各组评改的作文如何分配,可以由学生自由选择,也可以由教师事先计划,轮流安排。

个人评改就是学生独立批改。一般要在集体评改和小组评改基础上,待学生掌握一定的评改方法后才可进行。对学生独立修改文章的要求要根据学生的实际水平循序渐进,每一次评改的内容不宜太多。个人评改的材料可以是由教师选定的全班统一的文章,也可以是学生自己的文章,或者是小组同学的文章。学生修改和写评语后,教师可以查阅并及时总结评改情况,选取评改恰当的作为榜样,鼓励学生互相学习,既感受好作文的品质,也体会怎样才算好的修改。

(三) 培养学生认真修改作文的习惯

修改自己的作文,不仅要掌握方法,形成能力,而且要养成习惯。修改作文的习惯要从练习作文之日就开始培养,从认真修改一句话到认真修改文章片段,再到认真修改成篇的文章。

首先,要激发学生修改作品的兴趣。例如,丁有宽老师曾选用故事和学生的典型事例教育学生写作文要注意修改。他给学生讲唐代贾岛"推敲"诗句的故事,讲王安石"春风又绿江南岸"中确定"绿"字的经过,讲鲁迅先生写文章百改不厌的范例,等等,让学生知道好的文章都是在反复修改中来的,并要求学生以这种"一丝不苟"的精神来鞭策自己。他还采取多种办法提供学生作文自改机会,如在班里设"文章医院"专栏,开展品评优秀习作和"小医院会诊"活动;每学段定期举办"习作修改前后"展览,看谁勤修改,进步快;让学生自己命题作文,采取一题多作和一文多改的办法,让学生对自己的作文反复修改,直到满意了,教师才给予评分。

其次,指导学生完成写话和习作后自己朗读,辅助修改。著名作家老舍先生介绍他的写作窍门时曾经说过,他写作中有一个窍门,一个东西写完了,一定要再念再念再念,看念得顺不顺?准确不?别扭不?逻辑性强不?每次作文之后认真地念一念,听听其中有没有什么毛病,发现不妥之处就认真改改,改过之后再念、再改。这是提高语言表达能力的有效办法,也是写作的良好习惯。

再有,提高作文及修改能力的另一个有效途径是经常把作文与人交流。写好文章后,请别人看看,或读给别人听听,请他们提出疑问,说说哪些地方写得不够清楚,哪些词句用得不够恰当,然后参考他们的意见进行修改。写文章时,因为自己对所写内容非常熟悉,有时候会不自觉地漏掉一些关键信息,别人读的时候可能发觉意思不连贯,或前后有些矛盾。来自读者的反馈会帮助作者将文章改得更加流畅、完整。

为了培养学生修改作文的习惯,可以鼓励学生不打草稿,先认真考虑、列好提纲,就直接往本子上写。写完后就在本子上修改,教师批改时不仅看作文,也看学生的修改情况,总结和讲评时也是二者兼顾。随着科技的发展,许多人的写作已是以"机"代笔,在计算机上或一边写一边改,或写好初稿就直接修改,最后打印出完成稿。在这种情况下,自改作文的能力就越发显得重要了。

培养自写自改的习惯不能仅仅依靠对作文的修改,而应该贯穿在整个语文教学之中。学生回答问题的时候可能有用词不当,句子重复,条理不清楚,意思不明确等表现;写作业时可能出现错别字、语句搭配不当等情况。教师要在充分肯定学生回答内容的前提下,对其语言表达不当之处及时纠正。也可以将学生常见的表达问题和错误搜集起来,分类整理,设计有针对性的练习加以指导。

本章小结

本章主要涉及小学写作教学的基本理论与培养写作能力的结构以及小学写话和习作教学的实践三个方面的内容。小学写作教学的基本理论包括:写作教学应与学生的生活实际相结合,从读学写、读写结合,指导写作从内容入手等。写作能力通常包括一般能力和专门能力两个方面,其中,作文的一般能力有:观察能力、想象力、思维能力,写作专门能力有命题、立意、选材、组材能力和遣词造句能力等。小学写话和习作教学要明确教学目标、指导学生表达自己的意思、加强写作的实际应用性、重视培养修改作文的能力和习惯。

思考题

1. 写作教学应该怎样与学生的生活联系起来?

2. 阅读对写作的影响和促进主要体现在哪几个方面？应该怎样引导学生从读中学写？
3. 指导学生写作从内容入手，应该怎样做？
4. 结合实例，谈谈小学低年级写话教学的方式方法。
5. 尝试设计一次完整的小学习作教学，包括习作指导和习作评改。

第七章　小学口语交际教学的理论与实践

本章学习目标
1. 了解口语交际教学的内容和意义。
2. 掌握口语交际能力的含义与结构。
3. 明确口语交际教学的实践要点。

随着语文教学实践的不断发展，人们越来越清楚地认识到口头语言教学在提高语文教学质量、促进学生全面发展中的重要地位。1986年的教学大纲开始把培养学生的听话、说话能力，明确地确定为小学语文教学的目的之一。1992年的义务教育大纲进一步把听话、说话教学作为语文教学的一个组成部分，与汉语拼音、识字、写字、阅读、作文等教学内容相提并论。2000年颁布的《九年制义务教育全日制小学语文教学大纲（试用修订版）》开始使用"口语交际"这个概念。此后，2001年和2011年的义务教育语文课程标准都将口语交际作为语文教学组成部分，单独提出其总目标和内容，以及分学段的目标和内容。

第一节　小学口语交际教学的基本理论

一、口语交际概述

根据《现代汉语词典》的解释：口语是"谈话时使用的语言（区别于书面语）"，交际是"人与人之间的往来接触"。广义的口语交际是以口语为载体，实现人与人之间交往的活动。狭义的口语交际是交际双方为了特定的目的，在特定的环境里，运用口头语言和适当的表达方式传递信息、交流思想、表达情感的双向互动的言语活动。

口语交际要基于一定的话题，或陈述事实，或抒发感情，或议论评析，从而达到特定的交际目的，因此它更加强调双向互动性。口语交际不仅要求听话和说话的技巧，还要求具备待人处世、谈吐举止、临场应变以及传情达意等方面的能力和素质。可以说，它的内涵和外延都得到了较大的拓展，强调课程要调动学生的生活经验，强调在真实情境的交际活动中学会交往与沟通。

（一）口头语言和书面语言的关系

口头语言和书面语言是语言的两种不同存在形式，它们有不同的结构和功能。口头语言是在直接的交际过程中，通过口说耳听形成的；书面语言则要眼看手写，必须经过专门的训练才能掌握。口头语言可以伴随手势、表情,带有很大的情境性,因而允许省略、压缩;书面语言没有这样的条件,但是可以修改、推敲,因而比较准确、连贯。口头语言多具有交际性;书面语言多具有独白的性质。

尽管口头语言和书面语言具有不同的结构和功能,但它们相互为用,彼此联系非常紧密。一方面,口头语言是书面语言的基础,随社会发展而不断涌现的新的口语语汇可以被书面语言所吸收,从而使之更加充实和丰富;另一方面,因为书面语言能够把意思表达得更完整、更充分、更精确,而口头语言,特别是小学生的口头语言,常出现半截话、口头禅、词不达意等问题,这些语病可以通过书面语言的学习,逐步得到纠正,使口头语言日趋规范。例如,指导学生朗读,不仅可以培养语感,体会作者遣词造句的准确、精练,学习文章的表达方法,而且会受到规范语言的熏陶,自觉不自觉地将书面语言转化为口头语言,进而从整体提高口头语言的质量。

从教学的角度,口头语言的听说与书面语言的读写同样重要。小学语文教学要以口语训练为基础,以听说带动读写,用读写促进听说,使学生的听说读写能力协调发展。

(二)口语交际的特点

1. 口语化和大众化

口语交际使用的是口头语言,它和书面语言不同。书面语是以文字的形式记录下来的语言,主要用于看,形式的保留具有持久性。而口语是说的语言,主要用于听。口语的语音具有易逝性,也就是一句话讲出来,就是最终的形式,而这种形式保留的时间很短,在人们脑海中只能留下短暂的记忆。因此,在运用口语进行交际时,应当尽量避免过多地使用专业术语、晦涩难懂的词汇以及寓意深奥的句子。有这样一个例子:

有一位人口普查员问一位七十多岁的老太太:"有配偶吗?"老太太愣了半天,然后反问:"什么配偶?"普查员只得换种说法:"就是老伴呗。"老太太笑了:"你说老伴不就得了,俺们哪懂得你们文化人说的什么配偶哩!"①

这位普查员两次所说指的是同一个意思,但进入交际过程后,前一种说法因为没有针对交际对象的年龄及文化程度,所使用的书面语无法为交际对象所理解和接受,造成了交际障碍。而调整为第二种说法后,适应了交际对象的需要,使得口语交际得以顺利进行。

2. 互动性和综合性

口语交际是一种人与人之间的交际活动,一方要根据另一方的反应作出相应的反应,而且听者和说者的地位随着交流的需要在不断地转化,所以它具有过程互动性的特点。口语交际中气氛是好是坏、是冷是热以及听众的反应等对说者的情绪、信心、思路、言辞、态度等都有很大影响,正面的反应会鼓舞发言者,创造出一种互动的氛围,甚至闪出许多惊人的妙语,负面的反应会打击发言者,甚至使发言者无法继续自己的讲话。

3. 生动性和灵活性

口语交际是现想现说,语言明快、生动、活泼、富于变化、充满情感,常使用俗语、谚语、歇后语,常用语气词;句式上短句多、停顿多、省略多、句子成分易位多;可借助语调、语气、表情、姿态、动作、手势、音高、语速等多种方式。运用这样的语言进行交际,明白流畅、真切随意、轻松自然。

---

① 费蔚著:《小学口语交际教学理论与示例》,人民教育出版社2009年版,第49页。

口语交际的话题丰富,日常生活中的一事、一物、一人、一景都可以成为交际的话题,交际的内容常常会随交际双方的兴趣、爱好以及特定的心理情绪、情境氛围等发生变化。人们在进行口语交际时常常会采用灵活的言语形式,表现出各自不同的言语表达风格,这些都体现了口语交际的多样化和灵活性。

　　4. 临场性和随机性

　　口语交际总是在一定的对象、一定的场合、一定的环境、一定的话题中进行的。交际的过程中,常常会有沉默、冷场、尴尬、冲突的场面,会出现一些突如其来的变化、难以预测的事态等,使得交际难以持续下去。这往往需要交际双方临阵不乱,随机应变,巧妙地摆脱困境。

二、口语交际教学的意义

(一) 提高口语交际能力是现代生活的需要

　　口语交际能力,是一种在交往过程中表现出来的灵活、机智的听说能力和待人处世的能力。这种能力,是现代社会的每一个人在日常生活、学习、工作中必备的能力,用处极为广泛,几乎每天都离不开。教育心理学的研究指出,在人们日常生活中,应用听、说、读、写的情况分别占45%、30%、16%、9%[①]。随着科学技术的发展,在人们的各种交往手段中,口语的交流占有越来越重要的地位。为了适应人机对话这种信息交流方式的需要,对人们的听说能力提出了更高的要求。听话应做到听得准,理解得快,记忆得牢,并具有一定的品评和组合能力;说话要用普通话,说得清楚明白,说成段的话时还要有中心,有条理,有逻辑性,并进一步做到用尽可能经济的语言,收集和传递尽可能多的信息,以收到省时高效的口语交际效果。因此,抓紧、抓好口语交际的教学,使学生具备一定的口语交际的本领,这是时代的需要。

(二) 培养学生的口语交际能力是提高教学质量的需要

　　在小学语文教学中,听说读写四种基本能力的培养应该占有同等重要的位置,不应厚此薄彼。但长期以来,重读写轻听说的现象普遍存在,这是一种片面的认识,是语文教学质量不高的原因之一。之所以如此,除传统影响、应试教育等外部因素干扰外,还因为对听说读写的内在关系不甚清楚,因而自觉不自觉地把听说与读写割裂开来,疏于听说,多在读写上下工夫,其结果必然是事倍功半,教学效率不高。

　　听说读写是一个有机的整体,综合作用于学生。通过听说的训练,培养学生正确地理解和运用口头语言的能力;通过读写的训练,培养学生正确地理解和运用书面语言的能力。在儿童语言的发展中,口头语言与书面语言如车之两轮,鸟之双翼。教学实践也证明,凡口头语言发展得好、听说能力强的学生,读写能力也比较强。反之,听不清、道不明的学生,读写能力的发展也会受到限制。所以听说读写联系紧密,同样重要,不可偏废。

　　小学阶段是儿童语言发展的最佳时期,抓住这一年龄段,从训练口头语言入手,加强听说读写能力和良好语言习惯的培养,对他们今后的发展,对提高语文教学质量都有重要意义。

---

① 张鸿苓主编:《语文教育学》,北京师范大学出版社1993年版,第143页。

（三）口语交际训练有助于促进学生思维能力的发展

语言是思维的外衣。理解和表达都与人的思维紧密相关。听人说话要理解内容,抓住要点,离不开思维活动;要清楚明白地表达自己的意思,不仅要想清楚说什么,还要组织好语言,更离不开思维。所以,口语交际的过程也就是思维活动的过程。和书面语言相比,口头语言以声音为载体,具有稍纵即逝的特点,没有从容思考的时间;而书面语言容许在一定时间内推敲修改。所以口语交际要求有更高的应变能力,这就必然促进思维灵敏性、准确性的发展。

三、口语交际教学的内容

口语交际教学不仅要教会学生围绕一定的思想内容,发出正确的语音,运用丰富的语汇,说出结构规范的句子,并能听懂他人的讲话,而且要指导学生对口语交际有信心,能自然大方地参与交际过程,把握交际过程中的诸多因素,如交际的对象、情境、目的等。

（一）规范学生的口头语言

规范学生的口头语言,首先是要训练学生说普通话。学生在入学以前,一般说的是方言。入学以后,应要求他们学说普通话,而且在课内课外、校内校外都要坚持说普通话。教师要以身作则,用普通话讲课,用普通话与学生交谈,努力创造一种人人都说普通话的环境。学生在入学前已经能说许多话,但也存在许多语言不规范的现象,如语句不完整、重复啰唆、不必要的口头禅等,教师要随时注意纠正学生不规范的语言。

（二）提高口语交际能力

口语交际能力包括倾听、表达和应对的能力。其中,倾听的能力包括辨别语音能力、快速记忆能力、理解语义能力和语感能力。表达能力包括言语内容的组织能力、快速的编码能力和运用语音的能力,大致反映了说话中"思考—造句—发声—表述"的一个完整过程。应对能力表现为人们在交际过程中随着交际环境、交际内容、交际对象的变换不断调整自己的思维方式和语言风格。在交流过程中,要根据交际对象的具体情况(如面部表情和说话语气),以及情绪的变化及时调整自己表达的内容和方式,提高口语交际的效率。

提高口语交际能力需要掌握一定的口语交际知识,即关于语音、词汇、语法、语篇的知识。这些语言知识是口语交际能力形成的基础,包括一般的口语知识,如说规范的普通话,用词正确,语句通顺,并能做到边听边思考,说话要连贯、有逻辑性等,也包括具体的各种口语交际场合的特殊要求,如针对不同对象恰当变换语速、语气、语调等。

（三）培养良好的口语交际习惯

口语交际要讲究文明礼貌,这是现代人文明素养的一个重要方面。听人说话时要认真耐心,注意力集中,边听边想;对人说话时使用礼貌用语,声音适度,在公众场合表达时克服紧张、胆怯的心理,做到自然大方;有不理解的地方虚心向别人请教,有不同的意见提出来与别人商讨。

以上三个方面的要求,要贯穿在小学口语交际的始终,从一年级起就要明确要求,加强训练,并在后续各个年级持之以恒,逐步提高要求。

> **专栏 7-1**
>
> **2011年版语文课程标准中的各学段口语交际教学目标和内容**
>
> 第一学段(1—2年级)
> 1. 学讲普通话,逐步养成说普通话的习惯。
> 2. 能认真听别人讲话,努力了解讲话的主要内容。
> 3. 听故事、看音像作品,能复述大意和自己感兴趣的情节。
> 4. 能较完整地讲述小故事,能简要讲述自己感兴趣的见闻。
> 5. 与别人交谈,态度自然大方,有礼貌。
> 6. 有表达的自信心。积极参加讨论,敢于发表自己的意见。
>
> 第二学段(3—4年级)
> 1. 能用普通话交谈。学会认真倾听,能就不理解的地方向人请教,就不同的意见与人商讨。
> 2. 听人说话能把握主要内容,并能简要转述。
> 3. 能清楚明白地讲述见闻,并说出自己的感受和想法。讲述故事力求具体生动。
>
> 第三学段(5—6年级)
> 1. 与人交流能尊重和理解对方。
> 2. 乐于参与讨论,敢于发表自己的意见。
> 3. 听人说话认真、耐心,能抓住要点,并能简要转述。
> 4. 表达有条理,语气、语调适当。
> 5. 能根据对象和场合,稍作准备,作简要的发言。
> 6. 能注意语言美,抵制不文明的语言。

四、口语交际训练要面向全体学生

教学中普遍存在的一种现象是,一个班里总有一部分学生爱发言,会发言,也有一部分学生不爱发言,不会发言,教师考虑到一堂课四十分钟时间宝贵,往往总是让爱发言、会发言的学生发言。久而久之,部分学生成了"发言专业户",部分学生成了听众和陪客。这种状况严重影响了学生口语交际能力的提高。因为从根本上说,爱发言、会发言或不爱发言、不会发言都不是天生的,都是训练的结果。要使每个学生的口语交际能力都达到课标规定的要求,就要使每个学生都受到听和说的扎实训练。这不仅要求教师有面向全体学生的思想,而且要有把训练落实到每个学生的措施。例如,设计的话题能激发学生的兴趣,使人人都乐于参加;先分小组练习再全班交流,使每个学生都得到当众练说的机会。对于胆子小、不敢发言的学生,教师要多给予帮助和鼓励,有意识地多给他们提供练习的机会。只要教师关怀和指导落实到了全体学生,就能使全体学生的口语交际能力都得到提高。

第二节 口语交际能力的结构

口语交际能力的习得是口语交际教学的主要目的,对口语交际能力含义和结构的分析是设计口语交际教学目标、教学序列的重要依据。口语交际的能力一般分为听话和说话两个部分。

一、听话能力的结构

在口语交际过程中,听话的能力是保证交际顺利进行并取得积极效果的前提和基础。

(一)注意力

集中的注意力是构成听话能力的前提。口头语言的显著特点是声尽言失,听话者无法控制声波传递的速度和时间。因此,听话时必须聚精会神,自觉地保持高度的注意力,这才能听得清,抓得住要点。如果心不在焉地听,就会遗漏部分内容或重要情节,甚至根本没有听清,严重影响听的效果。

小学生,特别是低年级的小学生无意注意起着重要作用,他们的注意力容易被与上课不相关的因素所干扰,加上他们活泼好动的年龄特点,课堂听讲不能长时间地集中精神,听人讲话常出现走神的情况。对此,教师不要操之过急,采取简单生硬的做法。因为这样做不仅无济于事,而且会使学生产生逆反心理。正确的做法是根据学生的课堂表现,及时调整教学环节,通过直观教具、游戏活动等多种形式激发学生听说的兴趣,提高其注意力。随着年级升高,语文教学中可以开展一些听写、听记的活动,有意识地训练学生注意听的能力。

(二)理解力

语言的理解指对言语信息进行分析、综合、领会,包括理解词义,把握语句的顺序,概括中心,猜测隐语,推断结论等。听人说话,主要为了理解别人说话的内容,获得有用的信息。听清楚,主要是对语音的辨识,这是理解语义的前提。在听清楚的基础上,正确地理解别人讲话的意思,即听懂,这才是听话能力的核心因素。所谓"听懂",是指能听明白讲话人在说什么,并能抓住讲话的中心和要点,体会出话中蕴涵的思想感情。

人们在听话时,如果能对所听材料做到边听边进行积极的思考,所听的材料就能在头脑中留下痕迹,并牢固地保持在记忆中。小学生还不具备边听边思考的能力和习惯,不善于从整体上和语句的联系中理解讲话的内容。教师应结合日常教学,教给学生一些基本的听的方法。如,听人讲话要留心分析一共讲了几层意思,开始讲的什么,中间讲的什么,最后讲的什么,它们之间有什么联系。又如,听人讲述一件事时,要按事情的发生、发展、结局的顺序把握要点。培养学生理解别人讲的话的能力,要由易到难,分层次、有步骤地进行训练。内容方面,一般由听懂教师提问、听同学讲述一件简单的事,到听学校广播和程度适合的讲话;具体要求由听清、能复述大意到听懂、能概述要点。

(三)记忆力

记忆是储存信息的库房。记忆力可以反映听话的质量,是听话能力的重要方面。说话人发出的声波信息,一闪而过,稍纵即逝,听话人必须迅速而准确地捕捉对方发出的每一个语音符号,并且立即将其储存到大脑皮层里,作为理解和品评的基本素材,这里不仅依靠记忆功能,而且必须借助有意注意的积极参与。

为了培养小学生的记忆力,应针对其年龄特点,选择他们喜闻乐见的内容,引发他们主动记忆的兴趣。在训练过程中要明确提出记忆的目的和要求,还要提供一些必要的记忆策略,逐步培养边听边想边记的习惯。

(四) 辨析力

辨析力是在听清语音、理解语义的基础上,对讲话内容、语言的评价和判断的能力。听完别人讲话,要引导学生议议哪些地方讲得好,哪些地方讲得不好;哪些地方讲得对,哪些地方讲得不对;哪些语句说得精彩,哪些话有语病,哪儿的句子和句子连不上,该如何纠正,等等。这种训练,对培养学生的注意力、记忆力、分析能力,以及思维的敏捷性、深刻性都有重要意义。教师还可以把学生平时说话常犯的错误制作成听话材料,对学生进行专门的辨析练习。

二、说话能力的结构

说话过程一般包括以下四个环节。

第一,言语构思阶段。这是说话者根据自己的目的,在头脑中产生所要表达的思想,确定说话的内容的阶段。口语交际的生成具有一定的目的性。它的主要目的是交流信息,沟通感情,发出指令等。一般来说,交际双方为了达到自己的目的,谈话前,要确定谈话主题,构思谈话结构,组织谈话言辞。经过这样的构思,谈话人在口语交际前,就能做到主题鲜明、条理清楚、语言流畅,顺利达到交际目的。

第二,组织转换阶段。言语组织是指说话者运用说话规则将要表达的思想转换成言语信息的过程。产生了言语动机之后,就需要根据说话的目的和情境的需要,尽快地调动、筛选、组合大脑中存储的各种有关信息,在很短的时间内大致确定表达的内容和形式,并将它们按照一定的逻辑顺序和言语规则组织起来,使之既言之有物、主题明确,又言之有序、条理清楚。

第三,执行表达阶段。言语表达是指将头脑中的言语信息变成口头言语的过程。当说话者产生了言语动机,经过内部的言语组织后,最终将自己的内部思想、内部语言,以一系列连续的声音物化出来。这一过程主要是言语运动器官的活动,即将言语信息的抽象语音表征转化成一套运动指令,由其支配各个发音器官运动,形成连续的肌肉活动,从而产生表达言语信息的声音序列。

第四,输入反馈阶段。言语反馈是指谈话人进行了言语表达活动后,听话人接受并反馈信息的过程。由于口语交际是交际双方或多方的言语交流活动,在这一过程中,不仅有言语信息的输出,也有信息的输入,正是通过这样的循环往复,使交际双方能不断交流、沟通,最终达到交际的目的。

依据说话的上述心理过程,大致可以分析出说话能力的构成要素。

(一) 构思和组织语言的能力

说话首先要产生语言表达的动机,即确定话题;然后根据表达的需要选择说话的材料;接着是内部言语的组织与调控;最后用外部语言按一定的思路和顺序,连贯、完整地表达出来。

在组织语言的过程中,思维发挥着决定性作用。从确定什么样的话题,为什么确定这样的话题;到选择什么样的材料,为什么选择这样的材料;再到通过什么形式,怎样才能表达清楚,都需要在思维推动下,通过内部言语的组织和调控,才能达到预想的表达目的。

我们来看下面的一组谈话：

元旦来临，班级的联欢会中，学生免不了要给老师献词，这时学生就要看对象说话了。他们根据不同老师的特点，说着不同的贺词：

"您像一坛陈年的老酒，散发着浓郁的芳香。""最美不过夕阳红。"（致年长的老师）

"摩擦起电，燃起了我们浓浓的师生情，愿您像青苹果一样永远年轻。"（致物理老师）

"我们对您的爱永远不会起化学反应。"（致化学老师）

"您就是美的化身，为我们描绘五彩的未来。"（致美术老师）

"您是一位博学的导游，带领我们畅游语言王国。"（致语文老师）[①]

以上这段话，学生结合老师所任学科的特点，用恰当的语句表达了对每一位教师的感恩之情。

小学生的内部言语尚未得到充分发展，与内部言语紧密联系的抽象逻辑思维仍处于低级阶段，所以他们说话有时前言不搭后语，或有些颠三倒四，这说明他们的思维能力限制了口头表达。要提高学生的说话能力，一定要重视思维能力的训练。同时，教学中要指导学生说话之前先好好想一想，想好了再说，逐渐养成先想后说的习惯。

（二）语言运用能力

说话时要确定说的内容和说的形式，前者是解决说什么的问题，后者是解决怎么说的问题，两者应当力求达到完美统一。人们在运用口头语言进行交际的过程中，要通过不同的音调、节奏和语速等表情达意，如高兴时说话声音响亮、节奏快；难过时，音调低沉、语速慢；兴奋时，语调激昂；愤怒时，语句断断续续，大声喊叫等。有时，同一句话，由于语音、语调、语速的不同表现出完全不同的意思。为此，学生首先要学习和积累一定的口语素材，如语音、词汇、语调等，并且要了解这些语言素材的组织规则和表达功能。在口语交际时，要从记忆中提取已有的知识，理解要表达的内容和言语情境，分析比较，判断已联想到的表达方式和词句，做出选择。

和书面语言相比，口头语言具有更强的感染力。因为说话人可以将自己的情感倾注于语音之中，运用清晰、悦耳的声音，抑扬顿挫的语调，恰到好处的语速，变化有致的节奏，使口语声情并茂，从而增强表达的效果。不仅如此，口头语言还可以运用手势、表情、动作等体态语言作为表情达意的辅助手段，充分地表达说话人所要表达的情感。

小学生从入学之初，从学习汉语拼音开始，就在接受语音的训练。为了培养学生恰当运用口语表达的能力，应从不同角度，采用多种方法进行训练。如，利用小学生善于模仿的特点，收听收看经过教师精心挑选的广播、电视节目，听录音范读或教师范读后练习朗读；结合学生的课堂展示、回答问题、复述课文等，对语言运用和情感表达进行反馈和指导，等等。

（三）应变能力

应变能力指在说话过程中灵活、变通的能力。说话时要根据具体情况，适时调控说话的内容及语音、语速、语调，以达到更好地沟通和交流的目的。培养学生的应变能力，一是要训练学生说话时注意观察周围环境和听者的反应，并能根据这些反应及时调整自己的说话方式；二是要引导

[①] 费蔚著：《小学口语交际教学理论与示例》，人民教育出版社2009年版，第56页。

学生平时注意积累语言,以便做到根据不同对象和场合,恰当选用语言和说话方式。

第三节 口语交际教学的实践

口语交际教学是培养学生在具体的口语交际情境中倾听、表达和应对能力的过程。除了根据教科书中的口语交际活动提示组织专门的口语交际课之外,口语交际教学需要贯穿于语文教学,甚至是学校生活的各个方面。

一、明确教学目标

(一)全面理解口语交际教学目标

口语交际教学目标大体上可以分为习惯、态度目标和听说能力目标。实际教学中,这两方面互相渗透,融为一体。

1. 习惯和态度方面

口语交际教学立足于全面提高学生的口语交际素养,要重视人际交往习惯和态度的培养。具体表现为人际交往时的文明态度和语言修养,如平等交流、谈吐有自信、相互尊重和理解、文明礼貌等。行为方面的具体表现,如听人讲话时面向讲话人,眼看着对方,集中注意;对话时在对方讲话间隙提出不懂的问题;公众场合听人讲话时不随便插话,有问题先记下,听人讲完后选择适当时间提出问题;讲话时注意礼貌用语,吐字清楚,音量适度,姿势正确,态度大方,说话得体等。

上述要求必须通过扎实的训练才能逐步达到。这些指导和训练要结合学生进行口语交际的多种活动来进行。

2. 听说能力方面

口语交际教学的一项重要目标和内容是学习普通话。首先要使学生认识到推广普通话的好处,从国家和社会发展需要、未来人才素质要求等方面让学生明白听说普通话的意义。第二要创设普通话的环境,教师坚持用普通话讲课,要求学生在课堂用普通话发言和讨论,倡导学生在学校、家庭、社区用普通话交流,经常为学生提供普通话广播节目或普通话录音材料等。第三对学生听说普通话的实践给以充分鼓励和肯定,针对学生普遍易错的普通话语音或用语进行针对性的教学指导和演练。

口语交际教学还要培养学生理解和运用口头语言表情达意的能力。小学阶段的基本要求是,听人说话,能理解内容,听话后能知道人家说了些什么,说的重点是什么;能用普通话清楚明白地表达自己的意思。

(二)确立口语交际教学目标要考虑学生的已有基础

小学阶段的口语交际训练,要准确地把握起点和要求,在学龄前儿童已有的听说能力的基础上逐步提高,防止起点和要求定得过高或过低的倾向。

培养学生的口语交际能力不是从"零"开始。在自然成长的条件下,一般儿童到四五岁时已能比较自如地运用母语实现日常交流。也就是说,学生到入学时已有一定的听话、说话基础。如果忽略他们的已有基础,从听、说一句话或过于简单的日常交往情境开始练习,学生会感到厌烦,失去听说的兴趣。这与读写训练的起点是不一样的。

对刚入学的小学生来说,书面语言的读和写基本上是刚刚开始起步,而口头语言的听和说并不是刚刚开始。如果一年级的口语交际训练像读和写的训练那样,从词和句的训练开始,要求就偏低,不利于促进学生口语能力的发展。教学中要指导学生听清楚一段话,既要把每句话听清楚,又要把一句句联系起来想一想,看看说的是什么内容;要说一段意思完整连贯的话,既要把每句话说清楚,又要一句一句能连得起来。低年级学生大多喜听好说,求知欲强,表现欲强,但他们的思维尚未充分发展,无意注意占优势,听话时常常注意力不集中;说话时意思表达不清楚,各种语病比较多。所以低年级的口语交际训练,应针对学生的年龄特点,因势利导,以他们熟悉的学习、游戏、生活为话题,创设具体的交际情境,激发学生与人交际的兴趣,并在充满情趣的交际过程中,注意规范学生的口头语言。

中高年级的口语交际训练,要在低年级的基础之上,进一步提高要求。中年级要着重训练清楚明白地讲述见闻,说出自己的感受和想法;听人说话能把握主要内容,并能简要转述;参加讨论能说清自己的意思,有不理解的地方能向别人请教,有不同的意见能与别人商量。高年级要着重训练当众作简短发言。当众作简短发言时,不能照着稿子念,也不能是三言两语。

二、口语交际课的设计与组织

口语交际课,是专门为训练学生的口语交际能力开设的。应充分利用这一课堂,创设多种多样的交际情境,让每个学生无拘无束的参与讨论交流,在具体的交际情境中,培养和提高学生倾听、表达和应对的能力。

(一)加强口语交际活动与生活实际的联系

首先,口语交际活动要寻找贴近小学生生活的话题。选择一个好的话题,可以"撬开"学生的嘴巴,撞击学生的心灵,激发学生的情感,为成功的口语交际训练奠定基础。因此,话题的选择要源于孩子自身或周围的事情,要以学生的需要作为前提,还要遵循学生的年龄特征。一位老师谈小学口语交际课的教学时说:

小学生的生活如万花筒般五彩斑斓。然而童心无意,一切都会在他们的无意中很快消失。教师不但要走进小学生的生活,还要帮助他们捕捉住生活中的一个个诱人的话题。如低年级的"借铅笔"、"我喜爱的小动物"、"我的玩具";中年级的"代人购物"、"采访"、"我的一张珍贵照片";高年级的"过生日,请朋友吃饭好不好"、"学会提意见"、"劝阻"等。[①]

其次,精心创设交际情境。口语交际是在特定的话题情境中产生的言语活动,这种言语活动离开了"特定的话题环境"就无法进行。因此,我们在进行口语交际训练时,要贴近学生生活实际创设交际的情境,使学生产生身临其境的感觉和积极的情感体验,有了这样的情感体验,学生就会带着积极的情感而兴趣盎然地进入交际情境。例如,有位老师在"学会提意见"的教学中,创设这样一个情境:小明考试得了80分,他妈妈怒斥他,骂他笨,并夺过准备给他吃的苹果……假如你是小明同学,你有什么想法?准备怎么做?学生就此话题思考并尝试向小明的妈妈提意见……

---

① 陆丽娟:《与实习生谈语文口语交际课的教学》,《师范教育》,2003年第5期,第25-26页。

（二）增进口语交际的双向或多向互动

口语交际与听话、说话的本质区别在于交际互动。它是交际双方双向或多方多向互动的过程，只有交际各方处于互动状态，才能实现真正意义上的口语交际。口语交际课要根据不同的话题特点，采用相应的训练策略，努力实现口语交际的双向或多向互动。下面有两个口语交际活动的案例，都有比较多的师生或生生互动。

案例 1

《看望病人》口语交际训练[①]

师：教我们数学的王老师，因为高血压病犯了，住进了医院。我想请几位同学代表去看望他。我们应做哪些工作？

……

师：请同桌的同学按刚才大家说的，一人扮演王老师，一人扮演去看望的学生，先演练一下。角色要互换一次。（这是创设的"小情境"，这样能使全班同学得到练习。这时教师要巡视指导，特别要关注说话有困难的学生，注意发现好的典型。）

师：大家练得很认真。现在我当王老师，请三个同学来看望我。我这里准备好了一束康乃馨花，你们拿好。我现在在医院里。（说完，坐在一把椅子上。）

（三个学生轻轻敲门，然后推开门，慢步走进病房，齐声问："王老师好？"）

师：好，好！快快请坐。

生：王老师，我们代表全班同学来看望您，送您一束康乃馨，祝您早日康复！

（师接花，连声说"谢谢"。）

生：王老师，您的病好点了吗？

师：好多了，血压基本正常了，头也不晕了。

生：王老师，您以后少吃盐，吃的菜要淡，不然血压会增高。

生：如果您能吃蒜，每天可以吃几瓣，吃大蒜能降血压。

生：还可以多吃醋。

师：谢谢！你们知道的还真不少。

生：还要注意休息，适当锻炼身体，多走路。您这么大年纪了，走路就是最好的运动。

师：我最大的心事就是王刚那几个同学，担心他们掉队，不知这几天他们又调皮了没有？

生：他们好多了，上课很专心，是校长代的数学课，您就放心养病吧。您一定要开心啊！

（笑声）

师：听你们这么一说，我就放心了。

（演练完毕，同学们进行评论，指出演练中的优缺点。）

[①] 于永正：《口语交际训练》，《小学语文教师》，2003年第9期，第25—26页。

案例 2

《学会婉转拒绝》口语交际训练①

师：今天给大家讲一个婉转拒绝的故事：罗斯福在当选美国总统前，曾在海军任要职。一天，一位好朋友向他打听海军在加勒比海一个岛上建立潜艇基地的计划。罗斯福向四周看了一下，压低声音问："你能保守秘密吗？"对方答："当然能。""那么，"罗斯福微笑着说："我也能。"

学生讨论……

师：这里有两种情境，你该怎么婉言拒绝？

（师出示练习题）

> 练习一，今天晚上全家要为爸爸过50岁生日。你的一位同学却邀请你去看足球赛，如何拒绝他的邀请才能不伤害与这位同学的感情？
>
> 练习二，一位同学想利用父亲出差的机会随父去黄山游玩，向班主任请假。如果你是班主任，如何拒绝他才能使他心悦诚服？

（学生两人一组进行对话练习，然后交流。）

师：大家评一评，谁的"拒绝"最婉转？

生：……

案例1和案例2都有对话的场景，比较容易实现交往各方的互动。教师可以把多一些的课堂时间出让给学生，让他们先分组演练，再请比较有代表性的组集体展示。其中，案例2中的对话双方有一定的主次之分，婉拒的一方处于比较主要的地位，需要仔细思考自己的说话内容和说话方式，而另一方主要是配合，不需要就说话方式做多少考虑。这样的活动极容易出现"一人讲，大家听"的局面。这更需要教师积极引导，创设生动有趣的交际情境，通过角色转换让学生互动起来。

（三）优化口语交际的教学流程

一般来说，一次口语交际的教学可按四个步骤来操作。

1. 课前准备

小学生常常是凭借直观形象来思维，看见什么说什么，怎么做的就怎么说。因此，要上口语交际课，课前的实践活动十分重要。教师要根据口语交际课的具体内容，安排学生观察实践，搜集资料，或者体验生活等等，尽量使学生能胸中有物，说有依据。

2. 导入情境

生动逼真的情境创设，能够调动学生内在真实的情感体验，激发学生口语交际活动的强烈欲望。所以，在课前准备的基础上，教师要利用感染性的语言描述、多媒体课件或实物展示等手段，迅速把学生带入一个生生互动或师生互动的轻松愉快的口语交际情境中。

---

① 陆志平：《语文课程新探》，东北师范大学出版社2003年版，第162—163页。

3. 模拟交际

在学生进入口语交际情境后,教师可以指导学生依据要求,展开互动性的口语交际活动。如:先由教师或学生进行口语交际示范,接着放手让学生自选对象或分小组展开口语交际练习,最后选择典型口语交际范例,引导集体评议。或者教师先放手让学生根据口语交际的要求进行自主交际,然后再抽取典型,进行示范表演,同时引导学生展开评议。

4. 课外延伸

课堂的模拟交际在深度和广度上不如生活那么丰满,充满血肉,而且学生在课堂上通过口语交际获得的知识只有在现实的实践中才能逐渐形成能力。因此,教师在口语交际课后,还应该设计一些交际作业,让学生运用所学到的知识大胆实践,将知识转化为能力。

下面"打电话"口语交际活动的教学设计较好地体现了上述要求。

案例3

《打电话》教学设计[①]

教学目标:

1. 通过小组活动,使学生知道怎样打电话,在情境中培养学生打电话的能力。
2. 通过相互探讨,使学生明白打电话向好朋友祝贺时,要用热情礼貌的语言,话语简洁,开口问好,结尾说再见,养成良好的听说态度和语言习惯。
3. 通过打电话的模拟表演,培养学生关心他人的人际交往素养。

教学流程:

一、谈话导入,激发兴趣

1. 师:老师今天很高兴,为什么呢?因为今天是我一个好朋友的生日。我正在想怎么庆祝她的生日呢,大家能帮我出个主意吗?
2. 师:小朋友们说的好方法我差不多都用过了,只有打电话,没用过。这节课,我们就来说说打电话。
3. 引入交际内容:假如今天是你的好朋友小亮的生日,你怎样打电话祝他生日快乐?

二、练习交际,培养能力

(一)练习"怎样拨打电话"

1. 请打电话的学生说一说"你是怎样打电话"的。
2. 小结:当我们想打电话时,只要先拿起听筒,然后按下你想拨的号码就可以了。

(二)模拟角色,训练口语

过渡:电话拨通了,我们对小亮说些什么呢?小亮又该怎么说呢?

1. 请各小组展开讨论。
2. 各小组推荐代表,模拟角色打电话。
3. 师生共同评点。
4. 两人一组,互换角色再说。

(三)体验角色,进入生活

---

① 陆志平:《语文课程新探》,东北师范大学出版社2003年版,第169—170页。

> 1. 班里有你的好朋友吗？下面你可以找到你的好朋友，如果今天就是他的生日，你通过电话向他祝贺。
> （学生找好朋友打电话祝贺生日，音乐伴奏）
> 2. 老师巡视，和学生共同参与，发现特别好的就请他们现场表演。（鼓掌欢迎）
> 3. 评一评：他们好在哪里？

（四）多种方式进行口语交际训练

口语交际教学有很多活动方式。下面仅就其中几种进行简要介绍。

1. 看图说话

看图说话是在观察图画的基础上进行听说训练的一种方式，主要在低年级进行。图画可以是单幅的，也可以是多幅的，还可以借助多媒体播放动画片或故事片的片断。看图说话的教学过程，一般由观察到理解，再到表达。

看图说话教学首先要注意选择适当的观察材料。选图要贴近学生生活，能激起学生观察的兴趣，引发他们的说话愿望。

其次，在学生观察过程中教给看图的方法，训练思维的条理性。比如按一定顺序感知画面内容；将多幅图的画面内容联系起来思考；在细致观察基础上尝试离图讲述；联系生活实际对画中人物的行为进行评论，等等。

再有，看图说话要注意培养联想和想象的能力。在学生理解图画内容的过程中，要引导他们透过画面的形象展开想象，通过联想发现事物之间的内在联系。如通过人物的外貌、动作、表情，推断其语言和心理活动；根据画中景物想象事件发生的季节、时间；联系画面形象猜测人物关系和图画之外的情节；由画面联想生活中的相关经验，等等。

最后，在学生讲述过程中对其语言给以指导。比如，通过提问引导学生按顺序、用比较复杂的句式讲述生动、具体的内容——谁，在什么地方，在做什么，怎么做，可能有怎样的感受……再比如，根据画面内容为学生提供一些修饰性的词语，引导学生在自己的讲述中运用。

2. 观察说话

这是对事物直接观察后进行的口语交际训练，包括观察人物、景物、事物等。观察可以在课内进行，但更多是在课外进行。

观察说话要注意：训练前要根据观察的对象提出明确要求，教给观察方法；观察中要对观察的重点给以提示，加以指点；观察后，围绕话题放手让学生用自己的话进行表达，不必进行过多限制，以利于学生说真话、说实话，表达真情实感。例如，课堂上观察小兔子，可以指导学生由整体到部分再到整体，先说样子、毛色，再说头部的耳、眼、嘴的形状和颜色，接下来是尾巴、四肢等外形特征及生活习性，最后说说自己对小兔子的感受。有的学生说非常喜欢这只小兔子，有的说真想把它抱回家。还有学生说"我不喜欢这只小白兔"。老师问他为什么，他说"因为它胆太小，动不动就哆嗦。再说眼睛红红的，好像总在哭"。

3. 情境对话

像前文提到的"打电话"、"看望病人"等教学案例，设法把学生带入某种假设的情境，引发他们的对话。这些情境可以是模拟现实生活中的口语交际场景，如购物、问路指路、借东西、劝说、与父母沟通、解决同学意见不一致的问题等；也可以是具有一定规则的语言交流情境，如导游、新闻发布会、专题讨论会、辩论等。

情境对话要注意引导学生展开合理的想象，包括事情发生的时间、地点、原因，对话各方的语气、神态、动作、心情等。这些想象要合理，不能脱离生活实际。

4. 听故事说话

主要采用先听后说的方式，先听教师或同学讲述故事，也可以听故事录音，然后再复述故事或围绕故事内容展开讨论。故事内容要符合学生的认识水平，富于情趣，并有一定的启发性、教育性。听故事前要提出专心听、边听边想边记的要求；听后可以复述故事或者续编、改编故事，还可以展开讨论。

5. 小实验或小制作说话

这是实验、制作以后练习说话的形式，比如用不同颜色和形状的小纸片拼图，然后讲述自己拼了什么、是怎样拼的。要求实验或制作的过程比较简单，便于操作，并容易取得成功。实验或制作后，一般只要求讲清楚过程，也可以讲讲自己实验或制作时的心情。如果学生能说清楚实验的科学原理，则需要给以充分的肯定和鼓励。学生说话时，要注意引导用准确、朴实的语言，反映实验或制作的实际情况，避免过分夸张或不恰当的形容及过于武断的猜测和判断。教学中要注意时间分配，保证大部分时间用于学生的口语交际实践。

6. 讨论、辩论

这种形式多用于中高年级。讨论、辩论的话题可以由教师提出，也可以由学生提出。内容应联系学生生活实际，对他们有一定启发和教育意义。如秋游去哪里、小学生是否要用手机、怎样用零花钱、课余时间该做什么等。讨论或辩论中，要鼓励学生各抒己见，充分阐述自己的观点和理由，并注意使用礼貌用语。

三、在语文教学各环节进行口语交际训练

口语交际训练不应仅限于在口语交际课上进行。教师要增强口语交际训练的意识，自觉地把它贯穿于语文教学的各个环节之中。在实际的阅读、习作教学中，忽视听说训练的现象比较普遍。例如阅读课上提出问题让学生回答，教师往往只注意学生回答的内容是否正确，不注意回答的语句是否通顺连贯，对明显的语病也不提醒，不指导；不注意引导学生认真倾听和分析别人的发言，仿佛回答问题就是讲给教师听的。这样就错失了许多训练口语交际能力的良机。如果教师有意识地把阅读教学、写作教学与口语交际训练有机地结合起来，每一节语文课就都可以有效地锻炼学生的口语交际能力。

口语交际训练贯穿于语文教学的全过程，既是完成教学任务的需要，又是由口语作为直接交际工具的性质决定的。教师要在语文教学的其他版块中有意识地加强训练，寻找一切可能的口语交际契机。课堂教学是师生双向互动的过程，每节课都为学生口语能力发展提供了用武之地。课上教师常说："请大家仔细听，这名同学说的怎么样？"这是让学生听清楚听明白。"请大家评一评刚才某同学的回答。"这是指导学生在听的基础上学会思考，学会给别人提看法。"你讲得很对，能不能说得再响亮些？"这是激发学生交际信心，强化训练口语技能。

（一）在识字教学中进行口语交际训练

在识字教学中开展口语交际训练，能使学生把握字词语义，发展思维和交际能力。例如，学习《菜园里》，教师可先让学生自主感知蔬菜，认读菜名卡片，读准字音，认清字形。随后说："你们刚才认识了那么多的蔬菜，谁愿意说说它们？你愿意说哪个就说哪个，请说说你看到的、摸到的和感觉到的。"下面是学生可能的回答。

生甲："我刚才认识了豆角，我觉得又细又长又轻，像一根鞭子。"

生乙："我觉得更像一根绳子。"

生丙："我刚才摸到了黄瓜身上有刺。"

生丁："我知道了，南瓜是黄色的，是圆形的，它的皮很硬。"

生戊："西红柿，红红的，软软的，我闻了闻，还有一股清香呢。"

生己："我知道了卷心菜就是我们平时说的包菜。"

（二）在阅读教学中进行口语交际训练

阅读课为口语交际教学搭建了得天独厚的平台，学生在阅读中的理解、感悟、创见、困惑等需要交流，在对话交流中引起思想观念的碰撞，激发智慧的火花。

在阅读教学中，教师要深入钻研课文，挖掘课文中有利于培养口语交际的因素，选准言语表达与阅读理解、思维训练的契合点，采用灵活多样的方式组织教学。这样，既使学生的口语表达应对能力得到有效训练，又使学生的阅读理解能力得到提高。

案例4

《新型玻璃》教学片段[①]

师：同学们，为了迎接"3.15"消费者权益日，某大城市举办了一个新型玻璃大展销，玻璃家族的成员听说了这个消息后纷纷赶去。假如你是玻璃家族的一员，你会怎样推销自己？

（学生分组交流后，选出代表，代表上台示范介绍。）

生1：亲爱的顾客，你们好！我是"吃音玻璃"，是消除噪音的能手。日常生活中，噪音就像一个来无影去无踪的"隐身人"，无处不在又难以对付，常常使您无法安心休息、入睡。可是，我却有办法制服它，信不信？如果您的家、办公室在闹市区，街上的噪音常干扰您工作、休息的话，那么请您将我带回去装上吧！我一定会还您个清静、舒适的环境，街上的噪音传到房间里面时会大大减弱。为了您和家人的健康，请马上行动吧！

师：谢谢"吃音玻璃"的介绍，你们觉得他的介绍怎么样？有没有值得学习的地方？

生2：我觉得他的介绍很精彩。尤其是"吃音玻璃"的作用放在开头，一下子就吸引住别人的注意力。

师：你很会倾听，这也是老师想说的。

生3：他的介绍能抓住顾客的心理，特别能打动顾客的心，比如：在闹市区无法安心休息、入睡等。这一点值得我们学习。我听了他的介绍，只想把"吃音玻璃"买回去，因为我家旁边很吵，有时吵得无法睡觉。

---

① 刘永鸿：《新型玻璃》，《口语交际教学片段与反思》，《小学语文设计》，2005年第8期，第55-56页。

> 师：说得好！能结合自己听后的感受和生活实际来说话。
> 生4：他说话很亲切，又有礼貌，值得大家学习。
> 师：你肯定也是一个有礼貌的好孩子！（指明其他四组上台介绍，再评议。）……
> 师：你们想的主意太棒了，玻璃娃娃们在展销会上大获成功。顾客们听了他们的介绍后，都对新型玻璃非常感兴趣，向玻璃娃娃提出了许多问题。玻璃娃娃为难了，你们好人做到底吧！根据顾客们可能提的问题，编演一出以玻璃娃娃与顾客们之间的交流对话为情境的课本剧（小组长任导演，分角色编排练习，上台表演。评选出最佳主角、最佳配角）。
> ……

这是一个在阅读课中把阅读理解和口语交际巧妙融合的一个案例，它有以下值得借鉴的地方。

第一，教师把对课文内容的理解与口语表达交流有机结合起来，既加深了学生对课文内容的感悟，又达到了培养学生言语表达交际能力的目的。设计精巧，环环相扣，层层深入，能充分调动学生主动参与的积极性。运用自主合作的学习方式，不仅使学生在交际态度和即席发言等方面得到有效训练，而且十分有利于发挥学生的创造性思维，达到了现行语文课程标准提出的"培养学生倾听、表达和应对的能力，使学生具有文明和谐地进行人际交流的素养"的口语交际训练的目标。

第二，从阅读教材中挖掘口语交际话题，创设立体、和谐的交际空间。交际的话题来源于教材，贴近学生的生活。《新型玻璃》这篇课文是说明文，介绍各种新型玻璃的特点和功能。在学生理解课文内容的基础上，引导他们进行介绍。由于玻璃在生活中随处可见，且为学生所熟知，再加上新型玻璃具有不寻常的功能和特点，所以很容易调动学生的兴趣，引发学生强烈的好奇心，进而使他们积极地参与话题交流。教师创设了生动、逼真的语言交际情境，比如"3.15"消费者权益日、新型玻璃展销会、"玻璃娃娃"与顾客之间的对话等，开启了学生的思路。此外，教师还提高要求，希望学生用课本剧表演的方式呈现更多的交流场景。这样，以境促思，以思促说，为学生顺利进行口语交际架桥铺路。

第三，交际形式多样化，使全体学生参与交流互动。有师生互动、生生互动、小组间的竞争。教师既是课堂教学的组织者，更是口语交际的参与者。教师适时的点拨、评价、鼓励，营造了和谐、愉悦的交际氛围，调动了学生全员参与交流的积极性，形成了会说、想说、爱说的可喜状态。尤其是小组间的竞争，有利于小组内的互动合作，培养合作意识与合作精神。为了集体的荣誉，小组内的每一个成员都将对自己以及他人提出更高的要求，并积极参与活动，共同希望依靠集体的智慧和努力赢得比赛胜利。最后，教师还把教学向外延伸、拓展，如设计了"回家后向家长介绍各种新型玻璃，并探讨家里最需要哪种新型玻璃"等问题。

（三）在写作教学中进行口语交际训练

写与说同属表达，语文教学素有说写结合的传统。先说后写能促进儿童书面及口语表达能力的提高。

案例 5

《有趣的"胖大海"》教学片段①

一、创设情境,激发兴趣

1. 师(导入):小朋友们,今天老师给大家带来了一种神奇的种子,就放在你们桌上,你们仔细观察一下它是什么样的?可以用眼睛看,用手摸,用鼻子闻。

(学生兴趣盎然,展开讨论,进行言说,教师指导说话。)

2. 师:他可能是什么种子呢?

(学生:是不是红枣?可能是花生。我觉得是吃剩下的话梅核……)

3. 师:小朋友们都猜不出来,那老师就告诉你们,它的名字叫"胖大海"。为什么这么一颗小小的、干瘪瘪的果实会取这么奇特的名字呢?让我们一起来做个实验,答案可能就会出来了。

二、认真观察,充分想象

1. 师:下面请小朋友把胖大海放入杯中,倒上热水,仔细观察一下,它发生了怎样的变化?

2. 师:(两分钟后)现在,谁能告诉老师,你杯中的胖大海发生了怎样的变化?

(学生:我看到胖大海的一端好像变得蓬松了。它好像伸出了无数的毛茸茸的小手小脚,把外套胀破了。)

3. (五分钟后,胖大海经过热水的浸泡,变得又胖又大了)这时候,你们杯中的胖大海成了什么样儿的?

(学生:它像一只褐色的水母。它像是在水中开放的花朵。它像一个毛线团。它像一个乌贼披着透明的纱裙。)

4. 师:小朋友的想象真丰富!你们发现了吗?除了胖大海发生了奇特的变化以外,杯中的水也发生了改变,变成了什么颜色?

(学生:由透明的水变成了褐色的水了。)

师:你们想尝一尝吗?告诉老师胖大海是什么味道的?

(学生:刚开始有点苦,后来又变得有点甜。)

师:现在谁能告诉我,它为什么叫胖大海?

师:其实胖大海是一种中药,泡茶喝可以治咽喉肿痛呢!

三、指导方法,自主说话

1. 师:刚才,我们一起观察了胖大海由小变大的整个过程,下面请两人一组,把胖大海变大的过程具体说一说。

2. 师:下面请哪位小朋友把小组交流的结果跟大家说一说?

(学生:展开评论、补充、扩展。)

老师根据学生的回答板书:胖大海变化前的样子(颜色、形状、大小);变化的过程(一会儿、接着、又过了一会儿);胖大海的味道。

四、独立写话,即时评价

师:请把这奇妙的过程写下来。

(学生自由作文,教师个别辅导。)

---

① 范惜春:《引导学生"找米下锅"——二年级写"有趣的胖大海"教学谈》,《小学教学参考》,2005第8期,第77—78页。

这是一个写话教学的案例,整个过程贯穿了口语交际训练的因素。教师在进行教学设计时充分考虑了口语交际训练的途径。首先,通过实物展示,学生动手摸、用眼睛看、鼻子闻,学生在活动中对胖大海的形状、颜色、大小、手感等有了初步的感知,在此基础上,让学生说一说、猜一猜。这充分考虑了低年段学生的年龄特点——在具体的实践操作中进行言说。学生对此感到非常好奇,表达、交流的欲望自然产生。教师在学生言说的过程中进行指导,使学生说得规范、具体、生动。然后,通过实验观察,让学生把胖大海的变化过程说清楚。随着时间的推移,胖大海的身体发生了奇妙的变化,学生目睹了整个过程,有自己的观察感悟与体验,因而言说基本能做到言之有序、言之有物、表达清楚。尤其是在同桌互说环节,通过同桌之间相互交流,展开评议,在交际活动中既使学生的口语表达能力得到提高,又使学生思维的条理性和表达的层次性得到训练,为后面的写话做好铺垫。这个案例按照先说后写的思路设计,学生说得越充分、交流越全面,写起来就越顺畅。教师很好地把口语与书面语的表达有机融为一体,使学生的口头语言和书面语言得到协调发展。

四、日常生活中的口语交际训练

口语交际的能力只有在实践中,在互动交流之中才能得到提高。事实上口语交际有着丰厚的土壤,因为凡有人际交往的地方,就可以进行口语交际教学,这是由母语学习的广泛性决定的。因此,应拓展口语交际学习空间,变封闭为开放。沟通课内、外生活,变单调对话为丰富多彩的口语交际活动,创建自由表达的氛围和交际活动空间。

日常生活为学生进行口语交际提供了丰富的资源,教师要努力开发和积极利用一切能进行口语交际的实践活动,使口语交际教学成为开放的动态的活动过程。例如,可结合教师节,让学生扮演小记者采访模范教师和优秀教师;可针对环境污染问题,组织学生开展社会调查;可围绕学生在生活中遇到的困难和问题(如看电视会不会影响功课学习、怎样使用压岁钱等),举办"小小讨论会",让学生在这些实践活动中,学会倾听,学会沟通,学会应对,学会合作,从而使他们逐步具有文明和谐地进行人际交流的素养。

本章小结

这一章,从口语交际的基本理论、口语交际能力的结构以及口语交际教学的实践三方面进行了简要论述。口语交际教学的内容不仅包括规范学生的口头语言,提高口语交际能力,还包括培养良好的口语交际习惯。口语交际教学是现代生活的需要,是培养学生的口语交际能力,提高教学质量的需要,同时,口语交际训练也有助于促进学生思维能力的发展。应注意在学生已有的听说能力基础上,把口语交际训练贯穿在语文教学的各个环节,面向全体学生。口语交际能力,一般包括听话能力和说话能力。口语交际教学的途径包括口语交际课、在语文教学的各个环节中进行训练、在日常生活中进行训练。

思考题

1. 简述口语交际教学的内容和意义。

2. 试述口语交际能力的构成与培养。
3. 自选内容,完成一份口语交际课的教学设计。
4. 结合实例谈谈你对在语文教学的各个环节中进行口语交际训练的理解。

第八章　小学语文综合性学习的教学理论与实践

 本章学习目标
1. 理解语文综合性学习的内涵。
2. 了解语文综合性学习的基本特征。
3. 理解组织实施语文综合性学习的原则和步骤。

2001年教育部颁布的《全日制义务教育语文课程标准(实验稿)》首次把综合性学习纳入语文课程结构体系之中,同"识字与写字"、"阅读"、"写作"、"口语交际"相并列,构成语文课程内容的有机组成部分。课程标准提出"综合性学习"的要求,是为了加强语文课程与其他课程以及与生活的联系,促进学生语文素养的整体推进和协调发展。

第一节　小学语文综合性学习的基本理论

一、语文综合性学习的内涵

语文综合性学习是21世纪初才提出的一个概念。经过十余年的实践探索,综合性学习已成为一个语文界广泛使用的概念。综合性学习是与"识字与写字"、"阅读"、"写作"、"口语交际"相并列的一种课程形态,是语文课程的一个重要组成部分。

(一)课程标准中的语文综合性学习

课程标准实验稿和2011年版课程标准在"语文课程理念"部分提到了综合性学习。语文课程理念主要有四个方面:全面提高学生的语文素养,正确把握语文教育的特点,积极倡导自主、探究、合作的学习方式,努力建设开放而有活力的语文课程。其中,第三方面"学习方式"部分提到了综合性学习的重要性。语文综合性学习"有利于学生在感兴趣的自主活动中全面提高语文素养,有利于培养学生主动探究、团结合作、勇于创新的精神,应该积极提倡。"2011年版的课程标准还指出,"综合性学习既符合语文教育的传统,又具有现代社会的学习特征"。

在"课程设计思路"部分课程标准实验稿写到,除了识字与写字、阅读、写作、口语交际外,"还提出了'综合性学习'的要求,以加强语文课程与其他课程、与生活的联系,促进学生听说读写等语文能力的整体推进和协调发展"。2011年版课程标准进一步提出,提出综合性学习的要求,是为了"加强语文课程内部诸多方面的联系,加强与其他课程以及生活的联系,促进学生语文素养全面协调地发展"。

在学段目标和内容部分,课程标准分别规定了三个学段的综合性学习的教学目标和内容;"实施建议"部分也有专门针对综合性学习的教学建议和评价建议。通过这些具体规定可以看出,语文综合性学习在学习空间上比较注重突破课堂限制,让学生走出校园,深入大自然和社会生活,或借助网络拓展信息来源;在学习内容上侧重发现和提出问题、搜集和分析信息资料、策划和实施活动、综合多种方式进行表达和交流等;在学习方式上以学生自主活动为主要形式,包括计划、实施、展示、总结、评议等,强调听说读写的综合运用。

专栏 8-1

《义务教育语文课程标准(2011年版)》中各学段"口语交际教学目标和内容"

第一学段(1—2年级)

1. 对周围事物有好奇心,能就感兴趣的内容提出问题,结合课内外阅读共同讨论。
2. 结合语文学习,观察大自然,用口头或图文等方式表达自己的观察所得。
3. 热心参加校园、社区活动。结合活动,用口头或图文等方式表达自己的见闻和想法。

第二学段(3—4年级)

1. 能提出学习和生活中的问题,有目的地搜集资料,共同讨论。
2. 结合语文学习,观察大自然,观察社会,用书面或口头方式表达自己的观察所得。
3. 能在教师指导下组织有趣味的语文活动,在活动中学习语文,学会合作。
4. 在家庭生活、学校生活中,尝试运用语文知识和能力解决简单问题。

第三学段(5—6年级)

1. 为解决与学习和生活相关的问题,利用图书馆、网络等信息渠道获取资料,尝试写简单的研究报告。
2. 策划简单的校园活动和社会活动,对所策划的主题进行讨论和分析,学写活动计划和活动总结。
3. 对自己身边的、大家共同关注的问题,或电视、电影中的故事和形象,组织讨论、专题演讲,学习辨别是非、善恶、美丑。
4. 初步了解查找资料、运用资料的基本方法。

(二)语文综合性学习与综合实践活动、语文实践活动的区别

在有关语文综合性学习的研究资料中,经常有将它与综合实践活动、语文实践活动相混淆的情况。对这三个概念进行简单比较,有助于加深对语文综合性学习的认识。

根据2001年颁布的《基础教育课程改革纲要(试行)》,综合实践活动是自小学中高年级开始开设的,与语文、数学、社会、科学等学科课程并列的必修课程。"其内容主要包括:信息技术教育、研究性学习、社区服务与社会实践以及劳动与技术教育。强调学生通过实践,增强探究和创新意识,学习科学研究的方法,发展综合运用知识的能力。增进学校与社会的密切联系,培养学生的社会责任感。在课程的实施过程中,加强信息技术教育,培养学生利用信息技术的意识和能力。了解必要的通用技术和职业分工,形成初步技术能力"。

综合实践活动是适应课程综合化要求产生的,它不像分科课程那样可以保证知识学习的全

面和深入,因而目前的主流课程形态依然是分科课程。那么在分科课程的背景下,如何促进学生融会贯通地理解所学内容,综合性学习是一种有效的途径。

  2000年颁布的试用修订版语文教学大纲中提出了"语文实践活动",此前的一些语文教学大纲里还提到了语文课外活动。这些与语文综合性学习有一定联系,其目的都是为了增进语文学习与其他学科及课外生活的联系,加强语文的实践运用。单从提法上看,"课外活动"侧重课内与课外的区分,容易使课外学习与课堂教学彼此分离;"实践活动"可以包含听、说、读、写某单项能力的演练和应用,有可能与识字写字、阅读、写作、口语交际的教学重叠。相比之下,语文综合性学习既强调语文知识和能力的融会贯通、综合运用,便于将语文课程的若干方面进行整合,同时也可以突出语文学习与其他学科领域学习的联系,以及加强课内外学习的整合。

  通过上述对比可以看出,语文综合性学习是在课程综合化背景下产生的,强调学习内容和学习方式的综合性,学习空间的广泛和整合,但它是学科课程框架下的综合,必须体现语文学科的课程特点。

二、语文综合性学习的基本特征

  根据课程标准的相关规定及学术界的相关研究,语文综合性学习具有以下主要特征。

(一)突出综合

  综合性是设立综合性学习的价值所在。它体现为听说读写诸方面语文知识与能力的综合;知识和能力、过程和方法、情感态度和价值观三个维度目标的综合;语文课程和其他课程的综合;是学习方式的综合,是接受学习和探究学习的综合。无论什么程度、什么角度的综合,语文素养都是语文综合性学习的立足点。

  现行语文课程标准提出的综合性学习目标和内容体现出高度综合的特征。一是重视听说读写技能的协同发展和综合运用。如,"用口头或图文等方式表达自己的观察所得","学写活动计划和活动总结","尝试写简单的研究报告"。

  二是三维目标的综合。上面已经列举了语文知识与技能方面的目标。过程与方法方面的目标,如,"初步了解查找资料、运用资料的基本方法";情感态度价值观方面的目标,如,"对周围事物有好奇心","热心参加校园、社区活动","学习辨别是非、善恶、美丑"等。

  三是能力目标呈现多元化特征。除了语言能力目标,语文综合性学习的学段目标还体现出对以下能力的重视:其一是问题意识和问题解决能力。如,"能提出学习和生活中的问题,有目的地搜集资料,共同讨论","为解决与学习和生活相关的问题,利用图书馆、网络等信息渠道获取资料,尝试写简单的研究报告"。其二是搜集和处理资料的能力。如,"有目的地搜集资料","利用图书馆、网络等信息渠道获取资料"。其三是策划、实施、参与、协调语文活动的能力。如,"能在老师的指导下组织有趣味的语文活动""策划简单的校园活动和社会活动,对所策划的主题进行讨论和分析"等。

(二)加强实践

  语文综合性学习的学段目标和内容充分体现其实践性或者活动性的特征。如学习空间、学习内容、学习形式的开放,自主、合作、探究性学习方式的运用等。这些学段目标和内容重视自主观察、自主提出问题,重视运用语文知识和能力解决问题,体现出对学习过程、学习体验的高度重视。

让学生通过实践活动,获取直接经验,从而帮助学生建构积极的问题解决知识体系与能力结构,这是语文综合性学习有别于其他语文教学形态的优势所在。通过实践活动整合听说读写等多种能力,通过实践活动让学生亲历过程,学会分析问题和解决问题的方法,培养策划、实施、参与、协调的能力及合作精神,通过实践活动掌握知识和运用知识。加强实践还强调语文学习与生活的联系,重视语文学习的生活化,学习空间向校园、家庭、周围社区,乃至大自然、大社会拓展,不再局限于教室。学习时间向课外拓展,学习内容向书本外延伸。实践活动的范围包括学生学习和生活的各个方面,要使他们学会在各个领域里用语文,在运用中进一步学好语文。

(三)强调自主

课程标准指出,综合性学习是"培养学生主动探究、团结合作、勇于创新的精神"的主要途径,实施综合性学习,应"特别注重探索和研究的过程"。强调探究性要求重过程、重体验,"综合性学习"的课程目标一般不是指向某种知识或能力的达成度,而是提出一些学习活动及其要求,主要指向过程。综合性学习特别注重探索和研究的过程,应突出其主体——学生的自主性。综合性学习可以就指定内容开展活动,也可以在活动中自主选择学习内容。学习方式可以自主选择,可以是讨论、辩论、演讲,还可以是观察、调查、访问等。主要由学生自行设计和组织活动,自主确定活动方式,自主组成学习小组,自主决定学习结果的呈现形式,自主进行活动的评价总结。

三、语文综合性学习的主要形态

小学语文综合性学习的形式丰富多彩,按照不同学段开展综合性学习的基本要求,可以根据学生的学习需要和学习的资源条件开展各式各样的活动。下面仅以人民教育出版社、北师大出版社和江苏教育出版社的三套小学语文课程标准实验教科书为例,分析小学语文教材中综合性学习的主要形式。三套教科书的简称分别为人教版、北师大版、苏教版。

(一)分散安排的语文综合性学习活动

在开展综合性学习的背景下,语文实践活动也是综合性学习的一部分。尤其是在第一学段,还不具备开展严格意义上的综合性学习的条件,实践活动成为综合性学习的主要表现形式。

人教版主要出现在课文后,根据课文内容,提出拓展性问题。一年级下册开始出现,安排至四年级下册。第一学段有的与口语交际内容形成有机联系。如二年级下册《雷雨》一文后,安排了"写一写"练习,提示学生留心天气的变化,"把它写在日记里"。

北师大版出现在一到五年级教材中。一、二年级教材用图标予以提示;三到五年级则在"语文天地"中设置了"初显身手"栏目。

苏教版单元末的"练习"中编排了"做做说说",或"想想做做"、"做做写写"等栏目。例如,"秋天到了,观察一下大自然有哪些变化。将自己找到的秋天画下来或写下来,然后在小组里交流"。教材编写者阐释说,"根据《课程标准》的要求而设。主要体现为语文知识的综合运用,听说读写能力的整体发展,语文与其他学科的沟通,书本与实践活动的紧密结合。"

（二）随主题单元编排的综合性学习

人教版在第二、三学段册册都有安排,在相关单元的课文后编排活动建议,单元末的语文园地中,"口语交际""习作"和"展示台"栏目安排展示交流。三年级的综合性学习主题有课余生活的安排、生活中的传统文化、调查周围的环境、回忆和了解父母关心爱护自己的事情,四年级的学习主题有读童话、讲童话、编童话、演童话,分享成长经历,大自然的启示,走进田园、热爱乡村。五、六年级随课文和单元安排的综合性学习主题有我爱读书、感受语言的表达艺术、祖国在我心中。

北师大版随单元编排的综合性学习出现在第三学段,被称作"综合活动",以"导语"创设活动情境,分栏目提示活动内容、方式。五年级的综合性学习主题有社会日新月异的变化、水、我们的家园、规划自己的读书行动、劳动主题的家长恳谈会、旅游;六年级每个单元都有一个综合性学习活动,主题有考察历史古迹、制作"我身边高尚的人"墙报、小话剧展现美丽的心灵、母亲河朗诵会、策划和召开班级或年级运动会、故事会、世界大家庭、关于抗日战争的调查、松梅竹书画展、生活的乐趣、公益广告大赛、生命、对待矛盾、做小报表达对英雄的敬仰等。

（三）独立编排的综合性学习

人教版在第三学段,每册安排了一项。基本框架是:导语中提出学习任务,而后分成两大板块,分别提出活动建议,提供若干必读材料。学习主题有遨游汉字王国、走进信息世界、轻叩诗歌的大门、难忘小学生活。下面是五年级上册一个综合性学习单元的内容框架。

主题:遨游汉字王国

活动一:有趣的汉字

要求:① 搜集和编写字谜,开展猜字谜活动,体会汉字的有趣;

② 查找体现汉字谐音特点的古诗、歇后语、对联或笑话,和同学交流;

③ 搜集有关汉字来历的资料,了解汉字的起源,感受汉字的有趣;

活动二:我爱你,汉字

要求:① 阅读提供的材料,搜集更多的资料,了解汉字的历史;

② 搜集因为写错汉字、读错汉字而发生的笑话和造成的不良后果的事例;

③ 策划一次社会用字调查活动,如调查广告招牌、电视字幕和书籍报刊中用字不规范的情况。在调查的基础上写成简单的调查报告,或者给相关的部门写建议书,反映调查的情况;

④ 搜集一些书法作品,办一个书法展览,还可以向班上有书法特长的同学请教练字的方法;

拓展活动:探究又多又快地识记汉字的好方法;

寻找错别字的规律;

探究掌握多音字的好办法。

北师大版在第一、二学段设有开放性单元,每册一个,主题密切联系生活,围绕单元主题安排听说读写内容。例如,一年级的"外面的世界",提示为"外面的世界很精彩。只要留心看,你会发现很多有趣的东西,认识很多字"。

苏教版从五年级上册开始,每册教材最后编排"学和做",教材编写者称之为"综合性学习系列"。以"导语"创设活动情境,分项提示活动内容、方式。例如,以"说名道姓"为题的综合性学习,指导学生对各种各样的姓名进行了解和研究。

综上,综合性学习的编排,不同版本教科书在不同年段体现出较大差异。对教师来说,需要依据综合性学习的基本特征,了解小学阶段综合性学习开展的基本原则,把握综合性学习开展的基本过程,以更好地理解和使用教材。

第二节 小学语文综合性学习的教学实践

一、语文综合性学习的教学要求

综合性学习可以依教材开展,也可以结合实际自主开发学习主题。小学阶段的综合性学习不可要求过高,由低年级到高年级应注意梯度和阶段性。低年级的综合性学习重在体验和激发参与兴趣,应是课内学习的自然拓展,做到主题简明,落实容易,时间要短,在老师的带领下,通过参与活动,有所收获和体悟。中年级综合性学习可以结合教材学习内容,适度拓展。与低年级相比,在活动方式、成果反映方式等方面要求有所提高,如,在活动方式方面,低年级重在参与,中年级可以尝试让学生以不同方式自主组织活动。高年级可以尝试组织打破课内外界限的专题活动,由学生策划、组织、实施简单的校园活动和社会活动,在活动开展过程中,能够加深对实施综合性学习的方法、过程的认识,并加强总结。如学习如何讨论和分析所策划的主题,学习写活动计划和活动总结,了解查找资料、运用资料的基本方法,学习写研究报告。

二、语文综合性学习的实施原则

综合性学习完全不同于传统教学方式,对实施者是较大的挑战。在开展过程中应注意把握以下几个原则。

(一)让学生在活动中学习

杜威曾指出"活动是一种最上的工具,因此和环境接触可以得到最亲切的知识,这实在是很重要的"[1]。综合性学习通过活动整合听说读写等多种能力,使学生通过活动掌握知识和运用知识。把活动和学习结合起来,让活动成为学习的过程,可以激发学生的主动性。综合性学习的活动内容、活动方式及途径多种多样,可以结合本校、本班学生实际,选择、设计多样化的学习活动。如人教版三年级下册"爱护周围的环境"这一主题,提出了如下活动建议:

你了解家乡的环境吗?比如,空气和水是不是受到了污染?花草树木是增多了还是减少了?人们为保护环境做了些什么?让我们开展一次调查周围环境的活动。先自由组合,组成小组,共同商定一个活动计划,想想展示的方式和内容,然后大家分头行动。有的同学可以去观察,有的可以去访问,有的可以去查找资料。

有一个班的师生经过讨论,全班学生组成了"白色小天使组""绿色小卫士组""灰色终结者组",并分别策划了各自的活动。

"白色小天使"组关注空气质量。他们观看电视台气象预报,设计一周空气质量跟踪调查

---

[1] 袁刚等编:《民治主义与现代社会——杜威在华讲演集》,北京大学出版社2004年版,第506页。

表,将每日天气状况、空气质量的指数记录下来,通过分析,发现空气质量与天气变化之间的关系,从而感受到防止大气污染的重要性。他们还在学校附近路口统计单位时间内通过车辆的数量或走访有关部门,了解一辆车产生尾气的危害;观察、拍摄校园植物的叶面一周积累灰尘的厚度,或在窗台放置白纸,观察灰尘厚度;查阅报刊、上网了解空气质量对人体的影响。

"绿色小卫士"组了解家乡的绿化情况。他们制作调查问卷,向本小区内的居民发放,了解本小区近几年的绿化情况;通过询问小区物业人员,具体了解小区近几年的绿化面积,观察花草树木是增多了还是减少了,从而发现问题。

"灰色终结者"组了解垃圾污染情况。他们对自己家庭内垃圾状况进行调查,记录每天自己家庭内所产生的塑料袋、废纸、废物等情况,做出统计,以此推算垃圾污染状况;走上街头询问清洁工人每天处理垃圾的数量,了解因垃圾污染造成的损失;还观察校园里有没有乱扔垃圾的现象,并及时予以制止。

以上活动设计尽可能从学生生活实际出发,注重可操作性。活动需要学生放下书本,走出课堂,能够使学生综合运用多方面的知识。依照这样的活动计划开展活动,能够使学生在参与的过程中多有收获。需要注意的是,在活动落实过程中,要注意语文综合性学习的学科性。比如,以观察日记、调查报告等形式反映活动发现,比单纯的数字记录或图表分析更为适当。

(二)让学生充分发挥自主性

综合性学习活动是在教师指导下的学生自主活动,一般可以小组为单位开展,再在班上交流。在活动开展过程中,从活动主题的确立、活动方式的选择到活动成果的展示,都应由学生自主确定。教师参与指导甚至参与活动过程,但绝不可包办代替。综合性学习从形式到内容都体现了学生是学习的主人。学生在自主性活动中可以充分发挥自己的潜能,展示特长,进而养成主体意识、独立人格和对集体、社会的责任感。

在保证自主性前提下,教师要发挥引导、监督作用。小学生毕竟年龄较小,要避免放任自流。特别是根据当地的实际条件,适合开展哪些活动,不适合开展哪些活动,教师应向学生提出建议。在活动实施的过程中,教师应关注学生语文知识、能力的发展,关注学生活动策划和实施的能力,还要重视学生合作精神的培养。

(三)让学生亲历探究的过程

以小学生为主体的综合性学习,不同于严肃意义上的科研。不强调知识的系统性,不强调结果的科学性,重在体验和感受;其重要意义在于让学生亲历过程。在实际教学中,这是最不易得到落实的。

语文综合性学习的实施步骤一般包括活动准备、活动展开、成果展示、反思总结四个环节。教师一般对活动准备及成果展示两个环节比较重视,对如何指导比较有把握;对活动展开和反思总结两个环节往往重视程度不够,指导效果不尽如人意。前者多在语文课上进行,教师可以有比较充分的思考和准备,教师参与和介入也比较容易,而后者多在语文课之外,甚至在课后、校外进行,学生分散、自由开展活动,教师不易参与和监控,因而不容易具体指导。

要避免上述问题,一方面要加强对活动过程信息的把握,比如要求学生按一定规范记录自己的活动过程,包括保留反映活动过程的文本或视频资料,如查阅过程的文字材料索引、会议纪要、实验记录表、小制作的设计图纸等;另一方面要注重对活动过程的评价和指导,通过教师的监控和反馈使学生意识到活动过程和自己反思的重要性。

(四)创设开放的学习环境

开放的学习环境既是指空间上,也是指时间上,还包括学习内容、学习方式和评价方式的开放。语文综合性学习要重视语文学习的生活化,学习空间从课内走向课外,从校园走向校外,与社会各个领域取得广泛的联系;学习时间不仅仅局限于40分钟左右的课堂教学,要适当地联系或利用学生的课余生活,把学生课余的语文生活纳入语文教育的视野;学习内容不局限于课本知识,可以就指定内容开展活动,也可以在活动中自主选择学习内容,将书本中的间接经验和生活中的直接经验有机结合起来,最大限度地利用语文学习资源。综合性学习打破了语文学习单一的授受模式,倡导自主探究学习、小组合作学习,倡导体验式、感悟式学习。评价也要采取多样化的方式,可以是纸笔测试,也可以是观察记录;评价主体可以是老师,可以是学生;可以自我评价,也可以同学相互评价。

三、语文综合性学习的指导

语文综合性学习有多种活动内容和形式。教师需要根据具体的活动形式和过程给以有针对性的指导。

(一)指导学生组织和策划活动

语文综合性学习活动的组织要根据学习主题和教学目标,让学生群策群力,共同商议和策划如何开展活动。活动以哪些方式、步骤进行,时间怎样安排,如何体现学习的成果等,都应在学生小组或全班达成共识,形成切实可行的活动方案。该方案要说明此次活动的学习主题、学习内容和要求、活动的形式及时间安排、活动中的人员分工、学习成果的发表形式,等等。

综合性学习活动主题的选择要考虑学生所在地方和学校的实际情况,充分体现本地特色。选择和确立活动主题需要全班学生讨论交流,集思广益,认真筛选。如果是依据教科书相关内容开展综合性学习,教师就要熟悉教科书的编写思路,再指导学生根据教科书的提示谈感受和进行讨论,尽量做到充分利用教科书的活动建议,再结合学生实际做适当的补充、删减或重组。

例如,围绕某个综合性学习主题,教师和学生先简单回顾以前开展综合性学习的经验和问题;接着浏览教科书中的学习材料和活动提示,交流感受,对建议活动进行挑选和补充;随后,师生共同商议确定基本的活动流程,再分小组制订本组活动计划,全班交流后修订和确立具体的活动计划。

策划阶段,教师要相信学生的能力,为学生留出足够的活动时间和空间。当然,在学生需要时也要给予指导。比如,提示学生按不同的探究主题采取相应的活动形式。以考察名胜古迹为例,关于名胜古迹的现状可以通过实地考察来了解,对其历史则需要查阅相关的文献资料,想知道其中的传说和故事还需要对有关人员进行访谈等;再如,根据不同的活动类型计划小组活动方式,有些活动各组都必须按一定规范进行,有些活动各组可以进行选择或补充,还有些活动需要发挥本组创意和特色。教师可以组织学生围绕其拟定计划的过程及所制定的计划进行展示和交流,在对比中强化学生对计划的基本要点和要求的理解。

（二）指导学生合作开展活动

在综合性学习活动中，教师要指导学生依照本组拟定的计划，从多个角度围绕学习主题搜集信息、分析问题、组织讨论，小组合作寻找解决问题的途径和线索。

各学习小组的活动内容和形式可以一致，也可以各不相同。以"轻叩诗歌的大门"为例，虽然活动任务都是搜集各种形式的诗歌，但各组的侧重点可以不同，有的按诗歌的类型或搜集律诗，或搜集绝句，抑或是现代诗歌；有的按诗歌题材进行探究，或搜集自然主题，或搜集抒情诗歌，或搜集叙事诗；再比如六年级下册以难忘小学生活为题的综合性学习，有的组搜集整理本班同学的信息资料，制作毕业纪念册；有的组对老师和同学进行访问，拍摄他们的毕业寄语视频；还有的组为本班每位任课教师设计和绘制毕业贺卡。

虽说分组活动以学生自主学习为主，但教师不能完全放任自流。教师要及时了解各组的活动进展，依据学生需要提供必要的帮助和指导。例如，学生刚开始开展综合性学习时，可能不知道从哪些途径寻找合适的资料，教师可以展示自己准备好的资料，并演示查询和获取这些资料的过程和方法。又如，小学生对资料的分析和处理能力尚待发展，常出现把所有找到的材料都堆在一起的现象，对此教师可以分步进行一些指导，包括根据本次活动需要有目的有意识地选择资料来源、获取资料后尝试根据内容或形式进行分类整理、对资料内容作必要的筛选和摘录等。此外，学生开展小组活动的过程中，教师可以提示他们经常对照策划阶段拟定的计划，随时监控活动进程，使活动保持正常轨道。

（三）指导学生展示和交流学习成果

交流汇报是综合性学习的重要环节。一般是学生个人或小组派代表面向其他同学展示其活动成果。交流的形式有很多，如学生作品展览、朗诵会、知识竞赛、演讲、表演等。展示成果多采用书面报告与口头汇报相结合的方式。书面资料包括学生分组搜集和整理的照片、图画、视频、文字资料；学生创作的文章；小组合作完成的调研报告；与口头报告相对应的演示文稿等。小组汇报主要是本组的整体活动成果，而不是某个优秀学生的活动成果。

综合性学习的交流汇报活动一般由学生自己设计和组织，教师可以充当"参谋"的角色，针对活动的关键特征和可能出现的问题为学生提供支持和建议。汇报活动可以通过一些规则来保证全体学生都能参与，做到人人发挥作用，不能让汇报成为少数优秀学生的展示台。

（四）对综合性学习过程和结果进行总结和评价

对于学生在综合性学习活动中的表现以及取得的学习成果，教师可以从多个方面进行总结和评议，包括语文知识、能力层面，活动过程、方法层面，学生参与程度和合作态度层面等。教师要根据每一次综合性学习活动的性质、目标与内容，采用不同的方式与方法，尽量避免面面俱到。另外，对不同学段的学生，要求要适当。在这个环节中，教师可以设计总结评价表，引导学生进行自评与互评。

例如，以"了解家乡的环境"为主题的语文综合性学习，有的学生关注大气污染问题，有的侧重家乡人民在改善环境方面的举措，还有的主要揭示家乡环境的优势和特点。各组学生的汇报形式都是由小组代表借助幻灯片来介绍各组学习成果。

总结评价工作通常伴随着每一组代表的发言进行。同学发言结束后,教师引导听众一方面围绕发言内容讨论环境问题及人们与环境的关系,另一方面可以评议发言内容是否清楚,发表的形式是否恰当。教师的总结和评价涉及学生对家乡环境的认识和理解是否全面;幻灯片和发言内容是否具体,能突出重点;词句使用是否恰当,语句是否通顺;分组活动中的分工是否合理,是否进行了有效的合作,等等。

本章小结

本章主要涉及小学语文综合性学习的教学理论与实践。语文综合性学习的基本特征是突出综合、加强实践、强调自主;根据现行教材,语文综合性学习主要有三种形态,即分散安排的实践活动、随主题单元编排的综合性学习、独立编排的综合性学习。语文综合性学习要符合各学段的教学要求;其实施原则是让学生在活动中学习、让学生充分发挥自主性、让学生亲历探究的过程、为学生创造开放的学习环境等;语文综合性学习的指导体现为指导学生组织和策划活动、指导学生合作展开活动、指导学生展示和交流学习成果、适当总结和评议学生的学习过程和成果等。

思考题

1. 谈谈你对"语文综合性学习"的理解?
2. 语文综合性学习有哪些基本特征?
3. 结合实例分析综合性学习的实施原则。
4. 在现行小学语文教科书中任选一项综合性学习内容,尝试设计综合性学习的目标和主要活动流程。

第九章 小学语文教学评估

本章学习目标
1. 了解小学语文教学评估的功能、类型及原则。
2. 明确小学语文课堂教学评估的内容及实施要点。
3. 熟悉小学语文学习评估的内容与方法,掌握小学语文测试中的各个环节。

小学语文教学评估是对语文教学工作和学生语文学习质量作出客观的衡量和判断的过程。教学评估是教学过程中必不可少的一个环节。通过评估可以监控教学的过程和成效,提供教学反馈,为及时调整和改进教学提供依据;评估还可以激励教师教和学生学的主动性和积极性。

第一节 小学语文教学评估的基本理论

一、小学语文教学评估的含义

所谓小学语文教学评估就是根据一定的指标对小学语文教学过程及其结果作出价值判断。小学语文教学评估的对象通常指向两个方面,即小学语文的教与学,既要评估教师教得怎样,还要评估学生学得如何。评估教师的教主要是以教师在教学活动中的行为作为直接的评估对象,内容包括教师的教学态度、教学能力和教学方法的选择等。评估学生的学主要是以语文教学工作的结果——学生的学习态度、学习能力和学习成就上的变化。对学生的评估不仅包括学生的语文学习成绩,还包括语文学习的过程和方法、情感态度和价值观。小学语文评估的目的不仅仅是为了考察学生达到学习目标的程度,更多的是为了检验和改进学生的语文学习和教师的语文教学,完善语文教学设计和教学过程,进而有效的促进学生语文素养的全面发展。

二、小学语文教学评估的功能

(一)鉴定的功能

教学活动是否已经达到教学目标所提出的要求,需要通过评估来作出鉴定。小学语文教学评估的重要功能之一就是鉴定教学是否达到了要求,或者判断达到教学目标的程度,以此来确定教师的教学工作和学生的学习水平。这对进一步完善语文教学过程,使学生得以充分发展是至关重要的。

对教师教学工作的评估,主要是为了了解教师教学各方面的情况,如,对小学语文课程标准的理解、语文教学计划的实施、课堂教学效果、教师的知识素养、师生关系等,确定他们的教学质量,肯定优点,找出存在的问题。对学生学习水平的评估,主要是了解学生的语言理解水平和表达水平,确定他们已经具有怎样的语文基础知识和基本能力,找出他们与学习目标的差距。

(二) 反馈的功能

小学语文教学与其他学科教学一样,包括"目标的拟定—教材的选择—教法的确定—活动的实施—效果的评估"这样一个系统的过程。效果的评估是这一系统过程的最后一个环节。通过评估,可以及时反馈学生掌握知识的情况和能力水平,及时发现与预定的教学目标之间的差距和问题,从而分析教学目标的拟定是否切实可行,教材的处理是否得当,教学方法的运用是否有效,教学过程的安排是否合理。然后据此改进自己的教学,对不同水平的学生因材施教,并对提高教学效果,改进今后的教学工作做到心中有数。

同时,评估为学生家长提供了反馈信息。通过评估工作,可以使学生家长了解子女的语文学习情况,从而更好地配合语文教师搞好教学工作,为学生创造优良的语文学习环境。

(三) 激励的功能

教学评估要对被评估者作出价值判断。每个人都有实现自身价值的需要,都有获得较高的价值评定的要求。对教师来说,由于评估能够直接显示教学结果,在客观上能引起社会的敏锐反应,所以评估能够帮助教师更好地认清自己教学的成绩与缺点,鼓励他们主动研究教学目标,用教学目标来指导自己的教学,采取措施改进教学,使教学不断接近教学目标。

对学生来说,评估的结果往往能成为激励学生学习的动力。学习成绩优良的学生,能够体验到成功的愉快,不断总结自己成功的经验,激励自己加倍努力,争取获得更优秀的成绩;学习成绩不够理想的学生,可以看到自己落后的方面,反思自己在学习态度、方法和习惯上的问题,不断改进自己的学习;学习成绩进步的学生,可以坚定自己的信心,进行更有效的学习。

(四) 调节的功能

在教学评估中,评估者按评价指标对评估对象逐项进行检测,掌握其全面情况,进行比较、分析、综合,并作出恰当的解释,据以明确今后教学的方向,调节教学的各个环节。如果教学目标、教学内容不合适,就应该调整;教学过程不合理,就应该优化;教学方法不得当,就应该改进。找准教学中的问题,及时采取行之有效的措施,有助于教学目标的实现。

三、小学语文教学评估的类型

小学语文教学评估根据不同的标准可以划分为不同的种类。语文教学实践需要根据评估目标和内容选取恰当的评估类型。下面主要结合学生学习评估介绍教学评估的主要类型。

(一) 按评估目的可以分为诊断性评估、形成性评估、总结性评估

诊断性评估一般在教学之前,目的是判断学生的学习起点,为设计和实施教学提供依据。可以针对即将教学的内容对学生的已有经验、能力基础、学习兴趣等进行调研或测试,推断学生对

随后学习的准备情况,确定哪些教学环节需要简化,哪些学习内容是难点,需要精心突破。

形成性评估是在语文教学过程中进行的,目的是对正在进行的教学活动进行监控,看看教学的成效与预期教学目标是否一致,一致则教学活动可以按现行方向继续,不一致就要对教学进行调整。日常教学中的作业、单元测验等都可以作为形成性评价。通过对这些测验成绩的分析,特别是分析学生在测验中的具体表现,可以帮助教师准确了解学生掌握了什么,在哪些方面还需要进一步指导。例如,教师通过对学生作文的分析发现普遍存在内容过于笼统,事件细节不清楚的问题,教师就可以依据这一评估结果对学生进行写作指导,在阅读教学中对课文详细描写的部分进行写法分析,写作教学中通过片段练习指导学生抓住细节,借助丰富的词汇生动具体地描绘事物。

总结性评估通常在某个阶段的教学结束之后进行,目的是对教学的成效进行全面的评定。像单元测验这样的日常评估活动,如果其结果只用于判断学生的学习成效高低,而不是依据测验的具体表现查找教学存在的问题,探寻下一阶段教学要弥补什么,也可以算是一种总结性评估。

(二)按评估的参照标准可以分为目标参照评估和常模参照评估

目标参照评估是把评估结果同预先制定的教学目标作比较,考察是否达到了教学目标的要求或在多大程度与目标要求一致。一般的能力测试、水平考试等属于此类评估。这种评估有助于激励教师和学生朝着目标努力。但它对目标的制定有很高要求,如果目标制定不当,则可能误导评估内容,评估结果也很难反映教学的实际情况。例如,关于阅读理解的教学目标,如果仅仅关注按特定的角度分段、归纳段意、提炼中心,忽略学生结合个人经验对文章作出个性化的解释和感悟,那么阅读测试题及其评分标准也会有这样的偏颇。

常模参照评估是把所有评估对象作为整体,将其中每个个体的测评结果与整体作比较,通过每个人在整体中的位置判断其教学成效。"常模"通常指所有评估对象的平均成绩。一般情况下,这种评估结果呈正态分布,即分数特别高和特别低的学生都是少数,成绩一般的占大多数,也就是一般说的"中间大,两头小"。常模参照评估能鉴别出个体间的差异,客观地评出孰优孰劣。但如果结果处理不当,比如按照成绩高低排名并依据排名决定奖惩等,很容易造成学生之间彼此竞争的局面,也容易引发学生对评估的焦虑或抵触情绪。

(三)按评估方式可分为自评和他评

顾名思义,自评是指评估对象自己对自己进行评估。可以自己出题考自己,也可以自己对照一定的标准进行自我鉴定。比如自己判断字写得是否端正、美观,朗读是否流利、有感情,作文是否通顺,听课是否认真,发言是否积极,等等。自评结果可以和他评一样,反映学生的学习状况,而且自评的过程有助于学生深入理解教学目标,锻炼其自我认知和自我监控的能力。

他评是指由其他人来对评估对象的表现进行评估。评估者可能是教师、家长、同学、学校领导等。教学实践中最常见的是教师评估。同自评相比,他评的客观性要强一些,但这依赖于评估者对评估对象的熟悉和全面了解。语文教师对学生的了解主要限于学校之内,甚至可能只限于语文课的相关方面,其评估结果难免出现片面之处。因此,要全面评估学生的语文学习情况,必须综合多方信息。

（四）根据评估内容可分为单项评估和综合评估

单项评估反映某一方面的教学状况，如阅读验收、词汇测验、口语交际检测等。综合评估主要针对语文学习的整体情况，一般的单元测验，期中和期末考试等都属于综合评估。小学语文教学需要根据教学实践的需要，有选择地综合运用不同类型的评估来把握教学状况，促进教学改进，提高教学效果。

四、小学语文教学评估的基本原则

随着教学实践的发展和课程改革的深入推进，广大学校和教师对小学语文教学评估进行了很多有益的探索，提出了小学语文教学评估的基本原则。

（一）保证评估的科学性

小学语文教学是一种较为特殊的、复杂的活动，要对其作出客观、准确、全面的评估，必须使评估建立在科学的基础上。

1. 科学选用评估方法

在小学语文教学评估中，常用的收集评估信息的方法有观察法、调查法、测验法、资料分析法等。

观察法是评估者在自然条件下了解评估对象的方法。它能直接地观看、接触评估对象的活动变化和发展，是小学语文教学评估中收集信息的主要方式。被观察者在正常状态下活动，不会产生压迫感，收集到的信息、资料比较真实。例如，在学生语文学习方面，可以观察学生上课发言、课余读课外书、与同学交往、写作文过程中的表情变化等；教师教学方面，可以观察教师上课的仪态、对学生发言的反馈、板书等。

调查法指评估者通过谈话、问卷等方式，有目的、有计划地对评估对象进行了解。其信息主要来自于评估对象的自我报告，主要用于了解评估对象的态度、对事物的认识和看法，以及一般行为模式。例如，阅读教学中通过调查可以了解学生关于要学的课文已具有哪些相关经验；识字教学可以评估学生从生活中已学到哪些生字；下课后通过对教师的访谈可以了解其教学设计意图以及对上课情况是否满意。

测验法主要通过对教师教学工作和对学生语文知识、语文能力的测定，客观地评估教师教学效果和学生学习水平。它是小学语文教学评估常用的方法。使用这种方法需要按照评估指标的要求命题，要有较高的效度、信度和区分度，而且要考虑不增加评估对象的负担。测验有书面测验和口头测验之分。过去比较偏重书面测验，常常通过学生的考卷得分反映其学习状况。语文学习有很多方面不能通过书面测验来评估，如朗读、背诵、口语交际等。小学语文教学评估需要兼顾书面测验与口头测验。

资料分析法指通过查阅有关评估对象的书面材料，并对收集的材料进行分析研究，了解评估对象的情况。如果所收集的材料真实、全面、细致、有连续性，则通过资料分析可以对评估对象的发展变化作出动态的判断。反映学生语文学习的材料有课堂笔记、作业、日记、作文等；反映教师教学的材料有教学设计、教学随笔、教学反思、工作计划和总结等。

2. 科学建立评估指标体系

教学评估实质上是对教学目标的实现程度作出的价值判断。教学目标是评估的依据和出发点。小学语文教学目标是一个体系,可以分为若干层次。有小学阶段的总目标,有三个学段的目标,有一学年、一学期的目标,也有一个单元乃至一篇课文、一课时的具体目标。其中,小学阶段的总目标和学段目标是由课程标准规定的,教师必须参照课程标准的目标对学年、学期及单元和课时目标进行设计。

进行教学评估需要将教学目标分解为便于测评的指标体系。这一过程首先要考虑教学目标本身的科学内涵,确保评估内容和评估标准的全面性。课程的实施过程是十分复杂的,包含了许多相关的因素,教学评估必须要全面。语文教学评估的内容应包括识字与写字、阅读、写作、口语交际和综合性学习;评估的范围不仅包括知识与能力的认知领域,还要从过程与方法、情感态度和价值观角度进行全面评估。在评估中,既要对学习结果进行描述判断,还要对产生这一结果的多种因素和动态过程进行描述和判断;评估既要看到学生智力发展的一面,也要看到他们的动机、兴趣、情感、态度、意志、性格等非智力因素作用的一面。分解教学目标还要切合实际,使测评指标具有可操作性。评估指标体系越明确、具体,评估就越有针对性,越便于操作。

为了确保小学语文教学评估的科学性,作为评估者的教师和教学管理人员需要学习一些教育测量和评价的专业知识,借鉴教育心理学关于语文学习测评工具及课堂教学评估工具的研究成果。

(二)加强评估的反馈和激励功能

由于教学实践中存在过于注重评估的鉴定和筛选作用的情况,因此有必要强调发挥评估的反馈和激励功能。

1. 关注对教学过程的评估

传统的评估往往只要求学生提供问题的答案,而对于学生是如何获得这些答案的过程并不关心。而缺少对思维过程的评估,会导致学生重知识、轻能力,重结果、轻过程,重理性、轻情感;不可能促进其良好思维品质的形成,也不利于养成其科学探究的习惯和严谨的科学态度,限制其解决问题的灵活性。为此,教学评估要关注学习的结果,更要关注学习的过程,关注学生在学习过程中的变化。2001年课程改革以来,很多教师在语文学习评估中尝试采用档案袋(也称成长记录袋)的方式,指导学生将平常学习中最能代表自己的阶段性学习成果,最能反映自己的语文能力的作品收集起来,自己写出评语。学生还可以根据自己的学习情况定期回顾档案袋里的作品,进行修改或替换。档案袋提供学生学习和进步的详细信息,而这种进步情况可以作为期末语文评估的组成部分。

2. 基本标准与个体标准兼顾

为了更好地发挥评估对学生个体的促进和激励作用,小学语文教学评估应将针对全体学生的基本标准与个体标准结合。

基本标准是依据课程标准的规定要求所有学生应知应会的最基础要求,旨在促进学生各个方面的协同发展,激励全体学生共同前进。个体标准是以个体的现实基础和条件为依据而确立的适合个体发展需要的标准,因人而异,具有个体性、灵活性的特点。增加了这种标准,评估就不应该再是一种模式,不仅要关注对学生的统一要求,还要关注学生的个体差异以及对发展的不同要求。通过对个体发展独特性的认可和积极评估,发挥学生多方面的潜能,帮助学生悦纳自己,拥有自信。例如,识字教学中评估学生对生字的掌握情况,基本标准是会认会写本单元教科书生字表里的字,对部分早已掌握了这些字的学生则需要超越教科书来设置个体标准。

3. 恰当使用评估结果

评估不仅是为了考察学生达到课程目标的程度,更是为了检验和改进学生的语文学习和教师的教学。评估的关注点要集中于如何使学生的学和教师的教得到优化,如何使教学过程整体得到改善。评估的结果不是只笼统地给一个分数,而要分析评估所反映的具体成就和不足。对于不足要注意揭示教师的教和学生的学中存在的问题,分析导致这些问题的原因,以便采取有针对性的改进对策。对于成就,要因人而异,着眼于不同学生个体的发展,引导学生在对自己过去、现在和未来的认识中增强自信,发挥潜能。

要反映评估对象的真实情况,需要综合几次评估的结果才能作出判断,不能像高考那样"一考定终身"。即使是阶段性的总结性评估,也可以多给学生一次机会。有些学校尝试采用"二次考试"的方式,如果学生对自己的考试成绩不满意,可以申请二次考试,针对第一次考试中的不足重新复习。这使考试真正发挥了促进学生学习的作用。

在向评估对象告知评估结果的时候要注意方式方法。最好能将分数与评语结合,注意多采用激励措施,及时向学生描述其学习成果和进步情况,帮助学生获得成功的体验,强化他们学习语文的动机。

(三) 综合运用多种评估形式

1. 评价主体多元化

传统的教育评价一般是由教师评价学生、校长评价教师、教育行政主管部门评价学校这样一种单向的模式。这种评估模式将评估对象放置于被动、消极的地位。小学语文教学评估要将自评和他评结合,让评估对象参与评估过程,既保证评估信息的客观、全面,又可以促进评估对象对自己教学过程的反思和监控。此外,他评中要注意从多种渠道搜集评估信息。例如,对于学生的口语交际能力,不能仅仅考虑学生在课堂情境中的表现,要综合考虑他们在家庭、在社区里的社会交往情况,才能得出全面而客观的评估结果。

评估主体的扩大不能简单分别列出教师、家长、学生自己、学生同伴的评估结论,而是要加强各评估之间的沟通和交流。特别是教师,需要将来自不同渠道的评估信息和结果进行整合,以便对学生做出比较全面而准确的评定。

2. 定量评估和定性评估结合

在评估工作中,评估者收集到大量的信息资料后,必须对信息资料进行集中归类、审核整理、统计分析,使材料具有系统性、集中性和可用性,把信息转化为对评估对象进行价值判断的主要依据。在评估结果的处理上,既要有定性的分析,又要有定量的分析,并把二者有机结合起来。

定量评价侧重于量的方面的分析评价,通过收集数据资料,采用百分制或等级制的方法,做出量化结论。平常用的考试分数就是一种量化的结果,按照卷面分数判定的成绩等级也是量化结果。定性评价主要指用评语的形式描述学生的学习状况,比较关注学生实际做了什么、已经掌握了什么、获得了哪些进步、具备什么能力、在哪些方面具有潜能、还存在什么不足等。相比之下,定性分析的结果可以为评估对象提供比较具体和细致的信息,而量化的成绩比较便于对不同的评估对象进行相互比较。使用定性评价时,要客观描述学生语文学习的成绩和不足,多采用激励性语言,从正面引导鼓励学生。定性评价的内容通常包括:学习的积极性、主动性和创造性,识字的方法和能力,汉字的书写,阅读的态度和习惯,参加口语交际的意识和表达自己见解的能力,观察与书面表达能力和综合活动中的合作精神及能力,等等。

第二节　小学语文课堂教学评估

　　课堂教学是目前我国小学教育教学的基本组织形式,是教师教育教学活动的主要阵地。教学水平很大程度上取决于课堂教学质量的高低。课堂教学离不开评价,语文课堂的教学评价亦是语文课堂的教学的重要组成部分,要保证语文课堂教学活动优质高效,就必须充分发挥语文课堂教学的评价功能和作用。

一、课堂教学评估的内容

　　小学语文课堂教学评估主要包括三个方面,一是对教师专业态度和能力的评估,二是对教学设计和实施的评估,三是对教学效果的评估。

(一) 对教师的评估

　　针对教师在课堂教学中的表现,可以对其教学态度和教学能力进行评估。

　　教学态度方面的评估项目包括:能否认真制订教学计划,并保证教学计划的执行和按时完成;能否认真钻研教材,了解学生;能否课前备课,精心进行教学设计;能否准时上课,认真教学;作业批改和反馈是否认真、及时等。

　　教学能力一般包括钻研教材的能力、实际教学的能力、研究能力等。可以从教学基本功和教学艺术两方面来评估。语文教师的教学基本功主要有五项。一是语言基本功,能够流畅地运用普通话进行教学,语言规范,用词准确,语句通顺,讲课通俗易懂,并能及时发现、纠正学生说话中的语病;二是朗读基本功,能够正确、流利、有感情地朗读课文,在朗读方面为学生示范;三是板书基本功,表现为板书的内容和结构设计合理,写字正确、工整、熟练;四是教态,要求自然、亲切,感情饱满,举止恰当;五是运用现代教育技术的基本功,能依据教学需要合理使用多种教学媒介。

　　语文教师的教学艺术主要有三项。一是语言艺术,如说话得体,语言生动形象,富有感染力;二是启发诱导的艺术,如能提出富有启发性的问题,善于点拨、相机指导;三是驾驭课堂教学过程的艺术,如激发学生的学习主动性,与学生有良好的互动,根据课堂上不同的情况调节课堂教学节奏,能因势利导,有较强的应变能力等。

(二) 对教学设计和实施的评估

　　语文课堂教学评估可以针对教学设计的基本要素来进行。

　　1. 教学目标的评估

　　教学目标是关系到课堂教学是否有效的首要问题,也决定着课堂教学的方向,直接关系着教学内容的组织、教学行为的选择、教学形式的编排以及教学评价的运用。因此,对教学目标的评估是小学语文课堂教学评估的一项重要指标。

　　评估教学目标包括三个角度。一是目标是否全面,既有语文素养的培养目标,也有思想道德、审美、心理、价值观等方面的目标;二是目标是否明确、具体、可检测,特别要具体指明要使学生的哪些语文基本功得到发展;三是目标是否适当,能切合不同层次学生的基础与需要。

2. 教材使用的评估

教材的使用关系到教学内容的选择和组织,也涉及教学资源的开发和利用。在我国的小学语文教学实践中,教材是课堂教学的主要凭借。理解教材是教好语文课的基础。教师需要正确把握教材的教学要求、教学重点和难点。评估教师对教材的使用主要看能否兼顾教材和学生实际,设计既符合教材特点又能激发学生学习兴趣的教学思路,做到重点、难点突出。

3. 教学过程的评估

现代课堂教学不是学生消极被动地机械接受的过程,而是学生积极参与,自主建构知识经验的过程。教学过程的评估主要关注课堂上教与学的关系,如教师是否发扬教学民主,倾听并尊重学生意见;是否真正调动了学生学习的主动性和积极性,为学生的语文实践提供足够的时间、空间和活动材料;是否重视学习方法的渗透,朝着培养学生自能读书、自能作文的方向努力;是否能体现学生从不懂到懂,从不会到会,从做不好到做好的变化过程,等等。

(三)教学效果的评价

教学效果的评估主要是对学生语文学习水平和各方面发展变化的评估。具体评估项目通常有:学生课堂上普遍兴趣浓厚,思维活跃,敢于质疑,乐于参与;学生正确掌握有关的知识、技能,语文素养得到提高;学生的学习兴趣、态度、认识和理解等有明显进步等。

二、课堂教学评估的实施

(一)多方参与评估

学校、教师、学生、家长,甚至专业研究人员共同参与评估,可以帮助小学语文教师从多方获取信息,客观地认识和评价自己的教学工作,不断提高教学质量。

1. 教师自评

近年来,教师的自我反思能力受到世界各国广泛关注,这被认为是影响教师专业成长的核心因素。教师自评可以改变教师单纯作为评估对象的消极被动地位,激发其主体意识,引导他们主动自觉地研究自己的课堂教学,注重将教育教学理论观念进行内化并转变为自己的教学行为。教师对自己工作表现的关注及自我分析、自我提醒、自我反思可以有力地促进其专业发展。

教师自评需要有支持性评估氛围,也需要教师自己掌握科学的自评方法。教师要正确认识自评的作用,既要学会肯定自己,正确评价自己的优点和成绩,也要学会胸襟坦荡,勇于面对自己的不足,以公正、客观的态度进行自评,并在认真思考后提出改进教学的方案。

2. 学生评

学生对教师课堂教学进行评价,这是各级各类学校早已采用的一种评价教师的方法。学生作为课堂教学最直接的感受者,教师的课堂怎样,他们还是很有发言权的。学生的评估可以是报告自己在课堂上的行为表现及感受,概括自己在课堂上的学习收获;也可以对教师的课堂行为或语言表示是否赞同、是否喜欢;还可以针对课堂教学提出自己的愿望和建议。通过学生的评定,可以反映出教师在学生中的威信、受欢迎程度以及师生关系等,尤其能够反映出教师的教学内容和方法是否符合学生的需求。但值得注意的是,小学生还处在成长过程中,他们对人对事的认识、辨别能力还很有限,让他们完全以个人的角度评价教学很可能产生误差,甚至歪曲事实。因此,要正确对待学生的评价,将学生的评价与来自其他渠道的评价进行相互佐证,以便对课堂教学作出客观公正的判断。

3. 家长评

家长参与课堂教学评估是家长了解学校和教师、形成家校教育合作的有效途径;也可以增强家长对教师教育教学活动的监控,有助于促进教师反思习惯的形成和反思能力的提高。学校应以一种诚恳、开放、民主的态度,将信任的信息传递给学生和家长,使其敢讲真话、敢讲实话,并以一种客观公正、严肃负责的态度参与到教师评价中来。教师应端正心态,对于学生和家长评价的结果,认真反思问题背后隐藏着的深层次的需要,考虑自己的教育教学需要哪方面的改进。

4. 教师互评

教师互相之间有相似的专业背景,能够结合教材要求、学生特点、自己的教学经验等,对彼此的课堂教学作出分析判断,提出比较有针对性的可行性改进建议;教师互评课堂教学还可以使教师之间互相学习、互相交流,共同研讨一些典型问题,提高教师队伍的整体水平。

此外,学校和教师还可以邀请各级教研员、教学管理人员,及其他教育教学研究者等参与对语文课堂教学的评估。

(二) 听课

听课是一般教师、领导或研究者凭借自身感官以及有关的辅助工具(记录本、调查表、录音录像设备等),直接或间接从课堂情境中获取教师教学和学生学习的相关信息的一种教学观摩、评价及研究活动。由于听课者在课堂上最多的是看到教师如何组织教学,学生如何开展学习活动,因此,有人把"听课"也称作"看课"或"观课"。

1. 听课的形式

听课按其目的划分,有检查性听课、辅导性听课、交流性听课和研究性听课。

检查性听课是对教师在语文教学中贯彻课程标准的情况、教学的思想、教学水平、教学态度等方面的检查,也是对一个阶段语文教学质量的检查。

辅导性听课是为了帮助新入职的教师和教学有困难的教师掌握教学的基本规律和方法。这种形式的听课,一般要求听课者参与教学的全过程,从备课到听课、评课,进行全面的辅导。

交流性听课是为了交流教学经验或心得体会,取长补短,共同提高。这种形式的听课,要求同年级的语文教师共同选定课题、拟定教学目标,共同分析重点、难点和研究教学方法,经过集体讨论以后写出教案。然后由一位教师试教,课后集体分析得失,再由另一位教师修改教案,在另一个班执教。经过这样多次研究,反复实践,确定最佳的教学方案。

研究性听课是带着确定的研究课题去听课。如,如何改进阅读教学结构,如何体现读写结合等。围绕一个专题听课、研究,可以获得较深刻的认识和较成功的经验,写出研究性报告。

2. 听课的要求

首先,要做好听课前的准备工作。听别人的课,先要弄清楚课上要教什么,听课时才能关注授课者对教材的把握处理以及使用的教学方法。最好再了解一下授课者的教学风格和特点。尤其是听优秀语文教师的课,他们在长期的教学实践中已经形成了一套个性鲜明的教学风格,对此,听课者事先要有所了解。

其次,听课时要做好记录。听课不仅仅是"听",而是"听"、"看"、"记"、"思"几个方面和谐统一的过程。听课时必须思想专注,观察全面,既要注意教师的活动,又要注意学生的活动和反应。在听课过程中,一定要做好听课记录。按教学过程的先后顺序,纲要性地记下主要的教学环节、教学内容和教学方法,较详细的记录老师的提问,学生的回答和教师的小结等。还应对教学环节所用的时间,课堂内被提问的人数,当堂练习的次数、题数、全部完成的人数,以及课堂上师生情绪变化和存在的问题等进行记录。

再有,听课后要做好评析,对课堂教学中的优点和问题进行分析和概括。

(三) 评课

评课,就是根据一定的教育思想和教学理念,对课堂教学的成败得失及其原因作切实中肯的分析和评价。评课是在上课后进行教学研究的一项重要活动,可以帮助授课教师及时而全面的获得课堂教学的反馈信息,便于教师形成对自己教学情况的客观认识,最终达到提高专业素质的目的。对于参与评课的教师来说,评课是一个互相交流、切磋研讨的机会。

1. 评课的形式

评课形式有很多,常见的有集体评议式、个别交谈式、评价量表式等。

集体评议式,一般表现为公开举办的展示课、研究课。基本环节有教师授课、说课,听课者自由评议,专家总结等。这种评课参与者比较多,有利于集思广益。

个别交谈式,主要是评课者和授课者围绕授课过程单独交谈。这种方式使双方在沟通中可以对课堂教学问题进行深入探讨。

评价量表式,主要表现为以量表计分或评定等级等书面形式给授课教师反馈评估结果。教师可以根据自己在量表不同题目上的得分情况了解自己的课堂教学状况。

2. 评课应注意的问题

首先,评课要实事求是,有理有据,重点突出。评课是执教者和评课者之间互相借鉴学习的活动,彼此都能在评课中获得启发,因此,必须本着客观公正、实事求是的原则,才可使评课发挥其本身应有的功效。在评课中,无论是谈优点还是缺点,都要结合课堂教学的实际情况,以一定的专业理论为指导,既要评是否符合语文教学规律,还要评是否有符合教育规律的改革创新。评课者若要达到"柳暗花明"的结果,就要做到不纠缠于一些琐碎问题,而是抓住重点部分详尽分析,哪些地方有特色,哪些地方还需改进,详略得当,有理有据,以理服人。

其次,真诚交流,讲究艺术。评课应该在一种亲切、和谐、融洽的氛围中进行。评课者应该站在执教者的角度去分析考虑问题、以真诚的态度去评课,给执教者一些中肯的意见,双方只有平等互动、畅所欲言,才能使评课推动执教者反思,提高教学水平。与授课者的交流要注意评价尺度,坚持鼓励为主的原则,从帮助促进的角度进行评价,不能使执教者感到灰心,要充分调动他们的积极性,给予前进的信心。

再有,因人而异。由于执教者情况各异,评价的目的要求不同,在评课时应有不同侧重。比如对于骨干教师,应侧重其教学特长的挖掘,促使其教学风格的形成;而对于经验不足的青年教师,更多的是对他们教学基本功的点评,以帮助其快速成长。针对不同的评课目的,如评选优质课、精品课,考察教师专业水平,教改实验课等,评价标准也应有所区别。

第三节　小学生语文学习评估

对学生的学习进行评估,是语文教学评估的一项重要内容。通过评估,一方面可以了解学生的语文学习水平,促进学生的学习;另一方面也为教师提供了反馈信息,以便教师能及时改进自己的教学。

一、小学生语文学习评估的内容

(一) 语文学习态度的评估

语文学习态度是学生对语文学科的学习所表现出来的认识和行为。主要看学生对语文的学习是否认真、主动、积极。如,是否能按要求进行预习;上语文课时是否认真听讲,积极思考,踊跃发言;作业是否能按时独立完成;遇到疑难问题是否想方设法解决,等等。

(二) 语文知识和能力的评估

根据语文教学的主要内容,语文知识和能力的评估主要从汉语拼音知识、汉字基础知识、语言基础知识、读写基础知识、口语交际能力等方面进行测试。

文字能力测评包括是否具有正确运用汉语拼音的能力,是否有一定的识字和书写能力,是否具备查字典的能力等。汉语拼音能力的评估,重在考察学生认读和拼读的能力、借助汉语拼音认读汉字、纠正地方音的情况;识字评估重在考察学生读准字音、认清字形、理解字义的情况,在具体语言环境中运用汉字的能力以及正确使用工具书的能力;对于学生写字的评估,关注学生写字的姿势和习惯,重视书写的正确、端正、整洁,激发学生写字的积极性及对汉字的尊重与热爱。

口语交际能力方面可以分别测试听和说。听的方面主要是听得懂,能抓住要点。包括是否有一定的言语听辨能力,能否正确、迅速地领会交谈话题,了解交谈的内容大意等。说的方面主要是把话说清楚,说明白。包括能否确定话题,根据谈话目的组织语言,根据说话对象决定说话方式,边说边思考等。

阅读能力测评内容最主要的是读后能理解。阅读评估要综合考察学生阅读过程中的感受、体验、理解和价值取向,考察其阅读的兴趣、方法与习惯以及阅读材料的选择和阅读量。重视对学生多角度、有创意阅读的评价。具体评估内容主要包括:朗读评价,使用普通话正确、流利、有感情地朗读,注意对语音、语调和感情方面的综合考察,还应关注朗读中内容的理解和文体的把握;默读,注重方法、速度、效果和习惯方面的考察;精读,重视对读物的综合理解,具体考察学生在词语理解、文意把握、要点概括、内容探究、作品感受等方面的表现;略读、浏览,重在考察对阅读材料大意的把握,能否从中捕捉重要信息。

写作能力测评应重在评价书面语言的表达能力、观察分析问题的能力和良好的写作习惯。对作文的测评首先要关注是否表达了真情实感,写作必须以真实丰富的材料为依托,不仅要考察学生占有什么材料,还要考察他们占有材料的方法,鼓励引导他们运用各种方法搜集生活中的材料;对作文修改不仅考察学生修改作文内容的情况,而且要关注学生修改作文的态度、过程和方法,看学生是否掌握了修改文章的基本方法和要领,能否通过自改和互改,取长补短,促进相互了解和合作,共同提高写作水平。

语文学习评估的若干方面,看似各自为政,实则相互交融、相互渗透,存在着密切的联系。实际评估中要注意综合考虑、灵活运用。

二、小学语文学习评估方法

做好学生语文学习的评估,应重视评估方法的研究。目前学生学习质量的评估方法,主要分为两大类:平时考察和考试。

(一)平时考察

1. 日常观察

日常观察是教师了解学生知识和能力的一种基本途径。在强调全面考察学生语文素养的今天,这一方法显得尤为重要。有目的有计划地对全班学生的学习行为进行观察,可以了解学生的真实情况。日常观察应注意以下几个方面。首先是全面观察学生,不仅了解学生语言、思维发展情况,还要了解他们的兴趣、爱好、习惯以及学习方法等,多角度多方面观察学生的表现。其次是课堂上与学生保持视线接触。通过广泛频繁的视线接触观察学生的情绪情感的变化。再有,观察时不对学生进行干涉、控制,在自然状态下了解真实情况;教师要缩短与学生的距离,尽量多接近学生。最后,要随时将观察到的学生情况记录下来,以便进行分析比较,若是做长时间的观察评估,要注意前后标准的一致性。

对学生的课堂观察可以借助一些观察工具来进行(见表9-1)。

表9-1 课堂观察检核表示例[①]

项目	1	2	3	说明
学生是否认真听讲、作业、讨论				1=认真,2=一般,3=不认真
学生是否积极举手发言、提出问题并询问、讨论与交流、阅读课外读物				1=积极,2=一般,3=不积极
学生是否自信提出和别人不同的问题、大胆尝试并表达自己的想法				1=经常,2=一般,3=不积极
学生是否善于与人合作、听别人意见、积极表达自己的意见				1=能,2=一般,3=很少
学生思维的条理性:能否有条理地表达自己的意见,解决问题的过程清楚,做事有计划				1=强,2=一般,3=不足
学生思维的创造性:能否用不同的方法解决问题,独立思考				1=能,2=一般,3=很少

---

① 周卫勇:《走向发展性课程评价:谈新课程的评价改革》,北京大学出版社2002年版,第112页。

观察记录中,教师也可以根据实际情况的需要,关注学生的一两个方面,当然,也可以对表中的项目作进一步细化,如对观察的项目做次数记录,也可以将观察到的相关行为简单记录。

日常观察中,还可以针对个别学生的学习表现进行行为描述。注意在记录时将观察到的学生行为与观察者的分析解释区分开。

表9-2是学生行为记录表的一个示例。

表9-2 学生行为记录表示例①

班级 4 年级　　　学生玛丽·约翰逊
日期 4/25/1999　　　地点:教室

事　件	解　释
在马上要开始上课的时候,玛丽给我看了一首她自己写的诗《春天》。这首诗的确写得不错,我问她是否愿意在班上念一念,她点头表示同意。她小声地读着诗,不断地看本子,右脚在地上划来划去,手不停地拉着袖口。当读完之后,史蒂夫(坐在后排)说:"我没有听见,你能再念一遍吗?"玛丽说"不行",然后就坐下了。	玛丽喜欢写故事和诗,并且非常有创造性。然而,当让她在大家面前呈现时,她显得非常害羞和紧张。她之所以拒绝再读一遍是因为太紧张了。

2. 课堂提问

课堂提问是教师检查学生对学习内容的掌握情况,获取反馈信息的重要方式。它有利于对学生的学习进行最直接的了解。在学生的答问过程中,教师既可以检查学生的学习质量,也可以对他们思考问题的方法、分析问题和解决问题的能力、语言的条理性和表达方式作出客观的判断,从而能够及时地给以有针对性的指导与帮助;并借此衡量自己教学的成败得失,调整自己的教学。

语文教学的课堂提问应注意以下几点。首先,目的明确,要围绕教学目标有计划地提问。问什么,为什么这样问,什么时候问,用什么方式问,希望学生回答到什么程度等,要认真考虑。其次要有针对性,数量不宜多,但要能突出重点,有助于学生语文能力的锻炼和提高。再者,提问要难易适度。过难过易都不利于学生的学习积极性,必须按学生水平设计问题,唤起学生的注意,面向全体,给足思考时间。

3. 作业检查

作业检查是一种经常性的评估方法,也是平时考察的重要方法。它通过书面的反馈信息,了解学生的学习水平,促进学生认真对待学习。作业检查应注意:布置作业时有明确的目的和要求;分析学生作业中典型的、共性的错误,找出原因,加以纠正。对作业的评价反馈要注意激励性,例如,上海市浦东新区浦明师范附小在语文作业本上不再出现"×",凡是学生作业出错之处,都示以"/",待学生纠正之后,再变为"√"。对作业正确的学生给予形象的笑脸"☺"②。

---

① Robert L. Linn & Norman E. Gronlund.《教学中的测验与评价》.中国轻工业出版社2003年版,第79页。
② 吴忠豪:《小学语文课程与教学》,中国人民大学出版社2010年版,第426页。

4. 阶段性考查

教师在教完一组课文后,可对该组教材知识和能力的要点进行整理,及时考查学生对这组教材掌握的情况。可以用书面的方式,在一组教材教学之后,用一节课完成。这种考查是一种练习,不宜太正规,以免加重学生学习负担。每次考查后,教师要及时评阅,并对考查结果进行分析,指出普遍存在的问题,提出今后改进的意见,给以切实指导。

(二)考试

考试是评估教学的重要手段,是对学生的语文知识、语文能力进行阶段性或总结性检查时常用的方法,也是语文教学过程的一个不可缺少的环节。学生对语文学习告一段落,通过考试,可以系统的考查和衡量他们对知识的掌握及能力的形成情况。考试要重视确定考试形式和编制试卷两个环节。

1. 考试形式的确定

考试分书面考试、口头考试和实践性考试三种。采用何种形式,教师要根据考试的目的、考试内容和相关的条件而定。

(1) 书面考试

书面考试是出题目让学生在规定的时间内完成书面回答。它的优点是有利于教师比较和评估全班学生的学习水平,也容易发现教学工作中和学生知识技能掌握上存在的共同问题。书面考试一般采用闭卷考试,学生不能查课本、资料。如果为了综合检查学生的分析能力和理解能力或其他特定的方面,也可以采用开卷考试。开卷考试的答案在课本或资料上是不能直接找到的,否则就失去了考试的作用。

(2) 口头考试

口头考试有着笔试不可替代的优势,是准确、有效地考查学生口语交际能力的最好形式,可以更快的发现和发展学生多方面的潜能,了解学生发展中的需求,帮助学生认识自我,及时发现自己的进步和不足,调整自己的学习。

语文学习评估中,口试可以分别针对读、听、说进行。读的考核可选取一段课文或课外阅读材料,要求学生正确、流利、有感情地朗读或背诵,也可以采用诗歌朗诵比赛等形式来考核。听的考核,可让学生听录音或教师口述,要求学生笔答或口答,如听写、听述、听记、听答、听辨等。说的考核包括口头造句、回答问题、复述课文、讲故事、演讲比赛或叙述一件事,看图说话或回答问题等。此外,还可以通过情景对话、戏剧表演等方式对学生的口语交际能力进行综合性的测评。

口头测试的缺点是效率比较低,教师不可能对整个班级进行提问,一个学生可能仅有一次机会回答一两个问题,而这一两个问题可能是他熟悉的,也可能是他不熟悉的。这样就可能带来评定上的困难。而且教师提问的态度、方式及时机都有可能影响口头测试的结果。

为此,对于口头测试需要精心设计和准备。教师要根据语文教学要求,拟定大量的考题,根据考题的性质和难易程度进行搭配,做出多于学生人数的题签,让学生抽签选定考试题目。教师还可以根据教学的实际情况,将口试分散在教学的过程中,每周考查几位学生,争取到期末时每位同学都有了至少一次口头测试的机会。

(3) 实践性考试

实践性考试主要用于考查学生综合运用知识的能力。类似于一些国家提出的表现性评价。

大多是创设一定的任务情境,要求学生按要求完成一定的作品,根据其完成任务的过程和作品情况判断学生的学习成绩。具体考核方式有办墙报、黑板报或手抄报;当小记者、小编辑;根据说明搞小制作;根据小实验写出实验经过和结果等。实践性考试在操作方式上要尽可能简单,要防止学生请别人代做,以免失去此类考试的有效性。

2. 语文试卷的编制

(1) 命题要求

首先,试题要有一定的覆盖面,还要突出重点。测试的内容要顾及语文知识和能力,要有代表性,测试的结果要能真实反映学生的语文学习水平。同时,还要考虑语文知识、能力的重点以及年级、学段的教学重点。

其次,试题表达要明确,题意要浅显。试题的语言要浅显易懂,每道题要求学生回答什么要清楚明白。指导语要明确,不能模棱两可,以免产生歧义。如果有示范性的例题,所列举题目必须典型,能说明问题。

再次,试题难度分量要适当。试卷的难度一般根据测试的目的而定,若是选拔考试,难度可以适当大些,便于把不同水平的考生拉开距离;若是目标测试,可适当减小难度,切合大多数学生的语文实际水平,以保持他们成绩的稳定,调动他们学习的积极性。除有关速度的测试外,一般的测试都应给学生足够的时间答题。时间的控制以中等学生做完全部试题并留有检查时间为宜。

另外,各个试题要彼此独立。试题之间要防止连环,上一题不可暗示或影响下一题。上一题目回答正误,不要影响后一题的解答。如,前一题出了给文章分段的题目,下一题目一般就不要让学生概括段落大意或列小标题,以避免由于分段的错误而导致概括段落大意或列小标题的错误。

最后,注意评分简便、客观。试题的答案要明确、具体;评分标准要简明、肯定,避免主观性和随意性。

(2) 命题步骤

首先,确定考试目的。编制考试卷,一定要明确测试的目的,要明确为什么考试,是为了诊断学生的学习情况,还是评估语文教学质量。

第二,制定测验大纲。包括:测试时间、测验项目、各项目要求、得分比例;项目试题形式、答案要求。

第三,编制双向细目表,也就是根据各种语文知识、能力的重要程度分配题目和分数。这里的"双向"分别指测验针对的语文知识内容和学生的语文能力。一般是先按知识要点进行纵向设计,如将测验的知识内容依次分为识字、词语、句子、阅读、习作等,再根据课程目标和教学需要确定每项知识内容的分数比例(表9-3最右边一列的各个"合计"数据就代表各知识点的分数比例)。按百分制,各项满分累加就是100分。接下来再按能力水平进行横向设计。按照布鲁姆的认知领域学习水平分类学说,学生的能力水平一般可以依次分为识记、理解、应用、分析、综合、评价六个层次。在对每个能力层次的分数比例进行分配后(表9-3最下面一行的"合计"数据),还要确定各能力层次的分数如何合理分配到相应的知识内容中。例如,在满分为100分的测验中,"识字"一行和"应用"一列相交叉的空格内有数字6,这代表考查生字应用的题目(如形近字组词)分值为6分(见表9-3)。

表 9-3　语文测验双向细目表示例

	识记	理解	应用	分析	综合	评价	合计
识字							
词语							
句子							
阅读							
作文							
合计							

第四,编制试题并确定参考答案和评分标准。

语文试题可以分为客观题和主观题两大类。客观题经常采用的有填空题、判断题、选择题、搭配题、改错题等,其优点是题量多,考核面广,要求明确,答案统一,评分客观、准确、迅速;缺点是编制试题难度较大,存在猜测得分的情况,不利于测试学生分析问题的能力、表达能力和创作能力。主观题最常用的是阅读分析题、问答题、作文题,其优点是可以比较有效地考核学生的语文能力,但存在学生答题花费时间多,评分费时、费力,有时不够客观的缺点。题型的选择要根据测试的目的、所考内容的特点来定,尽可能做到简化笔试内容,又要增强题目的综合性。在初拟试题后,可以让学生试做,根据对试做结果的统计分析发现不合理的试题,做相应的修订。

除升学考试,一般在测试结束后,教师还要对测试情况进行讲评,使学生全面了解测试的结果和分数的意义。而平常进行的语文单元测试,可以省略"制定测验大纲"和"题目试测与分析"这两步。

下面是一份语文期末测试题试卷的示例。

人教版实验教材语文六年级下册测试参考题①

_____省_____市_____县_____学校　　姓名_____

一、字词基础

(一)听写词语

枯萎　锻炼　寺院　书籍　恐怖　乖巧　生锈　顽强　机械　麦芽糖
语重心长　狂风暴雨　精兵简政　司空见惯　无独有偶　见微知著

(二)比一比,再组成词语

屈(　)　誉(　)　磨(　)　锈(　)　饺(　)　雅(　)　衔(　)
届(　)　誊(　)　魔(　)　绣(　)　绞(　)　难(　)　街(　)
居(　)　警(　)　摩(　)　透(　)　较(　)　雄(　)　微(　)

(三)给词语中加点的字选择正确的解释

1. 专心致志

①给与　②集中　③达到,实现　④招致

---

① 人教社小学语文网 http://www.pep.com.cn/xiaoyu/jiaoshi/tbjx/yuedu_1/6s/201008/t20100819_682428.htm

2. 养尊处优

① 居住　② 跟别人一起生活,交往　③ 地方　④ 处置,办理

3. 万象更新

① 再,又　② 更加　③ 改变,改换　④ 经历

4. 美不胜收

① 胜利　② 能够承担或承受　③ 优美的　④ 比另一个优越

5. 无缘无故

① 故意,有意　② 原来的,从前的　③ 所以　④ 原因

6. 饶有趣味

① 饶恕,宽容　② 另外添　③ 丰富,多　④ 表示让步,有"虽然,尽管"的意思

二、语言积累与运用

1. 根据课文内容填空

因为我们是为人民服务的,所以,_____,_____。不管_____,_____。只要你说得对,_____。你说的办法对人民有好处,_____。_____这一条意见,就是党外人士李鼎铭先生提出来的;他提得好,_____,_____。只要我们_____,_____,我们这个队伍就一定会兴旺起来。

2. 读下面的两段话,完成练习

照北京的老规矩,春节差不多在腊月的初旬就开始了。"腊七腊八,冻死寒鸦",这是一年里最冷的时候。在腊八这天,家家都熬腊八粥。粥是用各种米,各种豆,与各种干果熬成的。这不是粥,而是小型的农业展览会。

除此之外,这一天还要泡腊八蒜。把蒜瓣放进醋里,封起来,为过年吃饺子用。到年底,蒜泡得色如翡翠,醋也有了些辣味,色味双美,使人忍不住要多吃几个饺子。在北京,过年时,家家吃饺子。

① 上面两段话出自课文_____,作者是_____。

② 照北京的老规矩,腊八这一天有哪些习俗?

_____。

③ 请在上面两段话中找出相关语句,填在下面的横线上。

腊八粥的做法:_____。

作者对腊八粥的评价:_____。

腊八蒜的做法:_____。

作者对腊八蒜的感受:_____。

三、阅读理解与习作

材料一

埃及金字塔

(略)

1. 短文从哪些方面介绍了埃及金字塔?

_____。

2. 画出短文中描写金字塔"宏伟"和"精巧"的句子。
3. 短文第3自然段介绍胡夫金字塔主要用了哪种说明方法？请在序号上面打"√"。
（1）打比方　　（2）列数字　　（3）作比较
4. 你是怎样理解"它们是埃及的象征,也是古代埃及人民智慧的结晶"这句话的？
_____
_____。

材料二

天　窗(节选)
茅　盾

（略）

1. 文中出现了几次"这时候"？它们分别指的是什么时候？
_____
_____。
2. 用"____"在文中画出"看见"的句子；用"～～～"在文中画出"想象到"的句子。
3. 为什么说"这小小一方的空白"是"神奇的"？（先用文中的句子回答,再用文中的事例来说明。）
因为_____。
例如_____
_____。

材料三

母　爱
江南雨

（略）

1. 借助字典,查出下列词语中加点字的读音,写在横线上。

憨厚　缰绳　倔强　咩叫　吆喝　戛然而止　瘦骨嶙峋
____　____　____　____　____　_____　_____

2. 联系上下文,解释下面词语的意思。
不为所动　恼羞成怒　凄厉　僵持
3. 画出描写老牛的词句,认真读一读,把你的感受写下来。
_____
_____。
4. 将母牛与小牛的故事进行缩写,字数不超过150字,要把事情说清楚。
_____
_____
_____。

习作

题目：____之后

要求：先把题目补充完整,文题的横线上可以填"获奖、挫折、批评、失败……"；叙事要清楚、完整,详略得当；字数不少于400字。

191

四、快速阅读

材料一

金 色 花

(略)

1. 画出短文中描写仙人掌的语句。
2. 作者通过对金色花的描写揭示了什么道理？对你有什么启发？

_____
_____。

材料二

最后一个便士
[英国] I.V.玛利斯

(略)

1. 请概括这篇文章的主要内容。

_____。

2. 请写一写你对老人和店老板的印象。

_____
_____。

课外阅读（选做题）

这学期,我看的课外书有:_____。我最喜欢的一本书是_____,因为_____
_____。

附:测试题参考答案及评分标准

一、字词基础

（一）听写词语

测试时,教师用中等速度,每个词语读两三遍,使每个学生都有比较充裕的时间完成听写。所有词语写完之后,教师再完整地读一遍,让学生检查订正。

写对14—16个词语,可评为"优";写对12—13个,可评为"良";写对9—11个,可评为"合格";写对8个以下(含8个),评为"不合格"。另外,字迹是否工整也应在评定范围内。

（二）比一比,再组成词语

组对19—21个评为"优";组对16—18个评为"良";组对13—15个评为"合格";组对11个以下(含11个)的评为"不合格"。

（三）给词语中加点的字选择正确的解释

参考答案:1②;2①;3③;4②;5④;6③

选对6个评为"优";选对4—5个评为"良";选对3个评为"合格";选对3个以下评为"不合格"。

二、语言积累与运用

1. 正确答案见课文《为人民服务》。
2. ① 这两段话出自《北京的春节》,作者是老舍。
② 腊八这天的习俗是熬腊八粥,泡腊八蒜。

③腊八粥的做法:粥是用各种米、各种豆,与各种干果熬成的。

作者对腊八粥的评价:这不是粥,而是小型的农业展览会。

腊八蒜的做法:把蒜瓣放进醋里,封起来,为过年吃饺子用。

作者对腊八蒜的感受:到年底,蒜泡得色如翡翠,醋也有了些辣味,色味双美,使人忍不住要多吃几个饺子。

请注意,学生的回答只要意思符合文意,就应视为正确。

以上两题共计18处横线,所填内容难易不等。一般地说,填对15—18处评为"优";填对13—14处评为"良";填对10—12处评为"合格";填对9处以下(含9处)评为"不合格"。如有错别字,酌情降低等级。

三、阅读理解与习作

提供的三篇阅读材料和一个习作。参考答案及评分标准如下。(学生回答出意思相近的内容,应视为正确)

材料一

1. 短文介绍了金字塔坐落的地点、用途、外观、数量、建造方法和存在时间,并具体介绍了最大的胡夫金字塔。

2. 描写金字塔"宏伟"的句子:这座金字塔高146米,相当于40层高的摩天大厦。绕金字塔一周,差不多要走一公里的路程。塔身由231万块巨石砌成,这些石头平均每块重2.5吨,最大的一块重160吨。

描写金字塔"精巧"的句子:这些石头磨得很平整,石头与石头之间砌合得很紧密。几千年过去了,这些石头的接缝处连锋利的刀片都插不进去。

3. 选择(2):列数字。

4. 埃及金字塔举世闻名,人们一想到金字塔就会想到埃及,所以说金字塔是埃及的象征。四五千年前的埃及没有建筑设备,古代埃及人仅靠人的力量,就建造出如此宏伟而精巧的金字塔,这其中凝聚了人民的高度智慧,所以说金字塔是古代埃及人民智慧的结晶。

材料二

1. 文中出现了两次"这时候"。第一次指的是夏天下雨时,孩子们被大人们叫回家的时候。第二次指的是晚上,孩子们被大人喊去睡觉,而心里还在想着外面的世界的时候。

2. ▲"看见"应画的句子是:
△从那小小的玻璃,你会看见雨脚在那里卜落卜落跳,你会看见带子似的闪电一瞥。
△那小玻璃上面的一粒星,一朵云。
△那小玻璃上面掠过的一条黑影。

▲"想象"应画的句子是:
△你想象到这雨,这风,这雷,这电,怎样猛烈地扫荡着这世界,你想象它们的威力比你在露天真实感到的要大这么十倍百倍。
△想象到无数闪闪烁烁可爱的星,无数像山似的,马似的,巨人似的,奇幻的云彩。
△想象到这也许是灰色的蝙蝠,也许是会唱歌的夜莺,也许是恶霸似的猫头鹰。

3. 因为:若不是有了它,你就不会联想到这种种事情。例如:学生应回答第2题中"想象"部分的句子,回答出两句即可。

材料三

1. "憨"读 hān，"缰"读 jiāng，"倔"读 jué，"哞"读 mōu，"吆"读 yāo，"戛"读 jiá，"嶙峋"读 lín xún。

2. 不为所动：不理会周围发生的事情。

恼羞成怒：因为气恼、羞愧而生气，发怒。

凄厉：凄凉，尖锐。

僵持：互不相让，相持不下。

3. 画出文中相关的句子。学生的感受，只要答出"老牛为了让小牛喝到水，自己忍受再大的委屈和折磨也不怕"的意思，即为正确。

4. 进行缩写，要注意三点：一是要抓住故事主要内容，把事情讲清楚；二是语句要通顺、连贯；三是不超过规定的字数。学生缩写之前，教师应从这几个方面讲清要求。学生缩写以后，要从这几个方面进行评价。字数的要求可适当放宽，重点是概括地把事情讲清楚。

共有 11 道题，每题算 1 处。答对 10—11 处者，可评为"优"；答对 8—9 处者，可评为"良"；答对 7 处者，可评为"合格"；答对 6 处以下者（含 6 处），评为"不合格"。

习作

习作测试时间为 40 分钟左右。建议按以下标准酌情评级。（注："病句"指有明显错误的句子；相同的错别字不重复计算）

1. 内容具体，感情真实，语句通顺，分段表述，没有明显的病句，错别字不超过 1%；达到或超过 400 字，可评为"优"。

2. 内容较具体，有真情实感，病句较少（一般不超过 2—3 句），错别字不超过 2%，达到或接近 400 字，可评为"良"。

3. 以下五种情况占两至三项的，可评为"合格"。

（1）内容不够具体。

（2）感情不够真实或思想不够健康。

（3）病句较多。

（4）错别字超过 2%。

（5）字数偏少。

4. 上述五种情况中占三至四项的，可评为"不合格"。

5. 表达上有特点的，如，想象丰富合理，恰当地表达自己的见解和感受，对事情写得比较清楚，评价标准可适当放宽。

四、快速阅读

教师从两篇文章中选择一篇，对学生进行测试。建议将文章单独打印，以保证在 10 分钟之内测试完毕。

文章后面的问题，全部回答正确，可评为"优"；如回答有缺失，可评为"良"，只答对一个问题可评为"合格"；所有问题均没有答对，评为"不合格"。

参考答案如下。（学生答案内容相近，应视为正确）

材料一

1. 画出文中相关的句子。

2. 作者对金色花的描写说明：美，一旦与顽强结合，就是不可摧毁的。

学生的启示可以从多方面阐述，如，人不应该只追求外表美，又如，应该具有坚忍不拔的精神，再如，为了实现理想，要不断地默默付出……只要不脱离文意，符合正确的价值观，都应视为正确。

材料二

1. 冬日的一天，一个穷苦的老人在一家蛋糕店外往里面看着，这个商店正在做免费品尝的活动。善良的店老板送请老人进来品尝，并要送给老人一些蛋糕。老人用自己所有的钱买了一块大蛋糕，并把它送给了同样穷苦的邻居。

2. 老人：很有尊严，善良，高尚，有同情心。

店老板：善良，富有同情心和爱心，善解人意，懂得尊重别人的感受。

（学生的回答只要与上述答案接近即可）

课外阅读（选做题）

重在帮助教师了解学生课外阅读的情况，激励学生不间断地进行课外阅读。请教师结合学生日常阅读课外书的情况进行评定。

三、语文学习成绩的评定与质量评估

（一）成绩评定的基本要求

评定成绩是对学生的学业成绩和发展程度作出的估价，是以分数或文字的形式显示学业成绩的。成绩评定有以下基本要求。

1. 评定成绩要以课程标准为依据

分数是反映和记录学生学业成绩的一种形式。给学生语文成绩记分，要能正确地反映学生实际所达到的语文水平与课程标准的要求之间的差距。

2. 要有正确的评定学生成绩的态度

评定的目的是为了促进不同层次的学生都得到发展。在评定学生的成绩时，要客观、公正，对所有学生一视同仁，不能凭主观印象，不能偏爱优生，对一时后进的学生心存偏见。

3. 要能调动学生学习的积极性

教师要用发展的观点综合评估学生的语文成绩。教师在评分时要重在鼓励，应有一定的灵活性。对学生取得的点滴进步都要予以肯定，以调动学生学习的主动性、积极性。还应把学生的智力水平和学习态度结合起来，对学习较努力但成绩尚不太好的学生，要以恰当的方式予以鼓励。

（二）质量评估的主要方式

1. 记分

百分制是通过记分评定成绩的主要方法。百分制是每个测评的项目都有一定的分数，共计100分，60分为及格。测评后按要求得出一个总分来表示测评的结果。它的好处是分数等级多，容易区分学生的水平。但评分标准的把握有一定的困难，尤其是阅读理解题和作文题的评分，由于其主观性较大，较难做到十分准确。

2. 等级

用等级来表示学生的综合评估结果。一般把成绩分为"优、良、合格(达标)、不合格(待达标)"四个等级。教学实践中,有些教师依据百分制的得分情况来判断学生成绩等级,比如,85分以上为优,70—84为良,60—69为达标,不到60则为待达标。

3. 评语

用文字综合地概括被评估的学生在学业成绩、学习态度、习惯等方面的情况,以评语代替分数。在语文形成性测试中使用评语评定,既可以让学生明确自己知识、能力等方面存在的问题,又不至于使学生以分数高低决定优劣。这种方法能够克服百分制的弊端,有利于保护学生学习的积极性,促进学业成绩的进步。对小学生语文成绩的评估,提倡采用等级评估加激励性评语的方法。

(三) 学习质量分析

对学生的学习质量进行分析,一方面可以使教师了解学生掌握语文知识和形成语文能力的情况,从而改进教学;另一方面可以使学生从分析中认清自己在学习中的长处和不足,总结经验教训。

1. 学生集体学习质量分析

判断学生集体的学习质量,目前经常采用定量分析和定性分析相结合的方法。如,学生集体学习成绩的平均数、标准差和各分数段学生的百分比,就可以用定量分析的方法。

在定量分析的基础上,再采用定性分析的方法,将学生的考试结果与编制的考试题所要测试的语文知识和能力细目表逐项进行对照,分析学生集体存在的主要问题及问题产生的原因,找出改进教学的方向及其对策。

2. 学生个人学习质量分析

评估学生个人的语文学习质量,提倡用定性分析的方法。要把测试所得的学习结果和对学生的平时考察综合起来考虑。也就是说既要重视学生语文学习结果的评估,如,拼音、字、词、句、篇等掌握的情况,听、说、读、写和观察力、记忆力、想象力、思维力,特别是创造性思维等方面发展的情况,又要注意对学生语文学习过程的评估。要在平常的语文学习过程中,有目的、有计划地给学生作出鉴定,如把作业的质量、学期各个阶段的成绩、学习态度、学习习惯和学习方法等,作为全面评估学生语文学习质量的重要内容,要看发展,重在激励。这样可以促进学生重视平时的语文训练,激励学生不断好学上进。

对学生个人语文学习质量进行评估,适当的定量分析是不可少的。如通过某位学生多次语文考试的平均成绩来判断其语文能力的整体情况;再如,依据标准分来确切地判断某位学生的学习成绩在集体中所处的地位等。

四、小学语文学习评估方法的改革

当前我国正处在加快教育体制改革、全面落实素质教育的重要时期,如何全面、正确地评估小学语文教师的教学质量和学生的语文学习水平,不仅是小学语文教学实践的一个重要问题,也是语文教学理论上的一个重要问题。它关系到素质教育能否真正落实到教学之中。因此,必须对语文教学评估进行深入的研究,尽快建立比较科学的语文教学评估体系。

考试是评估教师的教学效果和学生的学习成绩的重要手段,但由于多年来应试教育遗留的弊端,当下也应该高度重视对语文考试的改革。

首先,考试方式要改变过分倾向终结性考试的现象,要关注学生学习过程中的点滴进步,将日常评价、阶段测验和期末评定有机结合起来,在期末总评中使日常的表现、作业、单元测验、期末考试成绩各占一定比例。如一些学校将平时成绩和期末成绩的比例控制在1∶1,此做法的导向作用旨在使学生和家长不只关注期末考试,体现了形成性评价的精神。

现在不少学校建立了学生的成长记录袋,搜集方方面面记录学生成长的资料,包括自己满意的作品、作业和竞赛成绩,教师、同学和自己的评价等。学生通过成长记录袋看到自己进步的轨迹,同时加强了自我反思的能力。

考试还要注意充分发挥其激励功能,运用多种评价方式,调动学生学习语文的积极性。比如在期末进行的口语交际考试中,可以采用学生自评和同学互评的方式。另外,增加考试机会也能体现考试的发展性功能。有些学校在一次考试后,只要学生觉得考试结果不理想,可以申请重考。也有学校在期末考试中实行"三卷制"——基础卷、自我反馈卷和提高卷。若基础卷不理想,可以通过反馈卷弥补和强化,若基础卷做得好,可以尝试提高卷加深巩固,这样,每个学生都有成功的机会。

其次,考试内容要根据语文课程目标,既反映学生对语文知识的掌握,更要反映学生听、说、读、写能力的达成度,还要通过多种方式考核学生查找资料和使用工具书的能力,考核学习和运用知识的能力,从有关资料中发现新知的能力等。如有学校将小学语文毕业考试分为两部分,一部分是语文综合实践能力的考查,另一部分为语文基础、阅读、习作能力的考查。在综合实践能力的考查中,给出一个开放性的考题:"请你选择一个自己感兴趣的话题或问题,进行一次采访或社会调查,然后整理出一份文字材料。"最后,在全班同学面前有重点地进行交流,发言时间不得少于2分钟。尝试了在口语考试中体现对学生语文综合实践能力的考查。

考试内容还要考虑照顾学生的个体差异。如,有些教师尝试在语文试卷的最后,增加一个开放性的题目供学生自由选择,展示自己的学习成果:"爱画画的同学可以画一幅自己喜欢的画,再根据画写几句话;爱读书的同学写出自己喜欢书的书名,看有多少;书法好的同学可以写一篇漂亮的字……"。这样的考试内容极具创新精神和人文精神,学生在某一方面有所发展就要给予鼓励性评价,关注到了学生的情感态度价值观,促使学生全面和谐发展。

 **本章小结**

这一章包括小学语文教学评估的基本理论、小学语文课堂教学评估和小学语文学习评估三个部分。小学语文教学评估具备鉴定、反馈、激励、调节的功能。小学语文教学评估应遵循保证评估的科学性、加强评估的反馈和激励功能、综合运用多种评估形式的原则。对小学语文教学进行评估,可以从教师、教学设计和实施、教学效果几方面进行。课堂教学评估要注意多方参与,主要通过听课、评课方式进行。对学生的学习进行评估可以从学生语文学习态度和语文学习质量两方面进行,常用的方法为平时考察和考试。对于学生的成绩应用科学的方式进行质量评估和分析。

 **思考题**

1. 小学语文教学评估的功能是什么,类型有哪些?
2. 谈谈你对小学语文教学评估原则的理解。
3. 联系教学实际谈谈对一节语文课的主要评估标准。
4. 运用小学生语文学习评估的相关知识,对一份小学语文试卷进行分析和评议。

第十章 小学语文教师的专业发展

本章学习目标
1. 理解小学语文教师专业素养的构成及培养策略。
2. 了解小学语文教师专业成长的经典案例,认识教师专业成长的要求。
3. 把握小学语文教师专业发展的途径和方法。

做一名优秀的小学语文教师,必须具有相应的专业素养,包括教师的职业道德修养和语文教学的专业素养。教师要在语文教学实践中,不断提高自身专业能力,掌握丰富的学科知识,提高文化素养,增强语文教学能力和教育科研能力。此外,小学语文教师在尽量提高自己的专业素养的基础上,还应在工作中通过自己的学习和钻研、参加专业培训、参与校本教研等方式不断成长,实现专业的发展和提升。

第一节 小学语文教师的专业素养

小学语文教师的专业素养,包括教师基本的职业道德修养和语文教学的专业素养。教师职业道德修养是教师的基本职业要求;语文教学的专业素养则是语文教师必备的专业知识、能力和修养。

一、教师职业道德修养

教师的职业道德是教师个人的思想、品德、精神和行为规范在教育过程中的综合表现。小学阶段的孩子们正处于身心发育的可塑期,他们的模仿性很强,教师的一举一动、一言一行对他们都会产生莫大的影响。前苏联著名教育家苏霍姆林斯基曾说过,"要记住,你不仅是教课的老师,也是学生的教育者,生活的导师和道德的引路人"①。因此,加强教师的职业道德修养仍是新时期教师的必然要求。小学语文教师应该从以下三个方面加强职业道德修养。

(一)拥有爱心,具有奉献精神

爱是教育的永恒主题,它是教师职业道德和师德修养的根本内容。教育是充满爱的过程,美好的人生是为爱所唤起,并为知识所引导的。因此,作为孩子人生启蒙者的小学老师们,首先要

---

① 苏霍姆林斯基:《给教师的一百条建议》,天津人民出版社1981年版,第218页。

具备的就是一颗爱心和一份奉献精神。这主要表现为对事业的爱和对学生的爱两方面。

1. **热爱小学语文教育事业**

教师的事业心和工作热情,是教师参加教学活动、做好教育教学工作的内在动力。没有事业心,就没有精神支柱。只有对小学语文教学工作产生浓厚的兴趣,喜欢小学语文教学,热爱小学语文教学,才能教好小学语文。要培养对小学语文教育工作的热爱,第一,要树立终身从教的理想,认识到自己工作的伟大意义和价值,从而增强荣誉感和责任心;第二,要刻苦钻研小学语文教学。对小学语文教学越了解越熟悉,就会越认识到这项工作的价值,就会越喜欢它、热爱它。小学语文教学并不轻松,但却能给人很大的成就感。因为小学语文教师接触学生时间长,对学生影响较早,能真正塑造学生的性格和灵魂。所以,小学语文教师要怀抱一颗热爱语文教学的心,用自己对语文的爱感染学生,培养他们对语文的兴趣和情感。

2. **热爱学生,诲人不倦**

教师的职业意识、职业感情、职业行为,要表现在热爱自己的本职工作上,更要表现在热爱学生上。教师热爱学生是对学生进行教育的感情基础。爱学生就要了解他们,了解他们的爱好和才能,了解他们的个性特点,了解他们的精神世界。对一个好教师而言,只有了解每个学生的特点,才能引导他们成为有个性、有志向、有智慧的完整的人。苏霍姆林斯基说得好:不了解孩子,不了解他们的智力发展,他的思想、兴趣、爱好、才能、禀赋、倾向,就谈不上教育。因为了解所以懂得;因为了解所以有爱;因为了解所以得以沟通,只有这样才能真正走进孩子的世界。

热爱学生,不仅要了解他们,还要在教学过程中做到诲人不倦。认真地备课、上课、指导学生学习,用自己的爱心去感染、熏陶学生。在进行语言文字训练的同时,渗透思想品德教育,既教书,又育人。

(二) 严于律己,为人师表

俄国思想家车尔尼雪夫斯基说过"教师把学生造就成一种什么人,自己就应当是这种人。"作为教师,我们的一言一行都是学生模仿的对象,教师不仅在学识、学习态度、学习方法、学习习惯等方面对学生有影响;教师的立场、观点、情感、道德、言行,对学生都有影响。这些影响将长期起作用,有的甚至会影响学生的一生。因此,小学语文教师必须严于律己,言行一致,以身作则,为人师表。无论是在思想道德上、个人品格上、文化知识上还是修身治学上,都应以老师的标准严格要求自己,做到合理、得体,正如陶行知先生所倡导的:"要学生做的事,教职员躬亲共做;要学生学的知识,教职员躬亲共学;要学生守的规则,教职员躬亲共守。"这样,教师首先从自己出发,严于律己,做到为人师表,通过言传身教,将会取得更好的效果。

在教师的所有品格中,尤其要强调的是公正和客观,这对小学语文教师来说至关重要。据有关教师人格特征的调查显示,在学生眼里,"公正客观"被视为理想教师最重要的品质之一。只偏爱好学生,会使其他学生的心灵受到伤害,这在小学教育中尤应注意。教师要爱每一个学生,对全体学生要一视同仁,不厚此薄彼。公正,这是孩子信赖教师的基础。

(三) 对学生负责,对工作尽心

教育,是一个需要高度责任心的事业。教育,直接关系到学生的未来和人生。为社会负责、对学生负责,是教师的责任和义务。小学教师的工作比较烦琐,学生比较年幼,既要完成教学任务、确保教学质量,又要组织活动、锻炼学生能力,还要关心学生成长、实现学生全面发展。因此特别需要教师有非凡的耐心和责任心。对学生负责任表现在许多方面,首先,教师要做好自己的本职工作,备好课、上好课,根据学生情况及时调整教学策略,进行适当地效果监测,确保学生有所收获。其次,教师要精心准备各种活动,创设实践机会,通过有组织的活动,丰富学生经验,增长各种才干,提高学生的语文综合实践能力。此外,教师还要关心学生的成长,根据作业情况、活动表现来掌握学生状况,及时和学生沟通、谈心,增进对学生的了解,通过师生之间的互动来引导学生向善向美,成为学生心中喜欢而且值得信任的师长。

总之,教师职业需要一份爱心、耐心、恒心和责任心,这也是小学语文教师职业道德修养的题中之意。

二、语文教学专业素养

随着社会的进步和教育的发展,教师的专业化程度越高,对教师的专业能力要求也越来越高。要成为一名优秀的小学语文教师,必须不断增强自己的专业能力,包括提高文化素养、丰富文化知识,增强语文教学能力和锻炼教育科研能力。这样,才能肩负起教书育人的重任,培养更加优秀的人才。

(一)文化知识和文化素养

文化素养是教师素养中最基本的东西,如果没有足够的文化素养作储备,教师的教学就会没有底气。苏霍姆林斯基曾经说过:"学生眼里的教师应当是一位聪明、博学、善于思考、热爱知识的人。"对于学生而言,一位语文教师如果没有广博的文化知识、丰厚的人文素养,必然是缺乏魅力的,是无法培养起学生的语文学习兴趣的,更无法把学生引向文学的殿堂。俗话说:"要给学生一碗水,自己要有一桶水。"提高文化素养,最重要的途径就是学习、学习、再学习,成为学生语文学习的楷模。小学语文教师必须爱读书、会读书、多读书;必须能作文、多作文、作好文,这样才能不断丰富文化知识,具备相应的文化素养。

1. 熟练掌握语文学科知识

语文学科知识是语文老师必须具备的专业知识,具体到小学语文,主要就是和识字、写字、听话、说话、阅读、写作相关的知识。语文学科知识的内容非常广泛,包括语音、文字、词汇、语法、修辞、逻辑、文学、艺术等方面。小学语文教师必须正确掌握语文学科的有关概念,确保知识的准确性。同时,老师对学科知识不能只停留在掌握的层面上,还要学会灵活运用本学科的基本方法,不仅要知道"是什么",更要理解"为什么",并且能够教会学生对语文学习基本方法的运用。

由于小学语文教材的时代性强,教学内容需要不断更新,就需要教师了解本学科的动态和发展,掌握新的学科知识;由于语文学科知识的综合性强,就要求教师的知识面要宽,善于将学科知识与生活实际相结合,拓展教材的外延;由于语言文字的技能性强,更要求教师具有能说会写、善于分析综合的本领。因此,随着时代的进步,知识领域不断扩大,小学语文教师必须不断提高自己的语文水平,熟练掌握语文学科的专业知识,才能更好地完成小学语文教学任务。

2. 具有丰富的科学知识

小学语文作为基础学科,在语言文字的教学中要引导学生认识自然和世界。因此,小学语文教师不仅要有扎实的语言文字知识,还要有比较丰厚的科学知识。小学语文教材的内容包罗万象,除了涉及到语言学、文字学、文学知识外,还涉及史、地、生、数、理、化等学科的知识。这就要求教师除了掌握语文专业知识外,还要学习社会科学知识、自然科学知识,而且要不断充实和更新。随着时代的发展,还必须了解一点高新科学技术。例如《黄河像》、《琥珀》要有考古、生物学知识,《凡卡》要有旧俄时代的历史知识,《冬眠》要有动物知识等。所有这些仅靠语文知识是讲不透的。因此,小学语文教师需要具有丰富的科学知识,拓宽知识面,这才能驾驭新时代的语文教材和语文课堂。

3. 熟悉教育学、心理学、教学法的基本理论

小学语文教师不仅要储备丰富的语文学科知识和相应的科学知识,还要掌握教育学、心理学、教学法的基本理论。在小学语文教学活动中,教育、教学理论对于搞好教学起着至关重要的作用。教师通过学习,可以系统掌握教育目的、原则、教学过程、教学方法的理论,减少盲从性,从而自觉运用教学规律,选择有效的教学方法,以达到最佳的教学效果。当前,教学理论已发展成为一个分支繁多的庞大家族,诸如教育学、教育哲学、比较教育学;心理学、教师心理学、语文心理学、儿童心理学、学习心理学等。小学语文教师要根据教学的需要,学习其中的有关理论,掌握合乎语文教学规律的教学方法,提高小学语文教学的效率。

(二)语文教学能力

小学语文教学需要相应的知识储备,但更需要一定的实践能力。小学语文教师要胜任教学工作,必须从教学实践中增强自己的语文教学能力。

1. 分析教材的能力

教材,是教师和学生之间的纽带。语文教材,是小学语文教学的主要依据,也是小学生获得语文知识的主要来源。教师具有较强的分析教材的能力,是上好语文课的前提,是提高教学质量的保证。

首先,分析教材要从教材的实际出发。认真钻研全册教材,明确本册教材在小学阶段的地位,把握教材的教学要求和编排体系,从总体上了解教材的思想教育内容和字、词、句、篇、听、说、读、写的训练序列。在此基础上,进一步分析、研究每个单元和每篇课文。在钻研每篇课文时,要明确训练的重点、理解的难点,在此基础上,确定每堂课的教学方法,设计教学过程。需要强调的是,通过钻研教材明确教学重点和非重点,不可平均用力,"眉毛胡子一把抓"。教学中经常见到的"满堂问",教学效率低的情况,往往可以从没有认真钻研教材,没有把握住教学重点上找到原因。重点、非重点分不清,非重点大讲特讲或频繁提问,不能充分利用课堂教学时间精讲巧练,是很难提高教学质量的。

其次,分析教材要从学生的实际情况出发。根据学生的年龄特征和心理特点,从学生的角度来处理教材的难易。有的教师常常忽略学生的实际水平,在使用教材时,容易出现人为拔高或降低教学难度的情况,结果往往是降低了学生对语文学习的兴趣,损伤了学生的学习积极性。

因此,分析教材要努力做到把教材的实际和学生的实际结合起来,吃透教材和学生这两头,这是搞好教学的重要前提。

2. 设计教学的能力

语文教学是一个体现语文知识系统化、体系化的过程。在教学过程中,要兼顾单元教学目标、篇章教学目标和课堂教学目标三者之间的关系,一步一步引导学生领悟、理解、掌握重点训练

项目,复习、巩固非重点训练项目,实现从不会到会的学习过程,这需要教师对教学进行精心的设计。

教学是一门学问,也是一门艺术。教材不同,学情不同,教学设计就要有相应的改变。因此,教学设计要灵活安排,不断创新。另外,根据小学生的接受能力和学习习惯的特点,小学语文教学最好结合学生的日常生活,从学生有兴趣的内容着手,转变传统单一的课堂教学模式,进行更加多样化、更加形象化的教学,从而激发学生的学习热情。但需要注意的是,教学设计也要防止只求花样翻新。一堂课上,又让学生观看视频,又进行配乐分角色朗读,又是分组讨论,又是当众发言,看起来热热闹闹,可能实际上没有进行扎扎实实的训练。因此,设计教学时,一定要从实际出发,科学设计教学过程,合理运用各种教学形式,有目的地运用现代化教学手段,落实语文教学的目标。

3. 课堂应变能力

教学设计固然重要,但只是课前的预设。到现实的课堂教学中,可能发生各种情况,这就需要教师能够发挥聪明才智,随机应变,根据实际情况进行调整。

首先,要随时准备好调整教学手段。例如,教师原本准备在课堂上给学生分析文章,但一进教室发现学生们都在追逐、捕捉一只闯入教室的小鸟,如果生硬地导入新课,肯定达不到预期的效果。所以,教师可以笑着对孩子们说:"我们这节课很有趣,看,小鸟也来到我们教室一起上课了!"这就机智地调动孩子的学习热情。或者索性教师指导学生以"捉小鸟"为题写作文,引导学生具体地写捉鸟场面、人物动作、表情、神态、心理,上出一节生动的习作课。

其次,要随时变化创新教学程序。例如,一名教师在讲授《美丽的小兴安岭》时本打算按原文"春夏秋冬"顺序讲解。可是让学生初步预习、讨论本文内容之后,问学生最喜欢小兴安岭的哪个季节,绝大多数回答是"秋季"。于是教师毅然决定先学秋季部分,学生也很配合所有的教学环节,这个课堂轻松又愉快。

可见,当课堂上学生的反应达不到教学设计的预期效果时,教师要随机应变,灵活地调整教学程序、教学方式和教学语言,从学生的实际情况出发,设计相应的辅助性提问,为学生铺路搭桥,引导学生加深对文章的理解。教师的课堂应变能力,既来源于对教材和学生的了解,也来源于敏锐的观察力和思考力以及教学经验,需要教师不断积累经验,充分发挥聪明才智,因势利导地进行教学。

4. 语言表达能力

教师的语言表达能力,包括口头语言表达能力和书面语言表达能力。

教师的口头语言是打开学生心灵之窗的钥匙。小学语文教师不仅通过口头语言进行教学,而且通过口头语言影响着学生语言的发展,听、说、读、写能力的形成及他们的思想、行为。教师的口头语言,必须做到以下几点:(1)口齿清楚,准确精练。(2)形象生动,富有感情。能借助语调、面部表情和体态,准确表达思想感情。(3)逻辑清晰,富于启发。教师语言要前后连贯,层次清晰,突出重点,言简意赅,启发思考。(4)听、说结合,准确回应。教师在课堂上要听清楚学生说什么,再进行有针对性的课堂反馈和评价。

书面语言表达能力是小学语文教师工作所必备的能力。小学教师在日常工作中,要写教案、作教学笔记、写报告、写总结、写评语;给学生作文示范要写"下水文",这都需要用书面语言进行表达。教师在工作中使用的书面语言要有观点、有事实;有论述、有说明;有分析、有综合;有逻辑、有条理。教师写"下水文",要使用规范的语言、形象的叙述、生动的描绘,才能对学生有启迪。因此,小学语文教师应具有较强的书面语言表达能力。

总的来看,小学语文教师无论在口头语言表达上,或在书面语言表达上,都要善于迅速组织自己的内部语言,尽快地转化为外部语言。这需要有明确的表达目的和敏捷的思维能力。小学语文教师应该多读文学作品,经常阅读报刊,丰富知识,积累语言,增加文化底蕴。并通过教学中的朗读、说话、讲解等活动,有意识地进行自我训练。这样,才能不断提高自己的语言修养。

(三) 教育科研的能力

新时代要求教师要做学者型、专家型、研究型的教师。具备教育科研的能力,这是现代教师专业化发展的必然选择,也是教师终身学习化的工作特征。教研能深化教师的思想认识,总结教学中的优点、缺点,把教学实践上升到理论层面,产生更好的教育效果。因此,一名优秀的小学语文教师既要当好教育实践的工作者,还要做教育理论和实践的研究者。

小学语文教师要提高教育科研能力,就要从实践找课题,从学生处找课题,善于总结,善于吸收。一方面要注意总结自己的教学经验,长期不间断地对自己的教学情况进行分析、归纳,上升到理性认识,再用以指导自己的工作。另一方面,要吸收其他优秀教师的教学经验,并与自己的经验结合起来。要有意识地在教学实践中试验、探索、求证,还要结合一定的理论准备,以求水到渠成之效。比如,通过各种途径学习一些心理学、教育学的相关知识,开展多种教学尝试,同行之间互相探讨教学心得,吸取好的教学经验等。另外,在进行教育科研活动的过程中,要有百折不挠的精神,任何探索和实验都可能成功,也可能失败。而教学科研能力就是在不断学习、不断研究、不断实践、不断总结的过程中,得到培养和提高的。

第二节 小学语文教师的专业发展

教师专业发展是当下教育改革的一个具有重大理论意义的课题。只有在自主自律的专业发展过程中,教师在教育实践和教育改革中的主体地位和主体作用才能得以确认,教师职业的专业地位才能得以认可。

一、几位小学语文特级教师的专业成长历程

(一) 斯霞

斯霞(1910—2004),1927年从杭州女师毕业后一直在小学任教,一直生活在孩子们中间,一直为培养下一代操劳着。1978年斯霞被评为江苏省特级教师,1991年她的一家被评为"全国优秀教师世家"。中国教育学会原副会长张健曾赞誉道:"斯霞同志是小学教育中的梅兰芳"。[①]

斯霞坚守"人要有点精神"的做人准则,在教师生涯中形成了"斯霞精神":一旦许身教育,无论是在艰苦的岁月还是在兵荒马乱之中,便为之奋斗终生,一旦选择了小学教师的职业,无论身处顺境还是逆境,便执著地热爱、勤奋地进取;当"童心"、"母爱"教育思想遭到批判时,不随波逐流、否定自己,不迷失方向、丧失信心;在荣誉面前,仍保持清醒,留心学习别人的教学经验,博

---

① 崔峦、陈先云主编:《斯霞、霍懋征、袁瑢语文教育思想与实践》,人民教育出版社2003年版,第9页。

采众长。特别难能可贵的是,斯霞曾多次主动放弃升迁的机会,一直在平凡的工作岗位上兢兢业业,甘当一辈子小学教师。

斯霞以一颗童心,爱学生之所爱,乐学生之所乐,悲学生之所悲,"母爱"教育几乎成了斯霞的代名词。她时刻把学生惦记在心上,她不仅关心着他们思想上的成长,也关心着他们的生活和健康。女孩子的小发辫散了,斯霞细心地替她梳好;男孩子爱随便脱衣服,斯霞总是关照他们及时穿上;有的学生突然粗心大意写错字,细心的斯霞了解到是视力下降的原因后掏钱给学生配眼镜……斯霞还是学校小有名的"牙科医生":一二年级学生正是换乳牙的时候,只要她发现孩子舌头舔动,就知道准有牙齿松动了,她便把孩子找到办公室,一边洗手擦碘酒,一边问孩子:"你张开嘴给老师看看,哪颗牙动了?没关系,不要怕……"话声未绝,她就把松动的牙齿拔了下来。原教育部长何东昌同志在《斯霞教育文集》上写道:"把对事业、对祖国的爱,倾注于自己的学生,这是人民教师最重要也是最基本的品德。斯霞同志几十年的经历说明了这一点。是值得我们学习和尊敬的。"①

斯霞的语文教学生涯中没有不变的教案,有些课文,尽管可以背出来,但在备课的时候,她仍作为第一课,总是认真研究,重新设计,从不照搬旧的教案。她说,"教学的过程,是教师不断学习的过程,只有善于学习,博采百花之蕊,才能日渐长进。"20世纪50年代,她创造出"字不离词、词不离句,句不离文"的小学语文随课文分散识字教学法,大面积、高效率地提高了识字教学的质量。斯霞在谈到她参与的新中国学制改革时还特别强调改革的重要性,"改革的意识,任何时候都要有,这是推动事业发展的重要条件。以个人来说,一堂课的安排,几个字词的教学,都不可简单重复过去,要有创新,哪怕是细枝末节、点点滴滴。条件成熟了,就可形成大的较系统的变革。当然,任何改革都应以有利于学生健康发展为前提。"②正是经由不断学习和持续探索,斯霞形成了自己的教学风格,能够寓思想教育于语文教学中,通过词句之间的内在联系来理解课文内容,把发展学生的思维和提高学生的认识紧密结合起来,于质朴中见真工夫。

(二)霍懋征

霍懋征(1921—2010),是我国小学教育战线上有影响的教育家之一。她1943年毕业于北京师范大学数理系,1951年第一次全国教育工作会议上被评为中国现代百名教育家之一,1956年成为全国首批特级教师,北京第二实验小学中学高级教师。

从50年代起,霍懋征在语文、数学教学中创立了有自己独特风格的"讲读法",以"讲"为主,以"读"为辅,善于抓住教学规律和教材的重点、难点,从学生实际、教材实际出发逐步进行引导,取得了很好的教学效果。凡是听过霍懋征讲课的领导和同志们都给予了很高的评价,1978年,霍懋征在北京实验二小一个普通班开展语文教改实验,提出了"数量多、速度快、质量高、负担轻"的实验课题,取得了良好的教学效果。1983年起,她开始总结几十年的教学经验,撰写了大量的教育论文,出版了《班主任工作札记》、《小学语文教学经验谈》、《霍懋征语文教学经验选编》等多部专著。她自己总结说,从1985年年末开始,主要精力放在了扶植教改新秀,总结并传播自己的教育思想和教学经验,指导和帮助农村小学教育改革等工作上。

---

① 崔峦、陈先云主编:《斯霞、霍懋征、袁瑢语文教育思想与实践》,人民教育出版社2003年版,第9页。
② 崔峦、陈先云主编:《斯霞、霍懋征、袁瑢语文教育思想与实践》,人民教育出版社2003年版,第7页。

霍懋征回顾自己的教学生涯时谈到,她的教改历程实质上是传统教育思想向现代教育思想变迁的缩影。大致可分为四个阶段。①

第一阶段从1943年至1949年,属于观察、学习、摸索阶段,主要是教学基本功的锤炼。

第二阶段从1950年至1956年,是小学教改生涯的奠基阶段,在苏联教改专家指导下,获得了教育理论素养的长足进步,教改的目的性更为明确。通过有计划、有组织的教改实践,逐步形成了一套"讲读"的教学方法,即在钻研教材的基础上,抓住规律,讲讲读读,讲读结合。教师的主导作用较为突出,教学效果很显著,受到学生、家长和社会的欢迎。

第三阶段从1956年至1966年,主要是努力探索我国儿童学习汉语言文字的特殊规律,大胆改革。这阶段的突出教学风格是注重文道统一,注重双基教学,注重课堂讲授的启发性。

第四阶段从1978年至1985年,从新时期儿童心理特点出发,提出了"数量多、速度快、质量高、负担轻"的教改新课题,把着眼点放在学生智力和能力的发展和培养上,逐步形成了全面育人、整体发展的教育思想,构成了讲讲读读、议议练练、学习为主、注重智能的课堂教学模式。

(三)袁瑢

袁瑢(1923—),自1950年以来,历任上海市实验小学教师、副校长、校长,长期从事小学教育工作,是语文特级教师。袁瑢忠诚于祖国的教育事业,尊重实践,走自己的路,重视科学研究,在实践中探求新路。上海教育出版社先后出版了《崇高的岗位》和《袁瑢语文教学三十年》两书,生动地记录了她的教学生活和教学经验。她还重视培养青年教师,切实做好传、帮、带的工作。

袁瑢谈到教师的教学理念时指出,"教师胸中要有全局——既要重视听说读写能力的培养,更应重视'培养人'这个根本任务,要善于把两者有机结合起来。"培养人有多个方面,要培养学生理解和运用祖国语言文字的能力,如识字、阅读、作文的能力,还要培养他们初步的观察事物的能力,培养他们初步的分析、综合、比较、抽象、概括、判断、推理等思维能力,还必须帮助学生形成正确的世界观,要给学生打下做人的基础。要完成这些任务,教师须依据教学大纲中有关的要求,循序渐进,并有全局观点。

"教师心中要有学生——一群不同个性、生动活泼、主动积极地学习的主人,教育、教学要从学生实际出发。"这是袁瑢的又一重要教学理念。她曾先后经历过三次大的教学循环(从一年级一直教到六年级是一次教学循环),每一次循环,每带一届学生,她都看作是从零开始,力求以自己创造性的劳动,走师生共赢之路。新生入学前,袁瑢会到各个孩子的家里走走,了解、熟悉孩子及其家庭各方面的同时,她还作自我介绍。学生进校第一天,袁瑢会领着孩子熟悉环境,想方设法地亲近他们,熟悉他们的心理,给孩子们留下"老师是可亲的,学校是可爱的,学习是愉快的……"的良好印象。此外,生动的学习目的教育和最初的学习习惯培养(保护新书、整理书包、保管学习用品等)也是入学第一课的重要内容。

袁瑢还认为,根据教学内容,针对学生认识特点,创造条件让学生接触社会,认识自然,使学生们眼看耳听,亲自实践,是提高教学之路的一种好办法。

袁瑢的语文教学特色可以概括为五个字:细、实、活、深、严。所谓细,就是既备课,又备人。

---

① 崔峦、陈先云主编:《斯霞、霍懋征、袁瑢语文教育思想与实践》,人民教育出版社2003年版,第9页。

教学过程要组织严密,从课文和学生的实际出发,每一个教学步骤应该细致而具体,由浅入深,由易到难,环环相扣,逐步提高。所谓实,就是教学目的要明确,具体,落到实处。采用各种手段,通过各种途径,使学生学有所得,学得扎实,一步一个脚印。讲课要实实在在,不搞浮华的花架子,讲究实效。所谓活,就是在教学过程中,要十分重视启发引导,把教师的积极性落实到学生的主动性和积极性上,促使学生内因起作用。要重视发展学生的思维。实中寓活,生动活泼。所谓深,就是对教材要钻研得深,挖掘得深。讲课要有一定的深度,即使是简单的知识,也要挖掘深层的含义,浅者深之,不使学生浅尝辄止。所谓严,就是对学生的语文基本功和良好的学习习惯要严格训练,严格要求,要面向全体学生。

（四）丁有宽

丁有宽(1929—),多年任教于广东省潮州市浮洋区六联小学。长期坚持在农村进行小学教育和语文教学改革试验,被评为全国中小学教师中第一位"国家级有突出贡献的专家"。他潜心科研的成果集中在已出版的《丁有宽教育思想与实践》丛书中。该丛书共三卷,分别是《爱心教育》、《薪火传承》、《述评与报道》。

"爱心是根,育人为本",是丁有宽一代师表的集中表现。他一辈子扎根教坛,扎根农村,热爱农村教育,热爱农村孩子。丁有宽在60年的教育实践和改革中,尤其是他的读写结合教育改革与实践中,始终把教育孩子作为自己的终生事业。他认为,从事教育工作就要热爱教育工作,这种爱是不计报酬、不讲条件的;当教师就要热爱学生,而这种爱是艰难的,无保留的付出;热爱教育事业,热爱孩子,是始终如一的,不可移易的。

丁有宽在长期教学实践中潜心研究。他针对小学语文教学长期存在效率低的弊端,经过"初试、再试、论证、深究、应用"五个阶段和长达几十年的教改实验,探索出"杂中求精,打好基础"、"乱中求序,全面规划"、"华中求实,突出重点"、"死中求活,交给方法"等经验。他把小学语文记叙文写作分解成五十个基本功,设计读写结合800个训练项目,并归纳出读写七条对应规律训练教学体系,创造出独具一格的"读写同步,一年起步,系列训练,整体结合"的综合训练教学体系,使语文教学"有的、有序、有点、有法",由模模糊糊一大片,成为清清楚楚一条线。据此,他编写五年制、六年制两套小学语文读写结合教材,并相应编写了教学指导书、练习册、课外辅导书,编制了挂图、录音带等。

在从事科研兴教的同时,丁有宽还通过定期举办教学骨干轮训班、研讨会、评奖会、科研成果展示会等一系列科研活动,培养和造就一批又一批的教育精英和中坚力量。

（五）李吉林

李吉林(1938—),1956年毕业于江苏省南通女子师范学校,毕业后即在附小任教至今,一直致力于小学语文教学的实践与研究。原国家教委副主任柳斌在李吉林教育思想研讨会上这样评价道:"李老师把语文教活了,把孩子教活了,把教育过程激活了。她是素质教育的一面鲜艳旗帜。"李吉林长期坚持教学改革,创立了情境教育理论体系及操作体系,得到教育部领导及专家的高度评价,出版了《训练语言与发展智力》、《情境教学理论与实践》、《李吉林情境教学详案精选》等6本专著,发表200多篇论文计300多万字。

勤于学习是李吉林取得成功的一个重要原因。"我比在学校做学生还要用功。"她坚守教学一线并坚持学习,坚持理论与实践相结合,不断地吸收众多专家学者的观点,她从外语暗示教学得到启发,又从我国古代"境界"学说中汲取丰富营养,经过反复地实验、琢磨,以自己的教育行动表达了对学习、对教育、对人的发展的完整理解,进而创造出有中国特色的语文情境教育模式。

她之所以成为"情境教学—情境教育"的开创者,还得益于她独特的教育素质。这一教育素质的灵魂就是教育的人文精神,即崇高的教育爱,是对儿童的尊重、信任、欣赏和期待。一位与她相知颇深的老专家、原中央教育科学研究所副所长潘仲茗这样描述李吉林:"她热情地追逐着生活中和儿童心灵中一切美好的东西,用真挚的情感和高尚的情操去拨动儿童的心弦,书写明天的诗。"李吉林也不止一次地强调,教育作为培养人的活动,是最富创造性、最丰富多彩的、活生生的人类实践活动,它不可能也不应该单纯以自然科学的实验方法来分析研究——因为人永远不能等同于物。真正的教育实验研究应当植根于教育的现实中,应该是"现实的研究"也即"思量着做"和"做着的思量",将理论研究和实践操作统一在具体丰富的教育活动之中,这样,教育乃至教育改革才会有一个光明的未来。以"思"为核心,以"美"为突破口,以"情"为纽带,以儿童"活动"为根基,以"周围世界"为源泉,相互渗透,融通课堂教育、课外教育与野外教育活动,联结家庭教育、学校教育和社会教育,整体联动,可以构成一个区域广远、目标一致的优化情境。

李吉林的研究是真正属于教师的研究,也是真正适合于教师的研究。李吉林大胆地运用语文情境教学实验和思索的成果去开拓新的疆域。从一班到全校,从单科到多科,情境教学全面进入了各科教学,为情境教学向情境教育的发展迈出了坚实的一步。

二、小学语文教师专业发展的途径和方法

(一) 自主学习,在实践中反思,在反思中提升教学能力

自主学习是"指教师在专业发展过程中受到个人价值观的影响,制订适合自己的专业发展的学习目标和学习计划,选择自己所需的学习内容,监控自己专业发展的过程,评价自己专业发展的结果"[①]。教师在自主学习过程中需要建立"个人成长档案袋",记录个人学习和参训的计划、内容、收获和感想,进而对照学习所得审视、分析、解决在教学实践中出现的问题,把日常教学工作与教学研究融为一体。

在小学语文教师自主学习的过程中,学会在教学实践中进行相应的教学反思,可以帮助教师更快的成长。教学反思是自主学习的核心。教学反思是教师以自己的教学活动为思考对象,对自己的教学行为、决策以及结果,进行审视和分析的过程。反思的本质是一种理论与实践的对话,是理想自我与现实自我在心灵上的沟通,它是一种通过提高教师的自我觉察水平来促进素养提高的手段。反思有回顾性的"实践后的反思",有过程性的"实践中的反思",还有前瞻性的"实践前的反思"。教师的反思既包含反思教育理念,也包含反思教育实践、教育成果。反思的有效方式之一就是教师结合自己的教育教学实践开展研究,如写教后笔记、写反思日记等。养成良好的教学反思习惯,可以分为天、周、月、学期等不同形式进行;在反思结果与下一期计划之间建立联系,循序渐进。撰写教学反思,有助于更新教学思维,更新教学活动,获得创造的愉悦。

---

① 朴敏:《专业化背景下教师自主学习能力的发展》,《教学与管理》,2009年第1期,第29页。

（二）参加专业培训，接受继续教育

继续教育主要是对从事专业技术工作的在职人员进行知识和技能补缺、更新、提高的教育。小学教师继续教育的近期目标是，通过培训使取得教师资格的在职教师在政治思想、师德修养、文化专业知识、教育教学能力等方面在原有基础上得到提高。教师继续教育的远期目标是促进全体教师的全面素质的提高，使其教育思想、教育观念、教育意识实现现代化，能够了解世界上最新的科学技术知识和成果，充实和扩宽知识结构；能够提高适应社会发展的能力，熟练地运用先进的教育技术和方法，切实提高符合现代化要求的教育教学能力。

小学教师继续教育的途径各不相同，教育内容和形式也有所不同。归纳起来，主要有四种。

1. 小学新教师试用期的培训

这类培训的对象是新入职的小学教师。这类培训不同于以文化课为中心的职前师范教育，也不同于在职教师在实践经验基础上再提高的职务培训，而是介于二者之间的一种过渡性培训。是由理论知识向实际操作的转化，是从受教育者向教育者的转化。试用期培训的重点是巩固新教师的专业思想，增强新教师的教学法规意识，帮助新教师熟悉本地区的教育教学环境和人际关系，加强对新教师教育教学常规的训练，帮助他们把学到的科学文化知识运用到小学教育教学实践中去，从思想上、教学上尽快适应小学教育教学工作，并为今后参加更高层次的继续教育打下基础。在培训中，要以教育理论为指导，以典型范例引路，加强个别指导，鼓励互教互学；要有计划、有目的地组织新教师参加教育教学实践活动，为他们创造观摩教学和进行教学的机会，促使他们勤奋进取，迅速成长。一般采取集中与分散相结合的培训方式，以分散培训为主。很多学校尝试以老带新的"师徒"制，为新教师指派经验丰富的教师作"师傅"，指导其适应和发展。

2. 职务培训

小学教师的职务培训有两个含义。一是指胜任本职务的培训，另一个是晋级培训。职务培训比较注重更新教师的教育观念，提升教师的教育教学基本功。随着时代发展，教育研究不断深化、课程改革持续推进，小学语文教学的基本理念、教学内容、教学手段等都在不断更新，教师必须通过持续不断的在职学习，才能适应社会发展对教育教学提出的新要求。

3. 骨干教师培训

骨干教师是教师队伍的中坚力量，骨干教师的质量和数量不仅体现教师队伍的总体水平，而且是提高教育教学质量的重要保证。小学骨干教师培训应达到的基本要求是：有良好的师德修养；有较高的文化素养和较强的自学能力；教育思想正确，有较强的教学能力和较高的教学水平；有较强的教育科研能力和教学改革意识。骨干教师培训的组织要因时、因地制宜。根据骨干教师主要在岗位成才的规律，需要特别重视开展紧密结合教育教学实践的培训活动，重视发挥学校自培、教学研究、以老带新以及教师自学、自练等培训形式的作用，把集中培训和分散培训结合起来。

4. 高一层次学历培训

小学教师参加在职学历教育，收获的不仅是学历的提升，更是在提高文化素养的基础上提高教学能力。现代教育的人才观、质量观把培养对象看做是能动的、发展的，着眼点是提高素质和优化个性。针对小学教师的在职学历教育要体现高起点的全面素质的要求。在思想道德素质上，强化思想认识、师德修养、行为习惯、心理品质、职业感情等的巩固和强化；在科学文化素质上,优化知识结构,进行科学思维方法和解决问题能力的训练和培训;在教育专业素质上,加强专业理论、教育科研、教书育人的指导和实践;在身心发展素质上,重视培养自主意识、自我监控能力,增强自学因素,激发创作精神;在艺术修养素质上,重视培养审美情趣,审美鉴赏能力,美的创造和表现能力。

教师职后培训是一个基于已有专业知识和教育教学经验基础的自我学习、自我实践、自我提升的过程。教师了解职后培训的机制后可以明确参加培训的方向,根据自身条件选择适合自己的培训方式,积极参加培训和进修,增强培训效果。

(三)参加校本教研,提升科研能力

校本教研模式是以教师任职学校为基地,由学校根据自身的特点自主确定教师专业发展的研修目标、研修内容和研修手段,充分利用现有的校内资源的一种终端培训模式。这种研修模式以教师的教育教学实践为中心,制订相应的研修计划,让教师在实践过程中发现问题、找出差距,通过自身的努力和同伴的帮助、专家点拨等方式提高自身素质。

校本教研主要通过教师合作开发校本课程、开展老师间的互听、互评、观摩、赛课等教研活动来实现。校本课程的开发是教师专业发展的有效途径,通过参与小学语文校本课程的开发,有利于小学语文教师增进对学生、学校环境和课程资源的了解,形成对小学语文课程的新认识,更新教师知识结构,培养综合实践能力。通过老师之间的互相观摩、交流和切磋,营造平等、融洽的研讨氛围,分享个人对教学内容的处理、教学方法的选择、教学情境的设置等相关思考,实现共同提高、共同发展的目的。

在校本教研的过程中,除了充分发挥本教师的积极性和主动性外,还要尽可能地邀请一些专家、名师进行指导,以确保教研的方向和专业的深度。具体操作上,可以采用师徒结对法,即将学校优秀教师、老教师与青年教师、新教师结成师徒对子,"徒弟"在"师傅"的指导下,谋求新的提高和成长;也可采用邀请教学专家、区域内教学骨干作报告、讲座或深入语文课堂观摩研讨、同课异构。通过导师持续而有针对性地对参训教师进行指导和点拨,使参训教师在教学业务上少走弯路。通过这样的校本教研,能集中学校和区域内最优质的教学资源,给教师们搭建学习的平台,促进教师专业水平的提升。

(四)开展行动研究,进行教学实验

教师不仅是知识的讲授者,更是教学的研究者。这就要求教师为解决自己工作中遇到的实际问题,进行改进教学实践的研究。这种从实际工作中寻找课题,在实际工作过程中进行研究,由实际工作者和研究者共同参与,寻求解决实际问题、改善社会行为的研究方法即行动研究。行动研究,是教师进行教科研的最佳途径,教师能够亲临教育教学现场,从教学实践活动中发现问题,进行解决问题的探索活动。行动研究主要包括以下六个环节:从教学实践中提出问题—确定研究计划—实施具体的干预行动—分析评价、自我反思—完成研究报告—新一轮的行动研究。由此可见,行动研究是一个不断持续的过程,通过行动研究,教师不但对所研究的问题有了新的认识,而且解决了实际问题。小学语文教师要做工作和生活中的有心人,学会捕捉教育教学中有意义的事件,注重积累,学会跟踪,为行动研究积累素材。

小学语文教师专业成长和发展是一个长期的过程,途径和方法也多种多样,在这个过程中需

要教师不断利用各种资源,根据自身特点和语文课程特点选择适合自身的方式,提高自身的专业修养,促进自身专业发展,进而提升教师队伍整体的教学水平。

本章小结

本章主要涉及小学语文教师的专业素养和专业发展。小学语文教师专业素养包括:教师职业道德修养和语文教学专业素养。教师职业道德修养包括:拥有爱心,具有奉献精神;严于律己,为人师表;对学生负责,对工作尽心。语文教学专业素养包括:文化知识和文化素养,内含语文学科知识、科学知识以及教育学、心理学、教学法的基本理论等;语文教学能力,内含分析教材的能力、设计教学的能力、课堂应变能力、语言表达能力;教育科研能力。小学语文教师的专业发展,主要通过五位小学语文特级教师的专业成长案例,总结出小学语文教师专业发展的途径和方法,即:自主学习与教学反思;参加专业培训和继续教育;参加校本教研;开展行动研究,进行教学实验。

思考题

1. 如何理解小学语文教师的专业素养?
2. 围绕一位小学语文特级教师,搜集相关资料,分析其专业发展的路径,谈谈自己的感想。
3. 如果你是一位小学语文教师,你将如何提高自己的专业能力?

参考文献

1. 刘国正:《叶圣陶教育文集》,人民教育出版社1994年版。
2. 叶圣陶:《叶圣陶语文教育论集》,教育科学出版社1980年版。
3. 杜草甬:《叶圣陶论语文教育》,河南教育出版社1986年版。
4. 董蓓菲:《小学语文课程与教学论》,浙江教育出版社2003年版。
5. 阿莫纳什维利:朱佩荣译.《孩子们,你们好》,教育科学出版社2002年版。
6. 林崇德:《学习与发展——中小学生心理能力发展与培养》,北京师范大学出版社1999年版。
7. 朱作仁:《小学作文教学心理学》,福建教育出版社1993年版。
8. 辛涛:《小学语文教学心理学》,北京教育出版社2001年版。
9. 陆静山:《我国近八十多年来小学语文课本识字教材简介·小学语文教学研究(上)》,教育科学出版社1981年版。
10. 潘菽:《教育心理学》,人民教育出版社1980年版。
11. 田本娜:《我与小学语文教学》,人民教育出版社2006年版。
12. 朱智贤:《儿童心理学》,人民教育出版社1981年版。
13. 李白坚:《大习作——写作教学的新观念与新方法》,上海交通大学出版社2001年版。
14. 朱光潜:《朱光潜美学文集》,上海文艺出版社1982年版。
15. 张志公:《张志公语文教育论集》,人民教育出版社1994年版。
16. 王慧旻:《小学语文》,北京师范大学出版社2010年版。
17. 朱自清:《国文教学》,开明书店1945年版。
18. 张鸿苓:《语文教育学》,北京师范大学出版社1993年版。
19. 陆志平:《语文课程新探》,东北师范大学出版社2003年版。
20. 郑国民:《中学语文教学研究》,中国广播电视出版社2004年版。
21. 崔峦:《求是·崇实·鼎新——崔峦小学语文教育文集》,人民教育出版社2005年版。
22. 刘淼:《当代语文教育学》,高等教育出版社2005年版。
23. 朱绍禹:《中学语文课程与教学论》,高等教育出版社2005年版。
24. 周卫勇:《走向发展性课程评价:谈新课程的评价改革》,北京大学出版社2002年版。
25. 谭文丽:《小学语文课程与教学论》,四川出版集团四川教育出版社2006年版。
26. 吴忠豪:《小学语文课程与教学论》,北京师范大学出版社2008年版。
27. 人民教育出版社小学语文室:《小学语文教学法》,人民教育出版社2005年版。
28. 赵绍军:《小学语文课程教学论》,郑州大学出版社2007年版。
29. 杨九俊:《小学语文新课程教学概论》,南京大学出版社2005年版。
30. 张香竹:《小学语文课程与教学》,国防工业出版社2009年版。

31. 陈琦、刘儒德:《教育心理学》,高等教育出版社2005年版。
32. 王宗海:《有效教学——小学语文教学中的问题与对策》,东北师范大学出版社2005年版。
33. 费蔚:《小学口语交际教学理论与示例》,人民教育出版社2009年版。
34. 吴忠豪:《小学语文课程与教学》,中国人民大学出版社2010年版。
35. 刘本武:《小学语文新课程教学法》,首都师范大学出版社2010年版。
36. 刘洁:《小学语文教学策略》,东北师范大学出版社2006年版。
37. 江平:《小学语文课程与教学》,高等教育出版社2008年版。
38. 雷实,张勇,夏雄峰:《小学语文教学评价》,东北师范大学出版社2007年版。
39. 语文课程标注研制组:《全日制义务教育语文课程标准(实验稿)解读》,湖北教育出版社2002年版。

后 记

经全国高等教育自学考试指导委员会同意,由教育类专业委员会负责高等教育自学考试小学教育专业教材的审定工作。

《小学语文教学论》自学考试教材由北京师范大学易进副教授担任主编。

参加本教材审稿讨论会并提出修改意见的有人民教育出版社编审、教育部课程教材研究所研究员陈先云,首都师范大学副教授孙建龙,北京师范大学实验小学特级教师陈延军。全书由易进修改定稿。

全国高等教育自学考试指导委员会
教育类专业委员会
2013 年 1 月